Schauer

US Navy SEALs

Hartmut Schauer

US Navy SEALs

Kampfschwimmer - Kommandos - Antiterror-Truppe

Motor
buch
Verlag

Einbandgestaltung:
Andreas Pflaum
unter Verwendung der Abbildung von Seite 94

Bildnachweis:
Archiv Autor
Archiv des Verfassers
UDT-Museum
National Archives, Washington
US Special Operations Command, Tampa, Florida
Naval Special Warfare Command, Coronado, Kalifornien
Walter Böhm
Bundesministerium für Verteidigung

ISBN 3-613-01864-0

2. Auflage 2000

Lektorat: K. Lauer
Innengestaltung: Klaus Necker
Reproduktion: LONGO GROUP, I-39010 Frangart
Druck: Henkel Druck GmbH, 70435 Stuttgart
Bindung: Karl Dieringer, 70839 Gerlingen
Printed in Germany

Inhalt

Dank

Wie in den Büchern über die »Green Berets«, die Rangers und die Marines möchte ich auch in diesem Band eine Spezialtruppe der US-amerikanischen Streitkräfte vorstellen. Ohne Hilfe und Unterstützung der Special Operations Community und der US Navy wäre dies nicht möglich gewesen.

Mein Dank gilt besonders *General (ret.) Wayne A. Downing* sowie dem 1997 verstorbenen *Rear Admiral (ret.) Irve C. LeMoyne,* die mithalfen, einige »Luken« zu öffnen.

Captain (ret.) Larry W. Bailey, mit dem mich die Mitgliedschaft in der *Special Forces Association* verbindet, hat mir durch Einblicke in seinen langjährigen Dienst bei den *UDT-* und *SEAL-Teams* in aller Welt sehr geholfen.

Unterstützung fand ich auch bei einer Reihe von Dienststellen der *US Navy* sowie vom *UDT/SEAL*-Museum in Fort Pierce, Florida.

Dem *Special Operations Command* in Tampa, Florida, danke ich besonders für die Bereitstellung zahlreicher aktueller Fotos, und den *US National Archives* für geschichtlich wertvolle Bilder aus zurückliegenden Jahren

Commander Glen King und *JO1 Michael Hayden* vom *Naval Special Warfare Command* stellten hervorragende Fotos und Unterlagen zur Verfügung.

Herr Uwe Klotz half mit Auskünften zur Tauchtechnik.

Ganz besonderen Dank schulde ich Herrn K. Lauer für die erschöpfende Überarbeitung des Manuskripts und vor allem für die Bereicherung der Abbildungen mit aussagekräftigen Bildunterschriften.

Allen weiteren namentlich nicht aufgeführten Helfern und Dienststellen möchte ich an dieser Stelle sehr herzlich für Rat, Hilfe und Unterstützung danken.

Im Herbst 1997 *Hartmut Schauer*

Einführung

Wie allen Kampf-Schwimmern und -Tauchern haftet auch den amerikanischen SEALs ein geheimnisumwobenes, elitäres Image an. Sie verrichten einen äußerst gefährlichen und anstrengenden Dienst und sind dabei den Tücken des nassen Elements ausgesetzt. Da bleibt kein Raum für Fehler, Nachlässigkeiten und Schwächen. Wasser kann sehr gefährlich und erbarmungslos sein.

Viele abenteuerliche Vorstellungen ranken sich um diese Elitetruppe der *US Navy,* und ein wildromantischer Mythos von Heldentum und äußerster Härte umgibt die Nachfolger der einstmaligen Froschmänner noch heute.

Tatsächlich bilden die Experten für maritime Spezialeinsätze eine exklusive, waghalsige und verschworene, aber auch äußerst disziplinierte Gemeinschaft. Hohe Professionalität, gepaart mit der Bereitschaft, erhebliche gesundheitliche und persönliche Risiken einzugehen, dabei eisige Kälte zu ertragen oder gefährlichen Unterwasserströmungen zu trotzen, lassen keinen Platz für realitätsfremde Träumer oder falsches Heldentum. So gehören dumme Sprüche wie »Tod durch Killer aus der Tiefe«, oder Darstellungen blutrünstiger, mit Harpunen ausgetragener Unterwasser-Nahkämpfe in das Reich der Fabel – die nüchterne Einsatzwirklichkeit und die allgegenwärtigen Gefahren verlangen von den SEALs vor allem Disziplin innerhalb der Gemeinschaft und umfassende professionelle Kenntnisse und Fähigkeiten.

Die Taktik einer unbemerkten Annäherung unter Wasser fand schon in den Seekriegen der Antike Anwendung. Auch in den folgenden Jahrhunderten übernahmen Taucher und Schwimmer gefährliche Aufklärungs- und Sabotageaufträge im nassen Element. Größere Bedeutung erlangten die Froschmänner allerdings erst im 20. Jahrhundert, da nun mit fortschreitender Technik ein längerer Unterwasseraufenthalt möglich wurde.

Die *Sea, Air, Land* – kurz *SEAL*-Teams – gelten heute als die härteste Elitetruppe der *US Navy,* der Marine der USA, und schon der Name verweist auf ihre Vielseitigkeit: Kampfschwimmereinsätze in Meeren und Binnengewässern *(Sea),* Kommandounternehmen an Land *(Land)* sowie Luftlandungen und Fallschirmabsprünge *(Air).*

Im Zweiten Weltkrieg entstanden die ersten improvisierten Einheiten. Sie erfuhren seitdem eine ständige Weiterentwicklung und ihre Nachfolger nahmen an allen Kriegen der folgenden Jahrzehnte mit beachtlichen Erfolgen teil. Heute bilden sie bei globalen Militäreinsätzen das oftmals entscheidende, dabei äußerst flexible Bindeglied zwischen Land- und See-Streitkräften.

Die SEALs sind zwar die zahlenmäßig kleinste US-Sondereinsatztruppe, haben aber einen weltweiten Aktionsradius abzudecken. Mehr als 70 Prozent der Erdoberfläche sind mit Wasser bedeckt, und die meisten Staaten grenzen an Ozeane, sind von Strömen und Flüssen durchzogen, oder weisen Binnenseen auf – ideale Operationsbasen für die geheimnisumwitterten Experten des verdeckten Kampfes im nassen Element.

Aufgaben, Möglichkeiten und Grenzen des Einsatzes von Spezialeinheiten sind in der Öffentlichkeit nur schemenhaft bekannt und nicht unumstritten. In den demokratisch regierten Staaten geraten sie hin und wieder in die Schlagzeilen und damit in das Kreuzfeuer der Kritik. Es besteht gelegentlich Angst vor ihrem Mißbrauch durch radikale politische Kräfte. Man fürchtet einen »Staat im Staate«, die Gefahren zwielichtiger Machenschaften und unseriöser Umtriebe.

Gelegentlich geraten verdeckte Operationen zumindest an den Rand der Legalität und des Erlaubten und erfordern damit hohes Verantwortungsbewußtsein und größte Sensibilität seitens der Führung. Um jeglichen Mißbrauch von vornherein auszuschließen, sind straffe Führung und Kontrolle durch die verantwortlichen Politiker und Militärs erforderlich und heute auch gewährleistet.

Mit dem Ende des »Kalten Krieges« und dem Zusammenbruch der meisten kommunistischen Diktaturen ist die Machtbalance der ehemals bipolaren Welt erheblich aus dem Gleichgewicht geraten. Die Sicherheits-Risiken nach Ende des Ost-West-Konfliktes sind aber keinesfalls verschwunden. Stattdessen haben sie sich verlagert, sind komplizierter, weniger überschaubar geworden und damit kaum noch zu kontrollieren.

Eroberungs- und Bürgerkriege flackern weltweit auf, ethnische Zwiste und religiöser Haß münden in Völkermord, Zusammenbruch staatlicher Strukturen, Verarmung und Verelendung ganzer Regionen. Große Gefahr droht von der unkontrollierten Verbreitung atomarer und anderer Massenvernichtungswaffen mit einem verheerenden Bedrohungspotential. In Wirklichkeit ist die vor einigen Jahren euphorisch angekündigte neue Weltordnung eher zu einer Welt-Unordnung geworden.

Als alleinige Supermacht blieben nach den gewaltigen Umbrüchen der letzten Jahre die USA übrig. Allerdings sind die in der Vergangenheit oftmals als »Weltpolizisten« und »Kriegstreiber« geschmähten USA heute nur noch eingeschränkt dazu bereit, als Ordnungsmacht weltweit militärisch zu intervenieren.

Präsident Clinton hat klar zu erkennen gegeben, daß künftig amerikanische Militäreinsätze im Alleingang nur noch im Hinblick auf die eigene Sicherheit der USA oder bei unmittelbarer Bedrohung nationaler Interessen erfolgen. Somalia hat diese Haltung noch verstärkt, und auch im ehemaligen Jugoslawien legen die US-amerikanischen Truppen-Kontingente größte Zurückhaltung an den Tag.

Entsprechend rückläufig sind die Aufwendungen für die Streitkräfte. Erhebliche personelle, finanzielle und materielle Kürzungen und Einschränkungen haben ohnehin die militärischen Möglichkeiten für die Zukunft erheblich eingegrenzt.

Hier aber stellen die Sondereinsatztruppen innerhalb der verschiedenen Teilstreitkräfte eine Ausnahme dar – sie wurden in den letzten Jahren teilweise noch verstärkt und ausgebaut. Gerade die komplexen Krisen- und Konflikt-Szenarien erfordern neue, flexible Antworten. Ein Großteil der sich ergebenden Herausforderungen, zu denen auch Konfliktverhinderung, Krisenmanagement, Friedenschaffende und -erhaltende Einsätze, Evakuierungs-Maßnahmen oder humanitäre Hilfen zählen, liegt in den Händen der Sondereinheiten, deren maritime Komponente die SEALs bilden.

So stehen diese außergewöhnlichen Seeleute vor einer Fülle neuer Aufgaben, die in einer unruhigen, krisengeschüttelten Welt den Einsatz ihrer ganzen Kraft erfordern.

Das vorliegende Buch setzt die Reihe der Abhandlungen über die *»Green Berets«*, *Rangers* und *Marines* fort, und soll dem Leser einen Einblick in die Welt der SEALs gewähren. Aus Platzgründen und wegen der Vielfalt an Detail-Informationen konnten manche Themenbereiche lediglich angerissen werden, viele interessante Fakten fehlen ganz. Hierzu ist zu bemerken, daß Sondereinsatzeinheiten aus verständlichen Gründen nicht unbedingt darauf bedacht sind, die ungeteilte Aufmerksamkeit eines großen Publikums auf sich zu ziehen. Der Einblick in die zu einem Großteil geheimen und verdeckten Operationen bleibt der Öffentlichkeit verwehrt. Strenge Geheimhaltungsvorschriften sorgen daher für manche Informations-Lücke in sensiblen Bereichen.

Spezialeinheiten *im Wandel – Eine* Standortbestimmung

Vorab: Die meisten Angehörigen militärischer und auch polizeilicher Sondereinheiten zählen zwar durchaus zur professionellen Leistungselite, umgekehrt sind aber nicht alle Eliteverbände Sondereinsatztruppen. Zwar gab es auf den Schlachtfeldern der Kriege aller Epochen immer besonders verläßliche und leistungsstarke Verbände wie Legionen, Garden oder Sturmbataillone, aber diese bildeten durchweg einen festen Bestandteil der regulären Streitkräfte. Während auch heute noch diese Kampftruppen in der vordersten Linie und an den Brennpunkten des Geschehens unter hohen Risiken zum Einsatz gelangen, verlaufen die Aktionen der sogenannten Spezialeinheiten nach anderen Grundsätzen und Regeln. Sie operieren oft verdeckt nach unkonventionellen Prinzipien, entwickeln vielerlei außergewöhnliche Eigenintiativen und sind an rasch wechselnden Einsatzorten, weltweit und unter schwierigsten Bedingungen – meist weit im Rücken eines Gegners – verfügbar.

Bevor die Besonderheiten der hochspezialisierten *US Navy SEALs* näher dargestellt werden, bedarf es zunächst einiger – möglicherweise etwas trockener – Worte zum Reizthema militärischer Elite- und Spezial-Formationen. Die Elite- und Sondereinsatzverbände von heute sind militärische Leistungseliten, die besonders in jüngster Zeit immer stärker auf sich aufmerksam machen. Allerdings gibt es kaum Soldaten, über die so viele falsche Vorstellungen und Mißverständnisse existieren. Von den Medien je nach Situation und Einstellung verherrlicht oder verteufelt und mit einem manchmal geradezu legendären Ruf versehen, geraten sie wegen ihrer besonderen Einsatztechniken, aufgrund einer notwendigen, gelegentlich aber auch übertriebenen Geheimhaltung, vor allem aber durch spektakuläre Erfolge oder blamable Mißerfolge hin und wieder in die öffentliche Diskussion. An Eliten aller Art werden besonders hohe Erwartungen gestellt und entsprechend hoch sind die Anforderungen.

Was unterscheidet nun eigentlich diese ausgewählten und besonders geschulten Kämpfer vom sogenannten »gemeinen Fußvolk«? Zunächst ist zu sagen, daß es keine klaren Grenzen oder verbindliche, abgrenzende Kriterien gibt. Gewöhnlich zählen sich solche Verbände zur Elite, deren Aufgabenbereiche überdurchschnittlich gefährlich und schwierig sind und daher sorgfältig ausgebildetes, hochmotiviertes Personal verlangen. Absolute Loyalität, Leistungsbereitschaft, Widerstandskraft, Durchhaltevermögen, hohe körperliche Leistungsfähigkeit, Streß-Stabiltät und besonders auch praktische Intelligenz gehören zu den Auswahlkriterien. Das Streben nach Höchstleistungen, ständiger Leistungsdruck, Einfallsreichtum weit über normale Anforderungen hinaus, sowie eine große persönliche Risikobereitschaft sind weitere bestimmende Kriterien. Worin besteht die Gegenleistung für eine derart strapaziöse Dienstleistung in der überwiegend an materiellen Werten orientierten Gegenwart, in der Begriffe wie Aufopferung und Patriotismus nichts mehr gelten und Eliten gar verdächtig scheinen?

Zunächst erfreuen sich Angehörige von Eliteeinheiten – zumindest in bestimmten Kreisen – einer gehobenen Wertschätzung. Die Anerkennung ihrer besonderen Leistungen und Verdienste trägt dabei zweifellos zur Stärkung ihres Selbstbewußtseins und zur Steigerung ihres Selbstwertgefühls bei. Vergünstigungen finanzieller Art, verschiedene Zulagen und Prämien entschädigen materiell für besondere Härten und Gefahren in Ausbildung und Einsatz. Nicht vergessen werden darf der für militärische Verhältnisse interessante und abwechslungsreiche Dienst, der auch viele interessante sportliche Betätigungen einschließt und fördert. Die Chance, die Welt und fremde Kulturen kennenzulernen, ist besonders bei den US-Streitkräften außerordentlich groß. Allgemein geschätzt sind die zahlreichen Möglichkeiten zur beruflichen Fortbildung und zur persönlichen Weiterentwicklung. So erlangen viele Angehörige spezieller Formationen beispielsweise wertvolle Sprachkenntnisse, lernen den Umgang mit modernster Kommunikationstechnik, wirken als Spezialisten im Gesundheitswesen und in der Entwicklungshilfe. Gelegentlich wendet sich der eine oder andere Experte nach dem Ausscheiden aus dem aktiven Dienst der Sicherheitsbranche zu, der in der heutigen Epoche krimineller Hochkonjunktur eine gesteigerte Bedeutung zukommt.

Vor allem aber schätzen viele Soldaten die von einem besonderen gegenseitigen Vertrauensverhältnis geprägte Kameradschaft, das weitgehende Fehlen »alter Zöpfe« einer rein formalen Disziplin sowie der überkommenen, aber leider noch immer nicht ganz verschwundenen kleinkarierten Barras-Schikanen, die zur Entmutigung vieler, eigentlich motivierter Soldaten und Wehrdienstleistender beiträgt. Stattdessen dominiert eine fast absolute, funktionale Disziplin auf der Grundlage eines ehernen Zusammengehörigkeits-Gefühls und gegenseitiger Verantwortungsbereitschaft. Ein enges Vertrauensverhältnis zwischen Führern und Geführten ist Grundvoraussetzung für den Erfolg. Was zählt sind die persönlichen, charakterlichen Eigenschaften und die fachlichen Leistungen jedes Einzelnen innerhalb der Gemeinschaft, nicht Hierarchien oder Dienstgrade.

Elitetruppen erbringen allerdings nicht nur militärische Spitzenleistungen, sie sind auch recht problembeladen. Sie entziehen den anderen Verbänden besonders qualifiziertes Personal, benötigen eine langwierige und teure Ausbildung, erwecken Neid und Mißgunst und lassen so Spannungen entstehen. Die meist uneingeschränkte Loyalität gegenüber der Führung birgt die nicht unerhebliche Gefahr eines Mißbrauchs durch politische oder ideologische Kräfte in sich. Die Angst vor einem »Staat im Staate« ist daher nicht unbegründet, wie die Erfahrungen aus der Vergangenheit und die Verhältnisse in vielen Ländern mit totalitären Strukturen zeigen. Tatsächlich führen gelegentlich übersteigertes Selbstbewußtsein und elitäres Denken einzelner Soldaten, die glauben, aufgrund ihrer auf einigen Gebieten besonders ausgeprägten Leistungen über ihren Mitmenschen zu stehen, zu Überheblichkeit oder gefährlichem Kasten-Denken. Manch weltfremder Hagestolz gerät dabei unversehens in die Isolation und verliert den Bezug zur Realität.

Eine allgegenwärtige Gefahr besteht in der mißbräuchlichen Verwendung. So haben zahlreiche Elite- und Sondereinsatzverbände in der Vergangenheit oftmals unnötig hohe, blutige Verluste hinnehmen müssen, weil sie nicht ihren Fähigkeiten und Möglichkeiten entsprechend eingesetzt wurden. Der übersteigerte Glaube unbedarfter Politiker an ihre Unbesiegbarkeit und die zu hoch geschraubten Erwartungen konventionell denkender Militärs haben oftmals dazu geführt, daß sie sich vor unlösbare Aufgaben gestellt sahen. So wurden Sonderverbände gelegentlich regelrecht »verheizt« und sinnlos geopfert.

Kam den Spezialeinheiten bereits während der Zeit des »Kalten Krieges« eine gewichtige Rolle zu, so haben sie zwischenzeitlich – insbesondere nach den Umwälzungen der jüngsten Zeit – eine erhebliche Aufwertung erfahren. In der heutigen konfliktreichen, gewalttätigen und immer komplizierter werdenden Welt voller Bürgerkriege, bewaffneter Konflikte und aggressiver Formen organisierter Kriminalität, die geprägt ist von einem deutlich erkennbaren Verfall traditioneller Werte bei gleichzeitig zunehmender Gewaltbereitschaft, treten vermehrt schlagkräftige Sondereinheiten an die Stelle schwerfälliger, technisch hochgerüsteter militärischer Großverbände.

Ganze Panzerarmeen, Luftflotten und Geschwader von Kriegsschiffen sind mit enormem finanziellem Aufwand verschrottet oder eingemottet worden. In Ost und West ringen die überzähligen Soldaten, die nicht so problemlos zu entsorgen sind, um eine neue Existenz. Todbringende Atomwaffen, die bisher optimal gesichert waren, drohen nun in bedrohlicher Weise zu »vagabundieren« und gefährden erneut Frieden und Sicherheit. Während einerseits recht optimistisch abgerüstet wird und die Welt auf die positiven Auswirkungen der Friedensdividende wartet, leiden riesige Regionen unter Kriegen, Bürgerkriegen, Aufständen, Unruhen und terroristischen Gewaltakten.

Das Gleichgewicht des Schreckens, aufrechterhalten durch die Drohung mit gegenseitiger völliger Vernichtung, beschützte – gewollt oder ungewollt – die Menschheit nahezu ein halbes Jahrhundert lang. Die Verhinderung eines weltweiten Krieges galt bereits als der Ernstfall. Dafür dienten Millionen Soldaten und sie erfüllten ihren Auftrag in vollem Umfang. Nach dem Zusammenbruch der Sowjetunion und dem Zerfall des Warschauer Paktes glaubten viele Menschen an eine Epoche des »ewigen Friedens«. Das eigentliche Ziel früherer Konflikte, die Lage des eigenen Volkes durch Anwendung von Gewalt gegen Dritte zu verbessern, schien endgültig der Vergangenheit anzugehören. Vor wenigen Jahren hätte niemand gewagt, an die Anwendung militärischer Gewalt zur Durchsetzung eigener Interessen auch nur zu denken; heute jedoch ist in Europa Krieg nicht nur denkbar, sondern auch wieder führbar geworden.

Der Schock des II. Weltkrieges gerät allmählich in Vergessenheit und plötzlich stellen sich gewissenlose Politiker wieder ernsthaft die Frage, ob es unter bestimmten Umständen und zur Erreichung ihrer egoistischen Ziele nicht sinnvoll sei, Waffengewalt anzuwenden. Rund um den Erdball schwelen ethnische und religiös-fundamentalistische Konflikte, die gelegentlich in blutigen Zusammenstößen zum Ausbruch kommen. Blutige Gewalt herrscht aber nicht nur in den gebeutelten Staaten der Dritten Welt, sondern auch inmitten Europas. Die Entwicklung im auseinandergebrochenen Sowjet-Imperium läßt kaum Optimismus aufkommen, denn auch dort herrscht die Gewalt. Wird also der Krieg wieder kalkulierbar und somit führbar?

Ein Blick zurück zeigt, daß zwischen 1482 und 1990 weltweit etwa 1400 dokumentierte Kriege geführt wurden – allein 600 in diesem Jahrhundert. Weltweiter Friede herrschte in der jüngeren Vergangenheit tatsächlich nur an 26 Tagen, und zwar im September 1945 nach Beendigung des Zweiten Weltkrieges, der bislang schrecklichsten und folgenreichsten kriegerischen Auseinandersetzung. Schon bald aber – während der Phase der Entkolonisierung – sprachen wieder die Waffen. Bereits 1955 wurden fünfzehn bewaffnete Konflikte gezählt, 1965 schon 24, 1975 waren es 35, und heute zählt man jährlich mehr als 50 kriegerische Auseinandersetzungen – Tendenz weiter steigend.

Derzeit bestimmen nationale Sicherheitsinteressen und gleichzeitig die Fähigkeit, im Rahmen internationaler Organisationen schlichtend, friedensschaffend und konfliktverhindernd in kriegerische Auseinandersetzungen eingreifen zu können, das Geschehen auf der internationalen politischen Bühne. Deshalb ist es notwendig, geeignete Machtmittel und das militärische Instrumentarium zu finden, die sich von denen der sogenannten Abschreckung im Kalten Krieg deutlich unterscheiden.

Nachdem sie früher kaum beachtet und gelegentlich sogar belächelt wurden, erleben schlagkräftige, flexible und rasch an jeden beliebigen Ort der Erde verlegbare Spezialeinheiten derzeit eine regelrechte Hochkonjunktur. Fast täglich erscheinen in der Presse Schlagzeilen wie »Soldaten stürmen das Cockpit und erschießen Luftpiraten«, »Sonderkommando beendet Geiseldrama«, »Türkei stellt Spezialeinheiten gegen Kurden auf«, oder »Deutschland braucht eine Spezialtruppe für UNO-Einsätze«.

Heute begleiten die früheren Schattenkrieger nicht nur konventionelle kriegerische Auseinandersetzungen oder führen verdeckte Operationen an der Schwelle bewaffneter Feindseligkeiten durch; die Exoten im Kampfanzug rücken auch näher an das Zentrum militärischer Machtentfaltung heran und lösen die teure, schwerfällige und aufwendige Rüstungsmaschinerie mit ihrem unbeweglichen schweren Gerät nach und nach ab. Leichte, luftbewegliche Eliteeinheiten, mit durchtrainierten, motivierten und leistungsbereiten Zeit- und Berufssoldaten ersetzen die eher behäbigen Vorgängergenerationen und in absehbarer Zeit auch die längst überkommenen, in manchen Staaten politisch aber gewollten Massenheere schlecht ausgebildeter Wehrpflichtiger, denen nur noch eine geringe militärische Bedeutung zukommt. Die augenblicklich alleinige Supermacht USA verringerte sofort nach Beendigung des »Kalten Krieges«, unterbrochen lediglich von der kurzen Episode des Golfkrieges, ihre waffenstarrenden Streitkräfte. Gleichzeitig aber wurden die Sondereinsatztruppen in voller Stärke erhalten und zudem weiter verstärkt.

Mißverständnisse und falsche Vorstellungen sind im Zusammenhang mit Elite- und Spezialeinheiten häufig anzutreffen. Nicht nur bei der breiten Öffentlichkeit, sondern auch bei ansonsten durchaus gut informierten militärischen Fachleuten. Zunächst ist eine Unterscheidung hinsichtlich ihres taktischen, strategischen oder politischen Auftrags notwendig.

Konventionelle Eliteeinheiten

Auf der unteren taktischen Ebene sind die meist offen eingesetzten Einheiten zu nennen, deren Aufgaben vom Auftrag, der Zielsetzung und vom Umfang her begrenzt sind, und die sich im Rahmen allgemeiner militärischer Operationen bewegen. Zu ihren Aufträgen gehören beispielsweise die Durchführung von Stoßtrupp-Unternehmen, die Führung überraschender Schläge gegen gegnerische Schlüssel-Stellungen, taktische Aufklärung oder das schnelle Eingreifen an einem Brennpunkt. Grundsätzlich werden durch diese Einsätze die Kampfhandlungen regulärer Kräfte eingeleitet, vorbereitet, unterstützt oder ergänzt.

Die durchaus riskanten Aktionen, beispielsweise Überfälle und Handstreiche gegen wichtige gegnerische Einrichtungen wie Führungs- und Kommunikationszentren, Nachschub-Basen oder Fernlenkwaffen, führen entsprechend ausgebildete Soldaten aus, die als Leichte Infanterie zu Einsatz kommen. Meist handelt es sich hierbei um Fallschirmjäger, Kommandotruppen, Luftsturmverbände, Jäger, Gebirgsjäger, Panzeraufklärer und Marineinfanteristen. Typische konventionelle Elitetruppen sind beispielsweise die *Rangers* des amerikanischen Heeres, die belgischen *Para-Commandos* oder Einheiten der französischen Fremdenlegion. Im Grunde können aber auch gut ausgebildete Infanteristen mit einer gewissen Zusatzausbildung einen Großteil derartiger Aufträge übernehmen und ausführen.

Unkonventionelle Spezialeinheiten

Anders als die konventionellen operieren unkonventionelle Sondereinsatz-Verbände meist verdeckt und im Untergrund. Bei ihren Einsätzen gehen sie teilweise zwar nach den taktischen Grundsätzen regulärer Infanterie vor, andererseits wenden sie Methoden der operativen Geheim- und Nachrichtendienste an. Ihre Einsatz-Taktik ist geprägt von Einfallsreichtum, Flexibilität, Ausnutzung des Überraschungsmoments und dem blitzartigen Zuschlagen kleiner Trupps – insbesondere während der Nachtstunden. Dadurch sind sie in der Lage, einem Gegner mit geringstem Kräfte- und Materialeinsatz größtmöglichen Schaden zuzufügen. Die Einsatzkräfte tragen ein hohes persönliches Risiko, denn sie müssen bereit und in der Lage sein, nahezu jeden erdenklichen Auftrag auszuführen. Im Rahmen nachrichten- und geheimdienstlicher Operationen bewegen sie sich häufig in einer Grauzone und nicht selten am Rande oder gar jenseits der Grenzen der Legalität.

Sabotage-Einsätze kleiner Kommando-Trupps richten sich gegen sensible Ziele und sollen lebenswichtige Einrichtungen des Gegners zerstören. Fernspäher und Fernaufklärer sind in der Lage, vor Ort wichtige Informationen im strategisch – operativen Bereich zu erlangen und diese in Echtzeit weiterzumelden. Experten für den Kleinkrieg (*Guerra* = Krieg; *Guerilla* = Kleinkrieg) bilden weit entfernt von den Einrichtungen der eigenen Kräfte örtliche Partisanen-Gruppen aus, die sie auch führen und logistisch unterstützen. Das Organisieren verdeckter Fluchtnetze zur Ausschleusung wichtiger Informanten und Überläufer sowie aus der Haft befreiter Gefangener gehört zu den besonders gefährlichen Aufträgen. Im Zuge von Beratertätigkeiten sowie Ausbildungs- und Entwicklungshilfe-Projekten bemühen sich die Angehörigen bestimmter Sondereinheiten, Krisen bereits im Vorfeld zu erkennen oder einzudämmen, um so Stabilität und Frieden in einer bestimmten Region zu erhalten. Antiterror-Einsätze und die Bekämpfung des internationalen Drogenhandels bergen ein besonderes Risiko in sich und nehmen derzeit einen hohen Stellenwert ein.

Nicht jeder, der sich um die Aufnahme in eine dieser Spezieal-Einheiten bewirbt, eignet sich für eine derartige Verwendung. An Intelligenz, Charakter und Belastbarkeit werden hohe Anforderungen gestellt. Eine sorgfältige Personalauswahl sowie eine langjährige intensive Spezialausbildung sind erforderlich.

Entwicklung und *Stellenwert der US*-Sondereinsatzkräfte (SOF)

Das Wirken der bunten Vielfalt amerikanischer Spezialeinheiten ist seit Jahrhunderten eng mit der wechselnden Geschichte der Vereinigten Staaten verbunden. In den meisten Kriegen und den zahlreichen Feldzügen kämpften sie gegen kriegerische Ureinwohner, Kolonialmächte, militante Nachbarn und gingen gegen nationalistische und kommunistische Unterdrückungssysteme vor. Jeder Krieg prägte seine eigenen Sondereinsatzverbände, oft improvisiert und spontan aus der jewei-

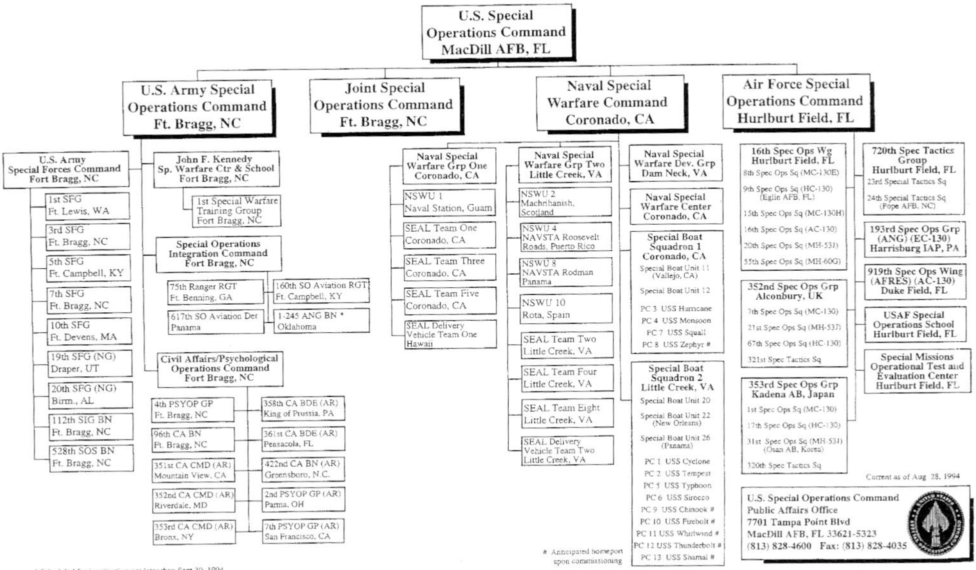

Gliederung der US-Sondereinsatzverbände aller Teilstreitkräfte (Stand: 1994).

ligen Situation heraus geschaffen. Nach dem Ende des Waffenganges verschwanden sie meist unbemerkt in der Versenkung, denn die Gesellschaft in den USA ist sehr skeptisch gegenüber militärischen Eliten. Rogers Rangers, Morgans Rifles, Mosbys berittene Partisanen, Scouts und Raiders sind nur einige der abenteuerlichen Namen. Tatsächlich sind die überhaupt nicht militärbegeisterten USA aber eine der Geburtsstätten der modernen militärischen und polizeilichen Sondereinsatzverbände.

So entstanden erst 1952, während des Korea-Krieges, innerhalb des amerikanischen Heers die aktiven *Special Forces (Airborne)* und bildeten die Zelle für künftige weitere professionelle Spezialeinheiten, zunächst vorgesehen für Befreiungsaktionen und den Partisanenkampf hinter dem nun verschwundenen »Eisernen Vorhang«. Ein Jahrzehnt später leitete Präsident John F. Kennedy mit energischen Schritten den Aufbau umfangreicher Sondereinheiten in allen Teilstreitkräften ein. Er wollte so der Ausbreitung des Kommunismus in den Entwicklungsländern einen Riegel vorschieben und sich ein Werkzeug schaffen, mit dem er – deutlich unterhalb der atomaren Schwelle – auch eingeschränkt militärisch handeln konnte, ohne das atomare Inferno heraufzubeschwören. In diese Epoche fällt auch die Geburtsstunde der SEALs der *US Navy.*

Der sich gleichzeitig ausweitende Vietnam-Krieg führte bald zu einer Konzentration dieser Kräfte in Südostasien. Im erbitterten Kampf gegen die Kommunisten sammelten sie ihre ersten, schmerzhaften Einsatzerfahrungen.

Die 70er Jahre prägte ein weltweiter militanter und aggressiver Terrorismus. Dessen Bekämpfung bildete einen neuen Schwerpunkt für die Sondereinsatztruppen. Nach peinlichen Pannen, beispielsweise mißglückte Geiselbefreiungen, erfolgte zu Beginn der 80er Jahre eine Aufwertung und grundlegende Straffung sowie eine die Teilstreitkräfte überschreitende Neuorganisation der nunmehrigen *Special Operations Forces (SOF)*. An den folgenden kleineren und größeren Kriegen beteiligten sich die SOF-Verbände der einzelnen Teilstreitkräfte in zunehmendem Maße. Heute bilden sie eine wesentliche Säule der amerikanischen Streitkräfte.

Ein typisch amerikanisches Problem äußerte sich über eine lange Zeit im Konkurrenzdenken der Teilstreitkräfte untereinander sowie zwischen den weiteren Sicherheits-Organen und -Behörden und den Nachrichtendiensten. Im Wettstreit zwischen *Army* (Heer), *Navy* (Marine), *Air Force* (Luftwaffe) und *Marines* (Marineinfanterie) ging es – wie so oft – um Ansehen und finanzielle Mittel. Jede Teilstreitkraft strebte nach einem möglichst großen Anteil an den bereitgestellten Haushaltsmitteln zur Finanzierung von Rüstungsprojekten und zur Beschaffung neuer Waffensysteme – und damit gleichzeitig nach Mitspracherechten. Penibel ausgehandelte Abmachungen und Verträge legten die jeweiligen Zuständigkeiten fest. Materielle Aufwendungen im Zuge gemeinsamer Aktionen und Kosten bei der wechselseitigen Unterstützung wurden von den einzelnen Teilstreitkräften mit buchhalterischer Akribie in Rechnung gestellt. Obwohl ja alle Uniformträger gemeinsam das hohe Ziel der Landesverteidigung verfolgen, litt in der Praxis die Einsatzbereitschaft unter diesem Konkurrenzkampf. So wollte beispielsweise während der Militäraktion auf der Karibik-Insel Grenada ein Offizier der *Marines* auf einem Hubschrauberträger einem notgelandeten Hubschrauber der *Army*, der Verwundete an Bord hatte und unter Beschuß geraten war, das Auftanken verweigern. Begründung: Zunächst müsse die Frage der Kostenrückerstattung mit dem übergeordneten Stab abgeklärt werden. Das energische Eingreifen von General Norman Schwarzkopf, zu diesem Zeitpunkt Verbindungsoffizier der *Army* an Bord des Trägers, bereitete allerdings dem Trauerspiel ein schnelles Ende.

Sogar zwischen konventionellen und unkonventionellen Verbänden, ja selbst zwischen den Spezialeinheiten der einzelnen Teilstreitkräfte herrschte ein ungesunder Wettbewerb. Jede Seite war bestrebt, die eigenen Leistungen herauszustellen, um so ein Stück des Kuchens zu erhaschen. Dies selbst dann, wenn für einen bestimmten Einsatz die grundsätzlichen Gegebenheiten gar nicht zu erfüllen waren, wodurch Soldaten unnötig geopfert wurden. Hierfür gibt es gerade in der jüngeren Vergangenheit mehrere unrühmliche Beispiele, die auch die Sondertruppe der *US Navy* belasteten.

Ein erstes Umdenken bahnte sich 1980 nach der fehlgeschlagenen Befreiung der Botschaftsgeiseln im Iran an. Wieder einmal merkten die USA, daß sie zwar über ein gewaltiges Militärpotential verfügten, in besonderen Situationen aber praktisch handlungsunfähig waren. Nach der Blamage des fehlgeschlagenen Rettungsversuches ging man endlich daran, effektive Spezialeinheiten und entsprechende Organisationsformen und Zuständigkeiten zu schaffen.

Die wenigen Sondereinheiten wurden zusammengefaßt und verstärkt, vor allem aber einem gemeinsamen Stab unterstellt mit direktem Zugang zu den höchsten politischen und militärischen Entscheidungsträgern. Bis zur Herstellung der notwendigen Einsatzreife dauerte es aber noch einige Zeit und es kam immer wieder zu Pannen und Fehlleistungen. Heute hat sich die Zusammenarbeit aller beteiligten Stellen untereinander gut eingespielt und der Ausbildungsstand sowie die materielle Ausstattung haben sich beachtlich verbessert. Eine größere Anzahl von Verbänden sind neu entstanden oder wurden vergrößert, so auch die *Navy SEALs*. Seit der gut bestandenen Bewährungsprobe am Golf verfügen alle US-Sondereinsatz-Formationen über die volle Einsatzreife. An der Spitze der *SOF* Kräfte steht nun ein *General* (Viersternegeneral), unterstützt von mehr als einem Dutzend weiterer Generale und Admirale. Damit ist die notwendige Durchsetzungsfähigkeit in der militärischen Hierarchie gegeben und die einstmals angefeindeten und gelegentlich belächelten Sondereinsatzverbände sind nun in amerikanischen Militärkreisen voll anerkannt.

Die drastische Verringerung der Streitkräfte der USA und die Schließung zahlreicher überseeischer Militärstützpunkte hat gleichzeitig die Bedeutung der Sondereinheiten, deren aktive Teile von der allgemeinen Reduzierung nicht betroffen sind, noch erhöht. Sie ersetzen nun in vielen Regionen – zumindest teilweise – die Präsenz herkömmlicher amerikanischer Truppenverbände, zeigen Flagge und halten die Verbindungen offen. Selbst mit der Entsendung eines zahlenmäßig kleinen *»A-Teams«* der *Army Special Forces* zur Beratung, Gesundheitsvorsorge oder Ausbildungshilfe kann die amerikanische Supermacht deutliche politische Zeichen setzen. Dies ohne sogleich mit dem Säbel zu rasseln oder Flugzeugträger und *Marines* in großer Anzahl anrücken zu lassen. Es muß aber vermieden werden, daß die Spezialeinheiten mit artfremden Aufgaben belastet werden und Aufträge erhalten, die nicht ihrem Einsatzspektrum entsprechen. Wenig sinnvoll ist es beispielsweise, voll ausgebildete Sondereinsatzkräfte mit einfachen Bewachungsaufgaben zu betrauen, nur weil aufgrund von Stellenkürzungen im konventionellen Bereich das Sicherungspersonal für derartige Routineaufgaben fehlt.

Problembeladen stellt sich die Zusammenarbeit mit Nachrichtendiensten dar. Wiederholte Pannen von Seiten der nachrichtendienstlichen Aufklärung sorgten mehrfach für Fehlschläge und Frustrationen, die dann die Angehörigen der Sondereinheiten auszubaden hatten. In der Vergangenheit – besonders im Vietnam-Krieg, aber auch in Lateinamerika – fühlten sich manche Angehörige von Spezialeinheiten verraten und verkauft. Heute sind auf diesem Sektor sehr gute Arbeitsgrundlagen geschaffen worden.

In der Tat birgt der Einsatz von Sondereinheiten im politischen und militärischen Bereich immer ein hohes politisches Risiko in sich. Fehlschläge, Mißverständnisse, unvorhersehbare Entwicklungen und Kompetenzüberschreitungen können katastrophale Folgen haben und leicht zu einer Eskalation der Gewalt führen. Von welcher Tragweite falsch gelaufene Aktionen sein können, macht der Einsatz der GSG 9 des Bundesgrenzschutzes gegen Terroristen 1993 deutlich, der sicher nicht optimal und vor allem nicht professionell ablief. Die hochgelobte, aber anscheinend etwas praxisfremde Spezialeinheit verlor dabei nicht nur das jahrelang sorgfältig gehegte »Mogadischu-Image«. Minister und höchste politische Beamte mußten den Hut nehmen und der Vertrauensverlust in der Öffentlichkeit erwies sich als gravierend.

Insidern ist es am liebsten, wenn im Idealfall überhaupt nichts vom Wirken der Spezialeinheit an die Öffentlichkeit gelangt. Als stille Profis verrichten sie die oftmals lebensgefährliche Arbeit ohne dafür Lob, Anerkennung oder Geld zu ernten. Erfolgreiche Aktionen werden als Selbstverständlichkeit angesehen und finden in der Öffentlichkeit allenfalls geringes und nur kurzes Interesse. Fehlschläge hingegen werden um so mehr zur Kenntnis genommen. Kritisch wachen die Medien und viele Interessengruppen über die Einhaltung rechtsstaatlicher Grundsätze bei verdeckten Aktionen. Die Angst vor Machtmißbrauch aufgrund unkontrollierter Machtanhäufung ist latent vorhanden. Somit erscheint die politische Kontrolle auch durchaus notwendig und sinnvoll. Sie darf sich allerdings nicht lähmend auf die Effizienz auswirken.

In den USA beeinträchtigt noch eine weitere Schwierigkeit das Wirken der Sondereinsatzkräfte. Es herrscht ein wahres Gerangel unter einer Vielzahl von Ministerien und Behörden, die durchweg von ihrer Notwendigkeit überzeugt sind und eine gestraffte Führung und Koordination maßgeblich erschweren. So wird der amerikanische Präsident vom *US Special Operations High Command* beraten, einer Vielzahl von Vertretern meist nicht militärischer Dienststellen. In diesem Gremium sind Geheimdienste und weitere besondere Formationen vertreten. Die *Central Intelligence Agency (CIA)*, die *Information Agency (USAIA)*, die *Agency for International Development (AID)* und das Außenministerium sind präsent; aber auch das Verkehrsministerium mit der *Coast Guard* und der *Federal Aviation Administration,* das Energieministerium, das Justizministerium mit der *Border Patrol,* dem *FBI* und dem *Marshals Service* sowie das Finanzministerium – dem merkwürdigerweise der für den persönlichen Schutz des Präsidenten zuständige *Secret Service* untersteht – mischen mit. Hinzu treten noch die einzelnen Bundesstaaten und die Verwaltungen der Großstädte, die gewöhnlich über eigene Sicherheitsformationen verfügen. Die Streitkräfte entsenden Vertreter der Spezialverbände und des gemeinsamen Oberkommandos.

Diese Vielfalt führt immer wieder zu Überschneidungen, Mißverständnissen und Fehlschlägen. Oftmals werden aus den bereits dargelegten Gründen die falschen Entscheidungen getroffen und ungeeignete Kräfte eingesetzt.

Ein typisches Beispiel sind die Geschehnisse im Verlauf des Einsatzes von Sicherheitskräften gegen die von David Koresh geführten Sektenmitglieder im Jahr 1993 in Waco im US Bundesstaat Texas.

Während der wochenlangen Belagerung und bei der Erstürmung der Farm der Davidianer-Sekte kam es zu bedauerlichen Fehlleistungen. Die erschütternden Fernsehbilder über den Tod martialisch wirkender Sicherheitskräfte, die beim ersten Zugriff regelrecht vor den Augen der Fernsehzuschauer zusammengeschossen wurden, gingen rund um die Welt. Nicht Angehörige des *FBI,* sondern Agenten des *BATF (Bureau for Alcohol, Tobacco and Firearms),* der Abteilung für Alkohol-Tabak- und Schußwaffendelikte des Finanzministeriums waren es, die am 28. Februar 1993 beim ersten Angriff umkamen. Untersuchungen haben ergeben, daß der Sektenführer von der bevorstehenden Aktion wußte und somit der Überraschungseffekt nicht mehr gegeben war. Jeder vernünftige Einsatzleiter hätte daraufhin die Aktion abbrechen müssen. Aus Prestigegründen wurde der Angriff trotzdem befohlen. Vier Beamte blieben auf der Strecke und mit einer 51tägigen Belagerung bahnte sich eine vermeidbare Tragödie an, die auf Unfähigkeit und Machtmißbrauch zurückzuführen ist. Das Ergebnis: 86 mehr oder weniger in den Tod getriebene Sektenmitglieder, darunter 25 Kinder. Sicher kein Schulungsbeispiel für einen verhältnismäßigen und zielgerichteten Einsatz von Sondereinsatzkräften zur Bewältigung einer schwierigen Situation, sondern eher eine Bankrotterklärung. Am Rande sei noch vermerkt, daß im Anschluß an die chaotischen Vorgänge die weiteren Ermittlungen in die Hände der *Texas Rangers,* der Sondereinheit der Polizei des Bundesstaates Texas, gelegt wurden.

Ein derartiger Entschluß zu einem früheren Zeitpunkt hätte möglicherweise zur Verhütung manchen Unheils beigetragen. Aber da sind ja noch die Kompetenzen ....!

Galten die Soldaten von Kommando- und Spezialeinheiten bislang als besonders hart und kämpferisch, so ist neuerdings ein Wandel zu beobachten. Friedensschaffende Missionen und humanitäre Einsätze verlangen vermehrt nach diesen nicht alltäglichen Soldaten. Sie begleiten und schützen nationale und internationale Rettungs-Aktionen in zunehmendem Maße. Die früher oftmals als »Killer«, »Halsabschneider« und »Schlangenfresser« verschrieenen Schattenkrieger leisten heute auch Hilfe bei Naturkatastrophen und unterstützen die Zivilbevölkerung in Notlagen. Auch hier sind Mut und Tapferkeit unabdingbar; allein der Anblick des oft unsäglichen Leids und das Erkennen der eigenen Ohnmacht erfordern durchaus Disziplin und Härte – eine zeitgemäße Form des Heldentums.

Nach wie vor tragen die Angehörigen von Sonderformationen im Dienst ein hohes persönliches Risiko. Dabei müssen sie eine Vielzahl persönlicher und familiärer Erschwernisse hinnehmen. Die Gefahr, bei der oft riskanten Ausbildung oder der Erfüllung eines Auftrages verletzt oder getötet zu werden, besteht auch in Friedenszeiten. In den vergangenen Jahren hatten die Spezialstreitkräfte der USA Dutzende von Toten zu beklagen. Mehrheitlich handelte es sich dabei zwar um Opfer von Flugzeugunfällen, aber durchaus auch von militärischen Kampfhandlungen. Die physischen und psychischen Belastungen sind enorm und erfordern ein hohes Maß an Motivation, Charakterstärke und Disziplin sowie die Bereitschaft, auf ein Privatleben weitgehend zu verzichten.

Böse Zungen behaupten, Angehörige elitärer Sonderformationen stünden mit einem Fuß im Grab, mit dem anderen im Gefängnis. Eher romantische Gemüter umschreiben das Eingehen einer Verpflichtung für den Dienst bei den *Special Operations Forces* als den »Kuß des Todes«. Allzu rasch zur Hand ist auch ihre pauschale Abwertung zu »Rambos« oder ihre Vorverurteilung als gewissenlose Söldner. Nüchtern betrachtet sind solche Vergleiche an den Haaren herbeigezogen und entsprechen in keiner Weise den tatsächlichen Verhältnissen. Die hohen Ansprüche an Persönlichkeitswerte und Leistungsvermögen verhindern in der überwiegenden Zahl der Fälle die Übernahme oder die Verwendung von lichtscheuem Gesindel und Möchtegern-Helden in den westlichen Elite- und Spezialeinheiten. Zweifelsohne ist es in der harten Einsatzrealität unter hohem psychischem und physischem Druck in einer angespannten Situation nicht immer möglich, genauestens nach militärischer Dienstvorschrift, Recht und Gesetz vorzugehen. Gegen Kurzschlußhandlungen, Fehlentscheidungen und Versagen sind auch diese Menschen nicht gefeit. Einzelnes Fehlverhalten darf aber nicht zu pauschalen, negativen Meinungen in der Öffentlichkeit führen.

Um Fehlmeinungen vorbeugend zu vermeiden, ein gutes *Image* zu erlangen und um Verständnis und Unterstützung der breiten Öffentlichkeit zu werben, ist eine weitgehende Öffnung nach außen und jeglicher Verzicht auf Abkapselung unabdingbar.

Daß sich gerade heute, in einer immer komplizierter und orientierungsloser werdenden Welt, der Bedarf an militärischen Sondereinheiten erhöht, steht außer Zweifel. So wie es keine absolute Trennung gibt zwischen Gut und Böse, herrscht auch nirgendwo vollkommener Friede oder totaler Krieg, vielmehr sind die Übergänge fließend. Im Gegensatz zu den herkömmlichen, konventionellen militärischen Machtmitteln – die bei einer entsprechenden Lage natürlich weiterhin einen hohen Stellenwert einnehmen – sind Einsätze militärischer Spezialeinheiten sowohl im einen als auch im anderen Extremfall vorstellbar. Die Politik verfügt somit über erhebliche Entscheidungsfreiräume und ein vielseitig einsetzbares Werkzeug, dessen Einsatz deutlich unterhalb der Schwelle eines herkömmlichen Krieges angesiedelt ist, und mehr auf Vorbeugung, Konfliktverhinderung, humanitäre Einsätze und Erstickung von Konflikten abzielt.

Aus*blick*

In einer Welt des Umbruches tritt vermehrt Neues an die Stelle des Althergebrachten. Die US-Streitkräfte haben sich sehr flexibel den stark veränderten technischen Anforderungen und einer vollkommen veränderten Weltlage angepaßt. Die konventionellen Truppenteile wurden drastisch verringert. Dabei ergaben sich für die Sondereinsatzverbände erheblich erweiterte, teilweise sogar vollkommen neue Aufgabenbereiche. Die Zahl militärischer Kampfeinsätze im Rahmen einer konventionellen Kriegführung hat stark abgenommen. Stattdessen gehen die Bestrebungen eines Krisenmanagements nunmehr dahin, die auf eine bestimmte Lage am besten vorbereitete Spezialeinheit zum Einsatz zu bringen und deren vielseitige Fähigkeiten zur Schaffung und Sicherung einer stabilen, friedvollen Zukunft zu nutzen. Entsprechend wandelt sich auch das Bild der beteiligten Soldaten und Einsatzkräfte. Sah man in ihnen früher oft den unbesiegbaren, gleichzeitig aber auch anrüchigen und undurchsichtigen Super-Kämpfer, versiert in Sabotage, Spionage, Entführung und im lautlosen Töten, entsteht allmählich das neue Bild eines Entwicklungshelfers in Uniform, der zudem über militärische Kenntnisse und Fähigkeiten verfügt.

Obwohl die USA sich während der Amtszeit Präsident Clintons nach und nach von der Rolle des »Weltpolizisten« entfernt haben, und der weltweite Einsatz von

US-Truppen – insbesondere nach den bitteren Erfahrungen in Somalia – weiter eingeschränkt wird, werden die USA als dominierende Supermacht jedoch spätestens dann ordnungspolitische und militärische Aufgaben übernehmen, wenn vitale amerikanische Interessen – seien sie auch nur rein wirtschaftlicher Art – unmittelbar auf dem Spiel stehen. Dabei spielen zunehmend die Sondereinsatztruppen, die sich bereits heute in einer Vielzahl von Ländern und Regionen aufhalten, eine tragende Rolle.

Mit an erster Stelle der möglichen Missionen im ausgehenden 20. Jahrhundert stehen dabei humanitäre Hilfeleistung und Beistand bei Natur- und Umweltkatastrophen sowie bei Inneren Unruhen und Notständen. Hier sind die zivilen Behörden in zunehmendem Maße gezwungen, auf die personellen und materiellen Kapazitäten der Streitkräfte zurückzugreifen. Dies trägt auch zur sinnvollen Nutzung und zur Rechtfertigung der erheblichen finanziellen Aufwendungen für das Militär bei. Die den Sondereinsatzverbänden zur Verfügung stehenden technischen Mittel sowie fachliches Wissen und Erfahrung ihrer Angehörigen sind besonders in den Bereichen Planung, Organisation, Logistik, Sicherheit und Transportwesen von größtem Nutzen. Offiziere der Sondereinsatzverbände arbeiten eng mit Vertretern der öffentlichen Verwaltung zusammen und bilden gemeinsame Krisenstäbe, um einer Notfallsituation zu begegnen.

Leider sind heutzutage selbst humanitäre Hilfsaktionen zahlreichen Bedrohungen ausgesetzt und stoßen nicht selten auf bewaffnetem Widerstand. Um derartige Hilfsmaßnahmen überhaupt durchführen zu können, kommen die Elitesoldaten vor allem in den Anfangsphasen entsprechender Unternehmen zum Einsatz. Dabei übernehmen sie als Vorauskommando die Sicherung und schaffen so die Voraussetzungen für einen erfolgversprechenden Einsatz. Große Bedeutung haben die *Teams* für medizinische Betreuung und Gesundheitsfürsorge. Während ihre Partner bei konventionellen Truppenteilen ausschließlich zur medizinischen Versorgung des Militärpersonals bereitstehen, haben sie den Auftrag, im Rahmen politisch orientierter Entwicklungshilfe Gesundheitsprogramme für die oftmals bedürftige einheimische Bevölkerung zu organisieren. Sie werden dabei unterstützt von Experten in der psychologischen Kriegführung sowie von Fachleuten für die Zusammenarbeit mit zivilen Einrichtungen im Ausland. Trotz mancher negativer Erfahrungen können aber die jüngsten Aktionen wie »Restore Hope«, »Provide Comfort«, »Provide Relief« oder »Provide Hope« als positive Beispiele humanitären Wirkens angesehen werden, die vielen Menschen das Leben gerettet haben.

Für die Friedens-schaffenden und Friedens-erhaltenden Missionen der *UN (United Nations* – Vereinte Nationen) stehen seit Jahrzehnten amerikanische Soldaten in großer Zahl bereit. Wegen ihrer breitgefächerten und umfassenden Ausbildung eignen sich für solche Einsätze besonders Angehörige der Sondereinheiten, die häufig die jeweilige Landessprache beherrschen und die besonderen gesellschaftlichen und kulturellen Eigenheiten bestimmter ausländischer Regionen kennen. Zu ihren typischen Aufträgen zählen die Aufrechterhaltung der öffentlichen Sicherheit und Ordnung, Entwaffnung krimineller Banden, oder die Überwachung und Beobachtung allgemeiner Wahlen.

Das Auseinanderbrechen der Sowjetunion und der weltweite wissenschaftliche und technologische Fortschritt haben zu der Gefahr der Weitergabe und Weiterverbreitung von Atomwaffen und anderer Massenvernichtungswaffen geführt. Es ist nicht auszuschließen, daß waffenfähiges spaltbares Material in die Hände totalitärer Regime und terroristischer Vereinigungen gelangt und so zu einer Bedrohung des Weltfriedens wird. Die USA sind entschlossen, in derartigen Situationen notfalls auch militärisch einzugreifen. Dies haben sie jüngst bei der Durchsetzung von Überwachungsmaßnahmen in Nordkorea schlüssig und unmißverständlich zum Ausdruck gebracht. Für Einsätze im Zusammenhang mit der Überwachung und Kontrolle der Vernichtung atomarer Waffen sind die *SOF*-Kräfte bestens geeignet.

Sollte ein militärisches Vorgehen zur Verhinderung von Mißbräuchen erforderlich werden, können die Spezialeinheiten wieder auf ihre klassischen Fähigkeiten zurückgreifen, die keineswegs in Vergessenheit geraten sind. Hierbei geht es vor allem um das Aufspüren und Abfangen »vagabundierender« Massenvernichtungswaffen auf den Luft- Land- und Wasserwegen. Hierzu kann strategische Aufklärung in den unterschiedlichsten Regionen der Erde erforderlich sein. Gleichzeitig verfügen sie über die Möglichkeit zur Durchführung überraschender und zielgerichteter Operationen.

Entsprechende Überwachungs- und Kampfaufträge im maritimen Bereich zählen mit zu den Spezialitäten der *US Navy SEALs*.

Die Bekämpfung des weltweiten Drogenhandels bereitet allen verantwortungsbewußten Menschen zunehmend Kopfzerbrechen. Die USA befinden sich seit Jahren im Drogenkrieg. Dabei haben sie auch ihre Streitkräfte zur Unterstützung der maßgeblichen Stellen eingebunden. Allerdings ist der direkte Gefechtseinsatz regulärer Truppen gesetzlich eingeschränkt. Daher beteiligen sich die Sondereinsatzverbände überwiegend an der logistischen und technischen Unterstützung und leisten Hilfestellung bei der Aus- und Fortbildung in- und ausländischer Dienststellen.

Nach wie vor bildet der internationale Terrorismus eine ernsthafte Gefahr für die freiheitlich demokratisch geprägten Gesellschaftssysteme. Entführungen, Geiselnahmen und eine Vielzahl weiterer Terrorakte sind an der Tagesordnung. Innerhalb der *Special Operations Forces* existieren eigenständige Sondereinheiten, die sich gezielt mit der Bekämpfung des Terrorismus befassen. Sie übernehmen auch für hochrangige Politiker den Personenschutz, insbesondere bei Dienstreisen in unsichere Länder.

Auch die SEALs haben ein komplettes Team für die Terroristenbekämpfung bereitgestellt.

Die Militärhilfe und die Sicherheitsberatung für verbündete, befreundete oder um Hilfe nachsuchende ausländische Regierungen bilden einen Hauptschwerpunkt im Aufgabenspektrum der Sondereinsatzverbände. Kleine Beratergruppen befinden sich in vielen Teilen der Erde, fördern die gegenseitige Zusammenarbeit und bilden ausländische Sicherheitskräfte aus. Dabei sollen sie durch ihr gutes Beispiel »zur Einhaltung demokratischer Grundsätze und der Beachtung der Menschenrechte beitragen.«

Zweifelsohne gelingt es den USA mit einem verhältnismäßig geringen Aufwand, optimale Ergebnisse zu erzielen und manchen Konflikt bereits im Ansatz zu unterbinden.

Obwohl Rettung und Bergung von Angehörigen der Streitkräfte aus einer Notlage in den Aufgabenbereich der regulären Streitkräfte fällt, werden in der Praxis für derartige Aufgaben häufig die Sondereinsatztruppen herangezogen. Dies vor allem in schwierigen und besonders kritischen Lagen, denen die herkömmlichen Such- und Rettungsdienste *(SAR – Search and Rescue)* nicht gewachsen sind.

Weit größere Bedeutung wird künftig aber der Evakuierung amerikanischer Staatsbürger und Zivilisten aus Krisengebieten in Übersee zukommen. Die sich ausbreitenden Unruhe-Herde in vielen Regionen der Welt erfordern Maßnahmen, um die Voraussetzungen zur Durchführung von Rettungs- und Bergungsoperationen unter schwierigsten Umständen zu schaffen. Szenarien, bei denen unbemerkt eingesickerte Einsatzkräfte einer Sondereinheit vor dem Anlaufen der eigentlichen Rettungsoperation zunächst einmal vor Ort aufklären, abgeschnittene, gefährdete Zivilpersonen vom Bevorstehen weiterer Aktionen benachrichtigen und zum situationsgerechten Verhalten anleiten müssen, sind durchaus vorstellbar.

Diese Aufzählung künftig möglicher Aufträge ist keinesfalls erschöpfend. Fast täglich ergeben sich zusätzliche Anforderungen, die nur mit viel Einfallsreichtum, Flexibilität und auch persönlichem Wagemut und Risikobereitschaft zu erfüllen sind. Die Einbeziehung einer Vielzahl neuer Technologien und modernster Kommunikationsmittel trägt zur Bewältigung dieser Riesenlast bei.

Aber auch die alten Kampf- und Einsatzgrundsätze geraten keineswegs in Vergessenheit. Sollte es die Lage erfordern, stehen genügend Experten für die unkonventionelle Kriegführung, für Sabotage- und Kommandoeinsätze, oder zur Bekämpfung von Guerillas bereit.

Historischer *Rückblick*

Die Krieger der Assyrer hatten einen gefährlichen Auftrag zu erfüllen. Ihre Flotte lag in einiger Entfernung von den befestigten Hafenanlagen des Gegners vor Anker. Bevor sich die Anführer nach tagelanger Belagerung zum entscheidenden Angriff entschlossen, wollten sie sich noch einmal ein Bild über die aktuelle Situation beim Feind machen, Stärken und Schwächen gegeneinander abwägen. Als die Dämmerung anbrach, begab sich eine Handvoll kühner Schwimmer zu einer Erkundung in das Wasser und näherte sich unbemerkt den gegnerischen Hafen- und Wehranlagen. Sie bemerkten einige Verstärkungen an den Verteidigungsanlagen und beobachteten weitere, bislang nicht entdeckte Veränderungen. Trotz aller Vorsicht der Schwimmer gelang es aber einem der wachsamen feindlichen Späher, die ungebetenen Gäste im Wasser zu entdecken und die Posten zu alarmieren. Ein Pfeilhagel regnete nun auf die Schwimmer nieder. Wie ein Spuk verschwanden sie urplötzlich von der Wasseroberfläche. Nun herrschte Jubel bei den Verteidigern. Sie glaubten an die tödliche Wirkung der Pfeile und meldeten ihren Vorgesetzten die Vernichtung der ungebetenen Eindringlinge. Diese aber lebten noch und schwammen eine ausgedehnte Strecke unter Wasser in Richtung der offenen See, bevor sie auftauchten und schließlich die eigenen Schiffe erreichten. Um einige Zeit unter Wasser bleiben zu können, saugten die findigen Schwimmer die Luft aus einer Art Atemsack – gefertigt aus zusammengenähten Tierhäuten – und konnten so eine gewisse Zeit unterhalb der Wasseroberfläche schwimmen.

Ungeschoren erreichten die Späher das Flaggschiff und machten ausführlich Meldung über ihre Beobachtungen. Daraufhin mußten die Angriffspläne geändert werden und mündeten schließlich in einen erfolgreichen Überraschungsangriff und die Eroberung der Hafenstadt. Diese Aktion fand bereits etwa 900 Jahre vor unserer Zeitrechnung statt.

Phönizier, Perser, Griechen und Römer führten mehrfach improvisierte Kampfschwimmer- und Tauchereinsätze durch. Auch Alexander der Große setzte bei seinen Eroberungsfeldzügen Schwimmer ein. So belagerten griechische Truppen die Stadt Syracus. Zur Abwehr gegen den drohenden Angriff hatten die Verteidiger zahlreiche Pfähle in den Meeresboden gerammt – ein Verfahren, welches noch zwei Jahrtausende später im II. Weltkrieg zur Anwendung kam. Im Dunkel der Nacht schwammen griechische Schwimmer heimlich an diese Hindernisse heran und zerstörten sie. Eine öfter praktizierte Taktik bestand im Durchschneiden der Ankertaue gegnerischer Kriegsschiffe. Mehrfach gab es Versuche, zur Unterstützung der Schwimmer Tauchhilfen zu entwickeln. Diese waren aber recht primitiv und fanden unter diesen Umständen wenig Verbreitung.

Insgesamt handelte es sich bei all diesen frühen Versuchen lediglich um örtlich und zeitlich begrenzte Aktionen ohne strategische Auswirkungen auf den Gesamtverlauf der jeweiligen militärischen Operation.

Aus der Zeit des Mittelalters und nachfolgender Epochen liegen wenig gesicherte Informationen über bahnbrechende Weiterentwicklungen dieser maritimen Kampftechniken vor, die aber nie ganz in Vergessenheit gerieten. Besonders im Mittelmeerraum gehörten Unterwasserangriffe seit dem 13. Jahrhundert zu den gebräuchlichen Taktiken. Erste einfache Taucherausrüstungen traten im technisch orientierten 19. Jahrhundert auf. Mit der Einführung der Unterseeboote entwickelte man Rettungssysteme für den Notfall. Diese sogenannten »Tauchretter« bestanden aus mit reinem Sauerstoff gefüllten Stahlflaschen und Ausatmungsbeuteln sowie einem Kohlendioxyd-Filter. Später ermöglichte ein neues System das Mischen von Sauerstoff und Stickstoff und die Anpassung an unterschiedliche Wassertiefen.

In der Nacht vom 31. Oktober zum 1. November 1918, kurz vor Ende des I. Weltkrieges, erregte der waghalsige Einsatz zweier italienischer Froschmänner weltweite Aufmerksamkeit. Dem Zweimann-Trupp gelang es, im Hafen von Pola an der jugoslawischen Adriaküste das österreichische Schlachtschiff VIRIBUS UNITIS zu versenken. Hierzu ritten Major Rosetti und Dr. Paolucci im Unterwassertauchgang auf einem lenkbaren Torpedo in den Hafenbereich und brachten den Sabotageakt erfolgreich zum Abschluß.

Ein anderer, früherer Kampftauchereinsatz blieb dagegen weitgehend unbekannt: In der Nacht zum 17. August 1915 versenkten fünf deutsche Pioniertaucher der 2. Reserve-Pionierkompanie (aufgestellt durch das Stettiner Pionierbataillon 2) einen russischen Bewachungsdampfer im Njemen.

In den Jahren nach dem I. Weltkrieg erkannten eigentlich nur die Italiener die ungeahnten Möglichkeiten eines Kampfschwimmereinsatzes – und dessen strategische Bedeutung – gegen die praktisch ungeschützten Kriegsschiffe voll. In den 20er und 30er Jahren entwickelten die Kampfschwimmer der Italiener ihre Einsatz-Taktiken weiter, fanden aber kaum Unterstützung von offizieller Seite. Im Jahr 1935 entstand dann die erste taktische Einheit. Sie war spezialisiert auf das Torpedo-Reiten und die Entwicklung erster Klein-Unterseeboote mit halboffenem Cockpit und Sprengladungen von 500 kg TNT.

Als der II. Weltkrieg ausbrach, versuchten sich die wenigen in der Marine verbliebenen Schwimmer erneut zu profilieren. Als Torpedo-Reiter planten sie unbemerkt gegnerische Hafenanlagen zu erreichen, abzutauchen und die mitgeführten Haft- und Sprengladungen mit Verzögerungszünder am Objekt anzubringen. Im Idealfall wollten sie mit dem Torpedo-Transporter nach Erfüllung des Auftrags heimlich verschwinden und zur eigenen Flotte oder zum Stützpunkt zurückkehren.

Im Jahr 1940 kam es zu fünf gescheiterten Unternehmen gegen Gibraltar, Malta und Alexandria. Dabei gerieten die beiden erfahrensten italienischen Offiziere in Gefangenschaft. Im Dezember 1941 stand jedoch das Glück auf der Seite der Schwimmer. Leutnant de la Penne und Leutnant Bianchi gelang es, eine Sprengladung am britischen Schlachtschiff VALIANT anzubringen. Aber auch sie wurden kurz darauf gefangengenommen. Als Gefangene konnten sie sich augenscheinlich von der Wirkung ihrer Ladungen überzeugen, sie überlebten aber die Explosion. Zwei weitere Trupps versenkten das Schlachtschiff QUEEN ELIZABETH und einen Tanker. Der Verlust dieser Dickschiffe bedeutete eine erhebliche Verschlechterung der britischen Position im Mittelmeer auf Jahre hinaus und begünstigte die Bewegungsfreiheit der relativ schwachen Seestreitkräfte der Achsenmächte im Mittelmeer erheblich. Bis zum Seitenwechsel Badoglios, im August 1943, hatten die Froschmänner über 150.000 Tonnen gegnerischen Schiffraums versenkt.

Die damalige Ausrüstung war bereits verhältnismäßig modern. Belloni-Tauchanzüge aus gummiertem Stoff sowie Atemgeräte ermöglichten Tauchgänge bis zu sechs Stunden. Erschütternd stellen sich die Verluste der hochmotivierten italienischen Kampfschwimmer dar: Von 1500 Froschmännern blieben ganze 17 am Leben – ein wahrlich hoher Blutzoll!

Die Briten lernten aus diesen Erfahrungen und setzten nun selbst Schwimmer und Torpedofahrer gegen die deutsche Kriegsmarine ein. Als lohnendes Ziel wurde das gewaltige deutsche Schlachtschiff TIRPITZ ausgewählt. Sie lag gut getarnt in einem norwegischen Fjord bei Trondheim und stellte für die alliierten Geleitzüge im Atlantik eine erhebliche Bedrohung dar. Im Oktober 1942 starteten die Engländer den ersten Angriff mit bemannten Torpedos vom Typ *Chariot* (Kutsche). Sie hingen während der Annäherung dicht unterhalb der Wasseroberfläche an den Bordwänden eines unverdächtigen zivilen Frachters. Mit dem Schiff wollte man möglichst nahe an den Ankerplatz herankommen und dann die *Chariots* auf die letzte Etappe der Reise schicken. In der schweren See gingen die Torpedos jedoch verloren und die Aktion mußte erfolglos abgebrochen werden.

Im September 1943 versuchten die Briten erneut ihr Glück, diesmal mit mehr Erfolg. Sechs U-Boote mit jeweils einer *Chariot* – versehen mit einem lenkbaren Torpedo und einem Magnet-Kopfzünder – die unter Wasser zwei bis drei Knoten lief und von einem *Charioteer* im Taucheranzug und mit aufklappbarer Gesichtsluke gelenkt wurde, machten sich auf den gefährlichen Weg in Richtung der nun in Nähe des Nordkaps ankernden TIRPITZ. Vier Besatzungen erreichten glücklich das Operationsgebiet. Zwei Trupps gelangten bis zum Schlachtschiff und brachten die Ladungen an, waren dann aber zum Auftauchen gezwungen. Sie gerieten unter MG-Feuer und es gab Verluste. Langsam legte sich die TIRPITZ zur Seite, schwer beschädigt und nicht mehr einsatzfähig. Manövrierunfähig blieb das wertvolle Schlachtschiff liegen und fiel im April 1944 einem Angriff schwerer alliierter Bomber zum Opfer.

Bereits im Januar 1943 konnten sich die Briten für die erlittene Schlappe bei den Italienern revanchieren: In der Nähe von Palermo versenkten britische Kampfschwimmer einen Kreuzer und drei weitere Kriegsschiffe des Gegners.

Militärs denken nicht selten vergangenheitsbezogen, traditionsbewußt und konservativ. Umwälzenden Neuerungen gegenüber zeigen sie sich skeptisch und wenig aufgeschlossen. Entscheidungsprozesse und Reformen ziehen sich im autoritär bürokratischen Stil lange hin. Selbst die beachtlichen Erfolge der italienischen Schwimmer konnten die Admirale zunächst nicht dazu bewegen, sich mit dieser neuartigen Kampftechnik ernsthaft auseinanderzusetzen oder gar anzufreunden. So trat auch die Admiralität der *US Navy* solchen Gedanken ebenso ablehnend entgegen, wie die deutsche Kriegsmarine. Die abenteuerlichen Pläne der meist jüngeren, fortschrittsgläubigen Experten verschwanden jeweils in diversen Schubladen.

In Zeiten der Not ändern sich allerdings festgefahrene Einstellungen recht rasch, und man greift nach jedem Strohhalm. Nach dem britischen Erfolg gegen die TIRPITZ wachte auch die deutsche Admiralität auf. Mittlerweile befand sich die einst siegreiche Wehrmacht an allen Fronten auf dem Rückzug. »Wunderwaffen« und neue Ideen mußten herhalten um das Kriegsglück doch noch zu wenden. Warum nun also nicht auch Froschmänner?

Großadmiral Dönitz persönlich unterschrieb Ende 1943 den Befehl zur Aufstellung von Kleinkriegsverbänden und Bereitstellung von KK-Kampfmitteln.

Aber bereits zuvor hatte es erste Ansätze gegeben, Taucher für Sabotage-Einsätze und Spionagezwecke zu schulen. Die Abwehr baute als Teileinheiten des Spezialverbandes »Division Brandenburg z.B.V 800« in Norditalien und Deutschland erste Kampfschwimmer-Einheiten auf. Die Freiwilligen, sämtlich hervorragende Schwimmer und bewährte Kämpfer, absolvierten eine gründliche Spezialausbildung. Dann, im Herbst 1944, kam es zu einer Reihe von Kampfeinsätzen. Zu erwähnen sind die Zerstörung von Schleusenanlagen in Antwerpen sowie mehrerer Brücken über die Ohrne bei Nimwegen. Geplant waren auch Angriffe auf eine Pipeline quer durch den Ärmelkanal bis zur französischen Küste *(PLUTO – Pipeline under the Ocean)* und selbst gegen den Suezkanal oder gar in der Region des Persischen Golfes. Zur Durchführung dieser Verzweiflungstaten kam es jedoch nicht mehr.

Die KK-Verbände bestanden aber nicht nur aus Froschmännern, sondern es kamen auch Torpedolenker sowie Kleinst-U-Boote und weitere Spezialkampfmittel zum Einsatz. Eine Besonderheit bildeten die »Linsen« der Küstenjäger. Hierbei handelte es sich um kleine Sprengboote, versehen mit einer 300 kg-Sprengladung. Mit einer Geschwindigkeit von 30 Knoten (ca. 55,5 km/h) galten sie für die damalige Zeit als sehr schnell. Die Linsen-Fahrer trugen ihren Angriff in Rotten von je drei Booten und fünf K-Männern vor. Sie lenkten die Sprengboote nach Absprung des Fahrers von einem Kommandoboot aus drahtlos über UKW-Fernsteuerung in das Ziel. Die winzigen Holzboote waren in der Lage, unbemerkt den dichten Sicherungskordon der gegnerischen Marine zu durchdringen, und griffen Schiffe der Invasionsflotte vor der Normandie-Küste an. Um den Gegner zu täuschen, bedienten sich die Fahrer auch der sogenannten »Neger«. Dabei handelte es sich um Schwimmkörper aus Plexiglas mit aufgemalten Köpfen, die auf der Wasseroberfläche schwammen und einen Einmann-Torpedo vortäuschten.

Aber selbst der großzügigste Aufbau der KK-Verbände konnte den Kriegsgott nicht mehr für Deutschland günstig stimmen. Die vier vorgeschobenen Einsatzgruppen mußten sich von den Außenposten in Oberitalien und von der Insel Usedom absetzen und führten in den letzten Kriegstagen noch verzweifelte Angriffe gegen Objekte durch, die sich bereits in Feindeshand befanden. Im Osten zeichneten sich verwegen kämpfende Stoßtrupps der Küstenjäger im infanteristischen Gefecht besonders aus. Ihr Einsatz trug zu einer gewissen Entlastung der zurückflutenden Flüchtlingsströme und Wehrmachtsteile bei und rettete so manches Menschenleben.

1959 begann die deutsche Bundesmarine erneut mit dem Aufbau einer Kampfschwimmereinheit, bei der auch einige Veteranen aus der Zeit des II. Weltkriegs Dienst versahen.

In den Jahren nach Kriegsende rüsteten die meisten Armeen radikal ab. Einige kleine Einheiten blieben jedoch bestehen und entwickelten die Kampfschwimmer-Taktiken fort. Einen guten Ruf konnten sich die französischen *Nageurs de Combat* (Kampfschwimmer) erwerben. Sie zeichneten sich besonders im Indochina-Krieg aus. Damals wechselten zahlreiche Fremdenlegionäre, unter ihnen ehemalige Angehörige der deutschen Wehrmacht, zu den Froschmännern. Bekannt aus dieser Zeit ist das Kampfschwimmer-Kommando *Hubert*.

Im Juni 1967 gelang es während des Sechstagekrieges einer Gruppe von sechs israelischen Kampfschwimmern, in den Hafen von Alexandria einzudringen und an mehreren Flugkörper-Schnellbooten und einem Zerstörer Sprengladungen anzubringen. Die Schiffe wurden schwer beschädigt, ein Boot vollkommen zerstört. Unbemerkt konnten die israelischen Froschmänner vor dem ägyptischen Hafen aus einem U-Boot ausschleusen und sich nach der Auftragsausführung unentdeckt in

Sicherheit bringen. Die mit Verzögerungszündern versehenen Haftminen zerstörten die gegnerischen Schiffe erst nach Ablauf eines längeren Zeitraums.

Nicht nur die erheblichen Materialverluste, sondern vor allem die Bindung starker Sicherungskräfte zur Abwehr weiterer Angriffe sorgten für eine besondere Wirtschaftlichkeit des Einsatzes. Insgesamt aber erreichten nach wie vor nur spärliche Informationen über die Froschmänner die Öffentlichkeit, und das wußten besonders alle unmittelbar Beteiligten sehr zu schätzen.

US Kampf*schwimmer* *im* II. Weltkrieg

Die Katastrophe von Pearl Harbor

In der Nacht des 6. Dezember 1941 näherte sich eine gewaltige japanische Flotte mit sechs Flugzeugträgern unbemerkt dem amerikanischen Flottenstützpunkt Hawaii. Dort war mit Ausnahme der vier Flugzeugträger praktisch die gesamte US Pazifikflotte versammelt. Niemand dort rechnete ernsthaft mit einem japanischen Angriff (der obersten amerikanischen Führung war der Zeitpunkt des Angriffes natürlich längst bekannt, dafür hatte die Entschlüsselung von Funksprüchen gesorgt). Am 7. Dezember 1941 gegen 07.40 Uhr Ortszeit griffen die Japaner mit etwa 180 Jägern, Horizontal- und Sturzkampfbombern die im Hafenbecken von Pearl Harbor an der Südküste der Insel Oahu ankernden Schiffe an. Innerhalb von Minuten brach die Hölle los. Völlig ahnungslos und ungeschützt wurden die acht Schlachtschiffe der Flotte sowie drei Leichte Kreuzer, drei Zerstörer und eine ganze Reihe weiterer Schiffseinheiten das Opfer japanischer Bomben und Torpedos. Nach einer knappen halben Stunde hatte die US Pazifikflotte praktisch aufgehört zu existieren. Gegen 08.40 Uhr griffen etwa 170 japanische Kampfflugzeuge in einer zweiten Welle die Hafen- und Werftanlagen sowie die Flugplätze und Fliegerhorste auf Oahu an. Dieser Angriff kostete die Amerikaner nahezu 160 am Boden zerstörte und etwa 130 beschädigte Flugzeuge. Insgesamt mehr als 2400 amerikanische Soldaten, Seeleute und Zivilisten kamen ums Leben, an die 1200 wurden verwundet. Damit befanden sich nun auch die USA im Krieg. Zunächst mußten sie eine ganze Reihe schmerzhafter Niederlagen hinnehmen. Dann aber erstarkte nach und nach der Widerstandswille, und nach einer gewaltigen Kraftanstrengung waren sie in der Lage, die Gegenoffensive zur Rückeroberung der verlorenen gegangenen Gebiete einzuleiten.

Als 1939 der europäische Bruderkrieg ausbrach, der sich nach dem Kriegseintritt Japans und der USA 1941 zum Weltkrieg ausdehnte, ahnte wohl kaum ein Mensch, welche Ausmaße dieser bisher schrecklichste aller Kriege annehmen würde. Während die deutsche Wehrmacht nach mehreren Blitzfeldzügen in kurzer

Zeit Europa nahezu vollständig erobert und besetzt hatte, dehnte im Fernen Osten und in den Weiten des pazifischen Raums Japan seinen Machtbereich von China bis zu den in bedrohlicher Nähe Australiens gelegenen Inselgruppen aus.

Nach Überwindung des anfänglichen Schocks und während die Deutsche Wehrmacht bereits forsch in die gefährlichen Weiten der Sowjetunion eindrang, gaben die USA ihre zunächst defensive Strategie auf und gingen zur Offensive über. In kurzer Zeit errangen die Alliierten die Luftüberlegenheit, und auch die Seeherrschaft ging in ihre Hände über. Die wirklich weitreichenden strategischen Erfolge erzielten jedoch die Landstreitkräfte im Rahmen einer amphibischen Kriegführung. Diese erforderte den Transport gewaltiger Truppenkontingente über riesige Entfernungen auf dem Seeweg. Der entscheidende und gefährlichste Schritt bestand aber in der Durchführung amphibischer Landungsunternehmen strategischer Größenordnung an fremden Küsten, die zur Verteidigung oftmals festungsartig ausgebaut waren. So entwickelte sich ab Ende 1942 der Transport und die Anlandung von Heerestruppen und von Verbänden der Marineinfanterie im Rahmen strategischer Landungsunternehmen zu einer der Hauptaufgaben der *US Navy*. Freilich betraten die USA auf diesem Gebiet völliges Neuland. Der Mangel an qualifiziertem Personal, an geeignetem und erprobtem technischem Gerät und an Einsatzerfahrung führte zu oftmals abenteuerlichen Improvisationen und in der Folge zu ersten schmerzlichen und verlustreichen Erfahrungen.

In diese Zeit fällt auch die Geburtsstunde der verschiedenen Vorläuferorganisationen der heutigen SEALs.

Eng verknüpft mit der Entwicklung der ersten Spezialeinheiten der *US Navy* sind die amphibischen Sturmtruppen des *Marine Corps*. Kurz nach Kriegsbeginn begann der Aufbau von *Scout Platoons* (Aufklärungs-Züge) und *Raider Battalions* (Stoßtrupp- und Kommando-Bataillone), zu deren Aufgaben die Vorbereitung von Angriffslandungen der Marineinfanteristen und der Soldaten der Heeresverbände gehörte.

Die Kriegsplanung der Amerikaner konzentrierte sich auf zwei Schwerpunkte. An erster Stelle stand – wenn man alles ideologische Beiwerk einmal beiseite läßt – die Niederwerfung Deutschlands als Militär-, Führungs- und Wirtschaftsmacht in Europa, wie schon im I. Weltkrieg. Die Erreichung des Kriegsziels Nummer Eins beanspruchte den Löwenanteil der Kräfte und wurde größtenteils der *US Army* und den *Army Air Forces* (Heeres-Luftflotten) übertragen.

Kriegsziel Nummer Zwei umfaßte die Zerschlagung des japanischen Kaiserreichs und dessen Bastionen im Fernen Osten und im Pazifik. Dort operierten starke Kräfte der *Navy* und der *Marines*, daneben aber auch Heeresverbände unter Führung des legendären Generals Douglas MacArthur. Die verteilten Zuständigkeiten auf den beiden räumlich weit auseinanderliegenden Kriegsschauplätzen führten zu unterschiedlichen Entwicklungen bei den Kampfschwimmern. Obwohl Geschichte und Tradition der heutigen SEALs auf die im Pazifik eingesetzten Schwimmer zurückgeht, erfolgten doch deren erste Kampfeinsätze bereits einige Zeit vorher auf dem europäischen Kriegsschauplatz, wenn diese sich auch von späteren Einsätzen in vielerlei Hinsicht unterschieden.

Angriff auf die Festung Europa

In Fort Pierce, im Bundesstaat Florida, meldeten sich kurz nach Kriegseintritt der USA die ersten zehn Freiwilligen, um sich zu »amphibischen« Scouts ausbilden zu lassen. Der Auftrag der jungen Spitzensportler bestand darin, die Marines bei der Vorbereitung einer Angriffslandung zu unterstützen. Hierzu war es beispielsweise erforderlich, Informationen über die Beschaffenheit vorgesehener Landezonen zu erlangen, Annäherungswege von Hindernissen und Sperren zu räumen, Landungstruppen in Angriffsabschnitte einzuweisen, Wassertiefen zu messen und Strömungs- und Gezeitenverhältnisse zu erkunden.

Im Frühjahr 1942 trafen etwa 90 Neuzugänge ein. Sie hatten soeben die Grundausbildung durchlaufen und verfügten über keinerlei Vorkenntnisse. Die meisten der *Scout Swimmers* waren zwischen 17 und 21 Jahre alt, hoch motiviert, und körperlich überdurchschnittlich leistungsfähig.

Im Herbst 1942 verdichteten sich die Gerüchte über einen möglichen Einsatz an der Peripherie der Festung Europa, und im November begann mit dem Unter-

Captain (Kapitän zur See) Gulbornson inspiziert angehende Amphibious Scouts während der Ausbildung in Fort Pierce, Florida. Die angetretenen Lehrgangsteilnehmer tragen den Ausgehanzug für Unteroffiziere und Mannschaften der Navy mit blauem Hemd, Kragen und Halstuch, dazu die als »Dixie Cup« bezeichnete weiße Mütze.

nehmen *»Torch«* (Fackel) in Nordafrika die erste amphibische Landung alliierter Verbände. Nach einer langen, recht abenteuerlichen Irrfahrt landeten die ersten zwanzig *Scouts* mit einiger Verspätung in Casablanca. Dort war allerdings bereits alles gelaufen, und sie hatten keine Gelegenheit mehr, Heldentaten zu vollbringen. Während des Anmarsches war ihr Schiffs-Konvoi in heftige Seegefechte verwickelt worden, Transportschiffe trieben nach Luftangriffen manövrierunfähig im Wasser, und ein deutsches U-Boot erledigte den Rest. Glücklicherweise konnte die Besatzung von einen britischen Zerstörer gerettet werden und erreichte nach weiteren Umwegen schließlich Casablanca. Dort erhielt die Truppe einige mit Maschinengewehren bestückte Boote zugewiesen, mit denen sie gegnerische U-Boote jagen sollte. Zu irgendwelchen Erfolgen führte dieser Einsatz indessen nicht.

Nach diesem recht dürftigen Auftakt kehrte das Team in die USA zurück und verstärkte das Ausbildungspersonal bei der Lehrgruppe in Fort Pierce. Dort hatte bereits offiziell der Aufbau der *Navy Combat Demolition Units (NCDU)* (Kampfmittel-Räumdienst der Marine) begonnen. Der Nachwuchs rekrutierte sich aus Angehörigen der Baupionier-Bataillone *(Construction Battalions – CBs)* der *US Navy* – besser bekannt unter der Bezeichnung *»Seabees«* (Seebienen; abgeleitet von *CBs,* ausgesprochen wie *Seabees. A.d.B.).* Neben ausgedehnten Läufen und Kurzstrecken-Schwimmen zur körperlichen Ertüchtigung der Rekruten nahm deren umfassende Ausbildung im Sprengen breiten Raum ein. Nach dem Grundsatz »Der Mensch vermag ein Vielfaches dessen leisten, was er sich zutraut«, trieben die Ausbilder ihre Schützlinge erbarmungslos an und oftmals weit über ihre vermeintlichen körperlichen Belastungsgrenzen hinaus. In den von Schlangen und Alligatoren bevölkerten urwaldähnlichen Sümpfen Floridas wurde der Nachwuchs in brutalen Nachtübungen bis zur Erschöpfung gefordert. Nach Lehrgangsende wurden die ersten Trupps – eigenständige Kleingruppen in Stärke von sechs Mann unter der Führung eines Offiziers – zusammengestellt. Mit den heutigen Kampfschwimmern hatten diese *Scout Swimmers* freilich wenig gemeinsam. Sie waren zwar ausgebildet im Umgang mit Schlauchbooten zur Durchführung amphibischer Einsätze, waren jedoch eher ein Zwischending aus Aufklärern und Sturmpionieren. Die *Scouts* trugen im Einsatz die üblichen Kampfanzüge, Stiefel, und sogar einen Stahlhelm. Ihr taktischer Einsatz als Schwimmer war nicht vorgesehen, und das Tragen von Schwimmwesten war zwingend vorgeschrieben. Verließen sie ihr Boot, waren sie stets durch eine Verbindungsleine gesichert. Die dienstlichen Schwimmübungen beschränkten sich auf Strecken von maximal 400 Meter, Tauchübungen standen nicht auf den Dienstplänen.

Im Juli 1943 begann mit der Operation *»Husky«* der alliierte Angriff gegen den weichen Unterleib der Achsenmächte auf Sizilien. Einige erfahrene *Scouts* verlegten nach England und Malta und nahmen an den Invasions-Vorbereitungen teil.

Einfach, aber gut!

Mehrere Stunden vor der Landung näherte sich gegen Mitternacht ein geheimnisvolles Motorboot mit gedrosselten Motoren der kaum erkennbaren Küstenlinie vor Sizilien. Nur schwaches Mondlicht erhellte die rabenschwarze Nacht – beste Voraussetzungen für die Phase einer heimlichen Annäherung. Die Männer an Bord des Bootes gelangten unbemerkt an Land. Dort postierten sie links und rechts des vorgesehenen Landungsabschnitts je einen mit einem Blinksignalgerät ausgerüsteten Soldaten zur Markierung der Abschnittsgrenzen. Als die ersten Lichter aufblitzten, setzte sich die Landungsflotte in Bewegung, und trotz des Abwehrfeuers der gefürchteten deutschen 8,8 cm Geschütze strömten bald Massen von Truppen und Fahrzeugen an Land.

Erstaunlicherweise kam heftiges gegnerisches Feuer gerade aus einer Stellung nahe eines der Begrenzungspunkte. Dort hatte einer der Einweiser an den Betonwänden eines Bunkers Stellung bezogen und kauerte mit dem Rücken zur Wand im toten Winkel der pausenlos hämmernden Maschinenwaffen. Wohlgeschützt und sicher lotste er so die Landungsboote an den richtigen Ort. Die risikoreiche Aktion des Vorauskommandos kostete von einem Gefangenen abgesehen keine Verluste.

Gefährlicher entwickelte sich die Landung bei Salerno. Aus Zeitgründen war eine sorgfältige Erkundung nicht durchführbar. Unmittelbar vor Beginn der Landung wurden daher zwei der *Scouts* mit einem Kajak ausgesetzt, die versuchen sollten, die wenigen Kilometer bis zur Küste unbemerkt zurückzulegen. Die Waffenwirkung der eigenen Schiffsartillerie brachte sie dabei mehrmals in eine bedrohliche Lage. Die unmittelbar hinter der winzigen Nußschale liegenden alliierten Kriegsschiffe hatten begonnen, die Küste mit einem intensiven Trommelfeuer einzudecken. Dabei zischten die aus den Werfern der Artillerieträger abgefeuerten Raketen beängstigend knapp über die Köpfe der beiden Späher hinweg. So waren sie heilfroh, als sie endlich festen Boden erreichten und dieser Hölle lebend entronnen waren. Gegen zwei Uhr morgens leuchteten erstmals ihre Blinkzeichen auf und der Landungsverband lief auf die Küste zu. Als der Trupp versuchte, zur weiteren Erkundung landeinwärts vorzustoßen, geriet er in das Kreuzfeuer aus den Waffen der Verteidiger und der eigenen Flotte. Das Glück blieb den beiden *Scouts* weiterhin hold und sie überstanden ihren Einsatz unversehrt.

Mittlerweile liefen die Planungen und Vorbereitungen zur Operation *»Overlord«* (Lehensherr), der kriegsentscheidenden Invasion in der Normandie, auf Hochtouren. Zusammen mit den amerikanischen Armeen erreichten auch die ersten Trupps aus Fort Pierce die britischen Inseln. Zunächst hatte das alliierte Oberkommando keine Verwendung für die ungewöhnlichen Krieger. Viele Wochen irrten die Trupps zwischen verschiedenen Standorten umher, lediglich mit Wach- und Hilfsdiensten betraut. An der englischen Ostküste fanden sie endlich eine Bleibe und bereiteten sich – gemeinsam mit britischen Waffenbrüdern ähnlicher Gruppen – auf die schwierige Aufgabe der Landung in Frankreich vor. Schon ein halbes Jahr vor dem *D-Day* erkundeten die ersten Schwimmer unbemerkt verschiedene Abschnitte entlang der feindbesetzten normannischen Kanalküste. Sie beobachteten die umfangreichen Verteidigungsvorbereitungen der Deutschen Wehrmacht und entnahmen Bodenproben, die Aufschluß über die Beschaffenheit des Strandes gaben. Diese Beobachtungen waren für die verantwortlichen Offiziere im Oberkommando von größter Bedeutung für ihre Planungen hinsichtlich der Einsatzmöglichkeiten schwerer Waffen und Gefechtsfahrzeuge am Tag der Landung.

Mit zweitägiger Verspätung erreichten die erschöpften, seekranken Landungstruppen unter ungünstigsten Witterungsbedingungen am 6. Juni 1944 die Küste der Normandie. Obwohl eine intensive Beschießung vorausgegangen war, befanden sich die Verteidigungsanlagen noch in abwehrbereitem Zustand. Es galt zahllose künstliche Hindernisse und Minenfelder zu überwinden und die Verteidiger in ihren Bunkern und gut ausgebauten Stellungen niederzukämpfen. Gefürchtet waren die als Vorstrand-Hindernisse in den Meeresboden gerammten Pfähle und Stahlträger, die den Rumpf eines Landungsbootes aufschlitzen konnten, sowie die bei Ebbe aus dem Wasser herausragenden Strandhindernisse – darunter sogenannte »Drachenzähne« und »Belgische Tore«. Der wolkenverhangene Himmel erschwerte wirkungsvolle Entlastungsangriffe der alliierten Luftstreitkräfte, und die deutschen Verteidiger leisteten erbitterten Widerstand. Die Männer aus Fort Pierce erhielten den Auftrag, als »Sturmpioniere« die zahlreichen Hindernisse und Sperren durch Sprengungen zu beseitigen. Zum Zeitpunkt der Landung herrschte Ebbe, so daß sich ein Einsatz von Unterwasser-Räumkommandos erübrigte. Den aus jeweils vier Feuerwerkern, drei Matrosen und fünf Sturmpionieren der *Army* zusammengesetzten insgesamt 40 *Gap Assault Teams (GAT)* oder *Navy Combat Demolition Units (NCDU)* fiel die Aufgabe zu, in den Abschnitten *Omaha* und *Utah* den anlandenden Sturmtruppen Gassen durch die Strandhindernisse zu räumen. Dabei wurden sie unterstützt durch einen 27 Mann starken Sturmpionier-Zug der *Army*, der den Auftrag hatte, die Strandhindernisse am äußersten Rand der Gezeitenzone zu sprengen. Die Angehörigen der Sprengtrupps trugen Schutzmasken, imprägnierte, feuerfeste Schutzanzüge der Berufsfeuerwehr, Sicherheitsschuhe und einen gamaschenähnlichen Beinschutz. Laut Einsatzplan sollten mit der ersten Welle im Abschnitt *Omaha* von schwimmfähigen Kampf- und Räumpanzern unterstützte Sturmtruppen anlanden und die deutschen Bunkerbesatzungen niederkämpfen. Erst kurze Zeit später sollten mit der zweiten Welle die Feuerwerker folgen und die Hindernisse sprengen. Zahlreiche Pannen und unvorhergesehene Zwischenfälle brachten die Organisation jedoch völlig durcheinander. Im heftigen Feuer der Verteidiger kamen viele der Landungsboote vom Kurs ab, wurden von der Gezeitenströmung abgetrieben, kenterten oder schlugen leck. Bereits jetzt waren die Ausfälle erheblich. Als die ersten Infanteristen erschöpft an Land wateten, herrschte völliges Chaos. Die Zeitpläne gerieten durcheinander und erst mit einiger Verzögerung gelang es, einige Breschen zu sprengen. Deckungslos waren die Pioniere bei ihrer Arbeit dem deutschen Abwehrfeuer ausgesetzt, und die Verluste nahmen zu. Nach einer halben Stunde war es gelungen, wenigstens fünf Schneisen von etwa 30 Meter Breite durch den Sperrgürtel freizuräumen.

Das heftige Abwehrfeuer hielt die angelandeten Infanteristen am Strand nieder und führte dazu, daß diese hinter den zur Sprengung vorbereiteten Hindernissen Deckung suchten und so die Arbeit der Räumkommandos zusätzlich erschwerten. Gegen Abend war es schließlich gelungen, dreizehn der geplanten sechzehn Durchlässe zu räumen. Erst jetzt entspannte sich nach und nach die kritische Lage.

Problemloser entwickelte sich die Situation im Bereich des wenige Kilometer entfernten Abschnitts *Utah*. Dort gelang es in weniger als zwei Stunden, den Strand auf einer Breite von einem Kilometer von Hindernissen zu säubern, was die vergleichsweise problemlose Landung zusätzlich vereinfachte. Bereits nach einer halben Stunde waren acht Gassen durch den Sperrgürtel geräumt. Obwohl der Widerstand in diesem Abschnitt erheblich schwächer war, erlitten die Sprengkommandos dennoch infolge eines Volltreffers einer 8,8 cm Granate mit vier Gefallenen und elf Verwundeten erhebliche Verluste.

Die Angaben über die Verluste auf Seiten der eingesetzten Räum- und Sprengkommandos sind widersprüchlich. Offiziellen Angaben zufolge beliefen sich die Verluste unter den Männern der *GATs* und der *NCDUs* der *Navy* auf insgesamt 41 Prozent. Im Abschnitt *Omaha* sollen von den etwa 175 eingesetzten Männern 31 gefallen und 60 verwundet worden sein. Die Ausfälle im Abschnitt *Utah* werden mit 30 Prozent beziffert. Andere Quellen sprechen von insgesamt mehr als 50 Prozent Verlusten.

Nach der geglückten Invasion hielt man einen weiteren Verbleib der Trupps auf dem europäischen Kriegsschauplatz nicht mehr für erforderlich. Sie wurden aufgelöst und ihre Angehörigen entweder als Ausbilder in die USA oder zur kämpfenden Truppe in den Pazifik versetzt.

Inselspringen im Pazifik

Ende 1943 tobten im Fernen Osten und im pazifischen Raum heftige Kämpfe. Den Amerikanern war es gelungen, die Japaner in die Defensive zu drängen, und die Rückeroberung feindbesetzter Gebieten hatte begonnen – das sogenannte »Inselspringen« im Pazifik nahm seinen Anfang.

Am 20. November 1943 bereiteten sich die *Marines* der 2. Marineinfanterie-Division auf die Eroberung der beiden Hauptinseln des Atolls Tarawa vor, einem wichtigen und stark verteidigten Stützpunkt der Japaner in der Gruppe der Gilbert-Inseln. Nicht viel hätte gefehlt und dieses Landungsunternehmen hätte in eine verlustreiche Katastrophe gemündet. Die *Marines* mußten im Verlauf der Operation so schwere Verluste hinnehmen, daß die Stabschefs künftige amphibische Angriffslandungen ernsthaft in Frage stellten. Selbstverständlich gingen auch diesem Unternehmen Aufklärungseinsätze und umfangreiche Planungsarbeiten voraus. Die Verantwortlichen beschränkten sich jedoch auf das Studium – größtenteils veralteter – Seekarten, die Auswertung von Luftbildern und anderer photographischer Aufnahmen sowie die oberflächliche Befragung einiger Ortskundiger. Eine eingehende örtliche Erkundung erachtete man aufgrund der verheerenden Wirkung vorangegangener Luftangriffe und einer mehrtägigen Beschießung durch die Schiffsartillerie für nicht erforderlich. Das Vorhandensein mächtiger Korallenriffe und deren Lage waren den Planern zwar bekannt, sie verfügten jedoch nicht über genaue Angaben hinsichtlich Gezeiten und Strömungsverhältnissen. Im Vertrauen darauf, daß die Landungsboote genügend Wasser unter dem Kiel haben würden, um die *Marines* unmittelbar am Sandstrand absetzen zu können, liefen die Boote der ersten Welle auf die Insel Betio zu. Plötzlich sprang der ohnedies kräftige Wind um, was zur

Angehörige des Underwater Demolition Teams (UDT) 22, angetreten zu einer Besichtigung durch hohe Offiziere der Navy. In den warmen Gewässern der südlichen Halbkugel trugen die Schwimmer lediglich kurze Schwimmhosen. Die leichten Leinenschuhe sollten einen gewissen Schutz vor Verletzungen an Korallenbänken bieten.

Folge hatte, daß sich der Wasserspiegel absenkte. Die Landungsboote liefen bereits 250 Meter vom Strand entfernt auf die Korallenriffe auf, die das Atoll wie ein Schutzwall umschließen. Den gepanzerten Vollketten-Landungsfahrzeugen *(LVT – Landing Vehicle, Tracked)* gelang es zwar, dieses natürliche Hindernis aus eigener Kraft zu überwinden, auf sie konzentrierte sich jedoch nunmehr das Feuer aus den schweren Waffen der etwa 4000 japanischen Verteidiger. Die »Ledernacken« waren gezwungen, auszubooten und bei hellem Tageslicht in brusttiefem Wasser an Land zu waten. Dabei wurden viele von ihrer schweren Ausrüstung unter Wasser gedrückt, verfingen sich mit den Beinen in den tückischen Spalten der Korallenbänke, und ertranken. Die an Land watenden Marines waren praktisch wehrlos dem vernichtenden Feuer der japanischen Verteidiger ausgesetzt, die den vorangegangenen Beschuß in gut getarnten bombensicheren Bunkern und Unterständen nahezu unbeschadet überstanden hatten. Hunderte der *Marines* fielen, bevor es schwachen Kräften schließlich gelang, den Strand zu erreichen und einen schmalen Landekopf zu errichten. Das Korallenriff erschwerte nicht nur die Evakuierung der Verwundeten, sondern auch die Nachführung von Nachschub und Ersatz. So benötigte die

2. Marineinfanterie-Division drei volle Tage, um die Insel vollständig in ihren Besitz zu bringen. Der Blutzoll, den dieses Unternehmen forderte, war gewaltig: Mehr als 1000 »Ledernacken« waren gefallen, weit über 2000 verwundet.

Natürlich suchte man die Ursachen für diese Beinahe-Katastrophe zu ergründen. Eine ist sicherlich im Fehlen genauer hydrographischer Daten zu suchen, die durch sorgfältige Aufklärung und Erkundung zu beschaffen gewesen wären.

Admiral Turner, der Oberbefehlshaber der amphibischen Streitkräfte, zog umgehend Konsequenzen aus dem Debakel. Er befahl den Aufbau maritimer Aufklärungstrupps mit dem Auftrag, künftig vor einer Landung den Strandbereich zu erkunden, zu vermessen, künstliche und natürliche Hindernisse und Sperren zu beseitigen sowie die Landungstruppen in ihre Abschnitte einzuweisen. In kürzester Zeit entstanden die *Underwater Demolition Teams (UDT)*, die sich von den in Europa eingesetzten *Scouts* der *CATs* und *NCDUs* deutlich unterschieden.

Die Grundausbildung der Angehörigen der *Underwater Demolition Teams* (Unterwasser-Sprengtrupps) erfolgte nach wie vor am Standort Fort Pierce in Florida. Ihre anschließende Spezialausbildung durchliefen sie auf der Hawaii-Insel Maui. Dort wurden Einsatztaktiken weiterentwickelt und erprobt. Zunächst blieb jedoch alles beim Alten. Vor der nächsten Angriffslandung setzte man die bewährten Aufklärer mit Schlauchbooten in Strandnähe ab. Sie mußten aber bald aufgeben und hatten mit Untiefen und Unterwasser-Strömungen zu kämpfen. Eine Erkundung war wegen der zu großen Entfernung nicht möglich. Schließlich begaben sich zwei Schwimmer auf eigenes Risiko in die Fluten und schwammen zum Strand. Sie hielten sich dabei nicht an die unrealistische Dienstanweisung, sondern zogen ihre Uniform aus und verzichteten auf die schwerfällige Ausrüstung. Es gelang den beiden Schwimmern, wertvolle Aufklärungsergebnisse zu sammeln und unbeschadet zum Mutterschiff zurückzukehren. Diese Eigeninitiative auf unterster Ebene brachte die eigentliche Wende und markierte den Beginn einer Serie umfangreicher Schwimmererkundungen vor kommenden Landungen. In der Praxis wurden nun die Kampfschwimmer einige Tage vor einem geplanten Landungsunternehmen mit Landungsbooten in die Nähe der Küste transportiert. Der Anmarsch erfolgte meist mit Zerstörern, die einige leichte Landungsboote mitführten. Diese liefen mit hoher Fahrt im Zickzack-Kurs unter dem Feuerschutz von Schiffsgeschützen und Kampfflugzeugen parallel zur Strandlinie der Küste entlang. An der landabgewandten Seite der Landungsboote war ein Schlauchboot vertäut. In dieses begaben sich die Schwimmer und rollten sich seitwärts in das Wasser. So wurden sie von Land aus nicht entdeckt und konnten sich schwimmend dem Strand nähern. Diese Aufklärungseinsätze fanden zunächst bei Tageslicht statt. Im Schutz des Sperrfeuers der Deckungsflotte näherten sich die Schwimmer der Insel. Dabei waren sie bestrebt, sich möglichst viele Einzelheiten hinsichtlich der Beschaffenheit der Strandzone einzuprägen. Ihr besonderes Augenmerk richteten sie dabei auf künstliche und natürliche Hindernisse, Befestigungen und gegnerische Verteidigungsstellungen. Außerdem galt die Erkundung der Bodenbeschaffenheit, Wassertiefen und Neigungswinkeln. Gewöhnlich erfolgte eine derartige Aufklärung vier Tage vor Beginn einer Landung. Einen Tag vor der Landung erfolgte der Einsatz

Ein mit hoher Fahrt laufendes Boot nimmt einen Schwimmer auf. Mit Unterstützung eines Kameraden rollt er sich über den Wulst des längsseits vertäuten Schlauchbootes. Beide Männer tragen einen aufblasbaren Rettungsgürtel.

zum Räumen der Küstengewässer. Außerhalb der Reichweite der gegnerischen Waffen schlüpften die eingesetzten Boote mehrere Kilometer vom Strand entfernt durch den Ring der Schiffe der Landungsflotte und brachten die Schlauchboote zu Wasser. Die Ausrüstung der Schwimmer beschränkte sich auf das Notwendigste. Sie waren nur mit einer kurzen Schwimmhose bekleidet und trugen lediglich eine einfache Schutzbrille, eine wasserdichte Uhr, ein Messer und für den Notfall einen aufblasbaren Rettungsgürtel; zu einem späteren Zeitpunkt ergänzten Schwimmflossen die Ausrüstung. Gummianzüge, die einen gewissen Schutz vor Verletzungen geboten hätten, wurden wegen der hohen Wassertemperaturen nicht getragen. Das warme Wasser beeinträchtigte auch die Funktion der Atemluft-Filter in den Schwimmtauchgeräten. Eine am Oberschenkel befestigte Tafel aus Plexiglas und ein wasserfester Schreibstift gehörten zur Grundausstattung der Schwimmer. Damit konnten die erkundeten Daten schriftlich festgehalten werden. Manche Schwimmer malten sich sogar eine Art Maß-Skala auf den Körper, um mit deren Hilfe rasch die genaue Wassertiefe ermitteln zu können. Neben der erhöhten Verletzungsanfälligkeit infolge der leichten Bekleidung drohten zudem weitere Gefahren von Fischen und Meerestieren.

Gegliedert waren die *Underwater Demolition Teams* in mehrere Züge in einer Gesamtstärke von durchschnittlich dreizehn Offizieren und etwa 100 Schwimmern. Nach Abschluß der Grundausbildung in Fort Pierce durchliefen sie eine sechswöchige Ausbildung zum Kampfschwimmer auf der Hawaii-Insel Maui. Jedem der Züge stand eines der Infanterie- und Fahrzeug-Landungsboote *(Landing Craft, Vehicle, Personnel – LCVP)* zur Verfügung, die sich bei Landungen der *Marines*

Die Wiederaufnahme in das Boot ist geglückt. Häufig zogen sich die Schwimmer an ihren unbekleideten und ungeschützten Körpern Abschürfungen und Rißwunden zu, die sich infolge der häufigen Aufenthalte im Salzwasser entzündeten und zu eitern begannen. Die ausgegebene einfache Schutzbrille, wie sie der Schwimmer in der Bildmitte trägt, führte dazu, daß Salzwasser in die Gehörgänge eindringen und schmerzhafte Entzündungen hervorrufen konnte. Der Schwimmer rechts im Bild, der offensichtlich nach weiteren seiner im Wasser treibenden Kameraden Ausschau hält, trägt am Koppel das ab 1943 an Angehörige der Navy ausgegebene Marinemesser Mark 2 in der zugehörigen Scheide aus Kunststoff.

bereits bewährt hatten. An Bord führte ein Offizier der *Navy* das Kommando, unterstützt von einem Steuermann, zwei Schützen an Steuerbord und an Backbord, einem Fotografen für Aufklärungsfotos, und einem Helfer für die Wiederaufnahme der zehn Schwimmer, die den schwierigsten Teil des Einsatzes im Wasser und im Strandbereich bewältigen mußten.

Chief Carpenters Mate Arthur Hettema

Im September 1943 meldete sich der Bauingenieur freiwillig zu den »Seabees«, den Baupionieren der US Navy. Er war bereits 35 Jahre alt und verfügte über keinerlei militärische Vorkenntnisse. Aufgrund seiner beruflichen Qualifikation und seiner Lebenserfahrung erhielt er den Rang eines Chief Carpenters Mate (Oberzimmermeistersmaat) zugesprochen. In Camp Perry absolvierte er zusammen mit angehenden Marines die Grundausbildung der Marineinfanterie und meldete sich später freiwillig zu den Sondereinsatzkräften. Nach einer einmonatigen Spezialausbildung im Sprengen und Räumen wurde er nach Fort Pierce versetzt, wo er seine amphibische

Ausbildung erhielt. Dort versah er Dienst als Stellvertretender Zugführer in einem Kampfschwimmerzug.

Das 115 Mann starke UDT verfügte über 50 erstklassige Schwimmer, die von Sportfördergruppen verschiedener amerikanischer Universitäten kamen und hohe Leistungsmaßstäbe setzten. Die Ausbildung beschränkte sich im wesentlichen auf das Sprengen der verschiedensten natürlichen und künstlichen Hindernisse. Große Bedeutung wurde der Räumung von Gassen durch Korallenriffe beigemessen. Nach mehreren Ausbildungsabschnitten gelangten die Schwimmer zur weiteren Vervollkommnung ihrer Ausbildung nach Maui. Schließlich hatten sie die Einsatzreife erlangt und es wurde allmählich ernst. Am 10. Dezember 1944 verließ die Einheit an Bord der BLESSMAN – einem zum Schnellen Landungstransportschiff (APD) umgebauten Zerstörer eines veralteten Typs – den Hafen von Pearl Harbor mit Kurs auf die Pazifik-Insel Eniwetok. Dort versammelte sich soeben ein riesiger Flottenverband für die Landung an der Westküste der Philippinen-Insel Luzon.

Am 6. Januar 1945 eröffneten dort zahlreiche Kreuzer und Schlachtschiffe ein verheerendes Vorbereitungsfeuer. Die Japaner setzten sich zur Wehr und brachten der Landungsflotte durch Selbstmordeinsätze ihrer Flugzeuge erhebliche Verluste bei. Zwei Tage vor der Landung führten die Kampfschwimmer ihren ersten Erkundungsauftrag durch. In einer Entfernung von etwa 500 Metern vom Strand gingen sie von Bord ihres Bootes und näherten sich schwimmend vorsichtig der Küste. Um nicht Opfer der überall lauernden japanischen Scharfschützen zu werden, vermieden die Zweimann-Trupps jede verräterische Bewegung. Hände und Beine blieben beim Schwimmen immer unter Wasser. Konzentriert beobachteten sie den vor ihnen liegenden Strand, achteten auf Hindernisse, und hielten Ausschau nach den verräterischen Tauen von Ankerminen. Wichtig war es, die Höhe der Brandung festzustellen, da ein Kentern der Landungsboote leicht dazu führen konnte, daß nachfolgenden Booten der Zugang zum Strand versperrt wurde. Die Kampfschwimmer führten ihren Auftrag erfolgreich und ohne eigene Verluste durch.

Auch die japanischen Verteidiger brachten Froschmänner zum Einsatz. Diese unternahmen mehrere Versuche, bei nächtlichen Tauchgängen Haftladungen an Schiffen der Landungsflotte anzubringen. Sie ließen aber von ihrem Vorhaben ab, nachdem sie im Licht starker Suchscheinwerfer entdeckt worden waren.

Verlustreicher verlief die Erstürmung der waffenstarrenden Insel Iwo Jima, einem 1000 Kilometer von Tokio entfernten strategisch wichtigen Stützpunkt der Japaner. Von den dortigen Flugplätzen stiegen ihre Abfangjäger auf und griffen die amerikanischen Bomber auf ihrem Flug nach Japan an. Der Besitz der Insel bedeutete einen erheblichen strategischen Vorteil und so setzte Japan alles daran, diese Bastion mit Klauen und Zähnen zu verteidigen. Am 17. Februar 1945 lagen die amphibischen Aufklärer vor Iwo Jima und bereiteten sich auf den nächsten Einsatz vor. Der Trupp von Arthur Hettema war zunächst als Reserve eingeteilt und hielt sich an Bord eines Landungsbootes nahe der östlichen Küste der Insel in Bereitschaft. Vor dem Boot lagen aufgereiht elf mit Geschützen und Raketenwerfern bestückte Panzerlandungsboote, die den Auftrag hatten, für den Feuerschutz der Schwimmer zu sorgen. Unachtsamerweise gerieten sie in den Wirkungsbereich der japanischen Artillerie. Nach der vorangegangenen tagelangen Beschießung rechnete niemand mehr mit ernstzunehmendem Widerstand, aber die japanischen Verteidiger waren keineswegs geschlagen. Plötzlich eröffneten sie das Feuer und vernichteten innerhalb kürzester Zeit mit einem Feuerüberfall ihrer Artillerie die amerikanischen Artillerieträger. Nach mehrfachen Verzögerungen erging schließlich dennoch der Einsatzbefehl an alle beteiligten sechs Trupps. Zum Schutz der Schwimmer gegen Sicht und feindliche Waffenwirkung legte ein Begleitschiff eine Nebelwand. So gelang es, die in Zweimann-Trupps operierenden Schwimmer ungesehen auszusetzen. Da der Schutz der Unterstützungswaffen nun fehlte, mußten die Schwimmer ihr ganzes Können aufbieten, um nicht Opfer des gegnerischen Scharfschützen- und Granatwerferfeuers zu werden. Sie tauchten ab, wenn sie von einer Welle emporgehoben wurden, und nutzten die Wellentäler, um Luft zu holen. Immer wieder zischten Geschosse in gefährlicher Nähe an ihnen vorbei, aber es gelang den Froschmännern, ihren Auftrag auszuführen. Hettema und sein Gefährte schwammen danach auf das offene Meer hinaus, heilfroh, sich nicht mehr im Wirkungsbereich der japanischen Waffen zu befinden. Allerdings ließ sich auch kein Boot blicken, um die beiden Schwimmer aufzunehmen. Die Suchmannschaften verfehlten den Trupp mehrfach. Langsam ließen die Kräfte der Schwimmer nach, und zunehmend machte ihnen die Kälte zu schaffen. Mit Wassertreten hielten sie sich über Wasser, bis sich endlich mit voller Fahrt ein Boot näherte. Ein Besatzungsmitglied warf ihnen ein Tauende mit einer Schlinge zu und hievte die erschöpften Männer an Bord. An Bord eines Schiffes mußten sich die Froschmänner erst einmal von den Strapazen erholen. Ihr Einsatz kostete die Schwimmer einen Gefallenen, der dem japanischen Granatwerfer-Feuer zum Opfer fiel.

Auf der Insel nahmen die Kämpfe an Heftigkeit zu. Hettema konnte von Bord eines Zerstörers das Geschehen verfolgen. Abermals geriet er in äußerste Lebensgefahr. Einem japanischen Flugzeug gelang es, den Flugabwehrschirm zu durchbrechen und auf dem Schiff einen Volltreffer zu landen. Ein riesiges Loch gähnte nun im Oberdeck, die Maschinen waren ausgefallen, und zahlreiche Brände flackerten auf. Die Munition und der gesamte Bestand an Sprengmitteln der UDTs – insgesamt etwa 50 Tonnen –

drohten zu explodieren. Verzweifelt kämpfte die Besatzung gegen das Feuer an. Dabei erhielt sie Hilfe von herbeigeeilten Schiffen. Zahlreiche Tote mußten geborgen werden und an Bord herrschte völliges Chaos. Aber trotz der schweren Beschädigungen war das Schiff noch bedingt seetüchtig und nahm, weiteren Angriffen praktisch wehrlos ausgesetzt, im Verband mit anderen beschädigten Schiffen, Kurs auf den Stützpunkt Saipan. Dieser konnte glücklicherweise ohne weitere Zwischenfälle erreicht werden und die Veteranen erhielten nach den schrecklichen Erlebnissen erst einmal drei Wochen Urlaub. Nach der anschließenden Verlegung nach Pearl Harbor landete der nun 36jährige Froschmann wieder am Ausgangspunkt in Fort Pierce. Am 5. November 1945 konnte er, ausgezeichnet mit einem Bronce Star (Tapferkeits-Auszeichnung), wieder zu seiner Familie zurückkehren. Gefährliche Abenteuer und der II. Weltkrieg lagen nun glücklicherweise hinter ihm.

Eroberung der Insel Saipan

Mitte Juni 1944 leitete eine von den UDTs 5, 6 und 7 durchgeführte Erkundung die Landung auf dieser strategisch bedeutsamen Insel ein. In der frühen Morgendämmerung näherten sich die ersten Schwimmer dem Ufer bis auf eine Entfernung von weniger als 50 Metern.

Unterstützung erhielten sie von einem gewaltigen Schiffsverband mit vier Schlachtschiffen, sechs Kreuzern und einer großen Zahl von Zerstörern. Deren Artillerie feuerte aus allen Rohren, jedoch blieb die zugesagte Luftunterstützung aus. Als die Schiffsartillerie ihr Feuer aus Sicherheitsgründen weiter landeinwärts verlegte, regte sich der Widerstand der Japaner, und sie nahmen die Schwimmer unter Beschuß. Diese hatten ihren Auftrag aber ausgeführt und entfernten sich bereits wieder vom Ufer. Dabei markierten sie mit einfachsten Mitteln Gassen für die Landungsboote.

Der Umstand, daß aufgrund der Aufklärungsergebnisse der Operationsplan in letzter Minute abgewandelt wurde, verdeutlicht die Bedeutung dieses Einsatzes. Hätten die gepanzerten Landungsfahrzeuge (LVT) den ursprünglich vorgesehenen Kurs eingeschlagen, wären sie vermutlich abgesoffen. So war es noch möglich, einen alternativen Kurs festzulegen und Verluste zu vermeiden. Obwohl der Einsatz bei Tageslicht erfolgte, waren nur geringe Verluste zu beklagen. Das UDT 6 blieb während des gesamten Einsatzes als Reserve an Bord seines Transportschiffes.

Lediglich einer der insgesamt 200 an dem Einsatz beteiligten Schwimmer kam ums Leben. Allerdings gab es mehrere Verwundete. Sie konnten aber alle aufgefischt und medizinisch versorgt werden.

Neben Aufklärungs- und Erkundungs-Einsätzen (wobei eine Aufklärung immer die Erkundung mit einschließt) kam dem Räumen von Hindernissen eine große Bedeutung zu. Vor der Landung auf der Insel Guam war es beispielsweise erforderlich, in vier Tagen schwerer Arbeit rund 600 Sperren durch Sprengung zu räumen. Einige der Angehörigen der *UDTs* nahmen freiwillig an den Gefechtseinsätzen zur Inbesitznahme der Insel teil, während andere unter dem gezielten Feuer der Japaner Sprengungen vornahmen.

Gegen Ende des Jahres 1944 näherten sich die Alliierten mehr und mehr dem japanischen Kernland. Der Bedarf an Kampfschwimmern nahm zu, aber der Nachwuchs mußte erst ausgebildet werden. Da kaum erfahrene Ausbilder zur Verfügung standen, übernahmen einige Trupps, die bereits über Einsatzerfahrung verfügten, diese Aufgabe.

Die Eroberung von Iwo Jima forderte auf beiden Seiten hohe Verluste, aber die Froschmänner kamen recht glimpflich davon. Allerdings verloren bei einem Luftangriff 18 Schwimmer das Leben und 23 weitere erlitten schwere Brandverletzungen. Bei keinem ihrer Einsätze waren den *UDTs* durch Feindeinwirkung bislang derart hohe Veluste beigebracht worden.

Aber im fortwährenden Inselspringen stand schon eine weitere, noch größere Operation gegen die Insel Okinawa bevor. Es sollte das größte Unternehmen werden, an dem die Unterwasser-Sprenggruppen beteiligt waren. Etwa 1000 Mann in acht *Teams* hielten sich für einen Einsatz im dortigen recht kalten Wasser bereit; unter ihnen viele Neuzugänge, deren Durchschnittsalter bei lediglich achtzehn Jahren lag. Zwei Trupps wurden vorausgeschickt mit dem Auftrag, die zahlreichen, als Vorstrandhindernisse in den Meeresboden eingerammten Pfähle, deren Spitzen unterhalb der Wasseroberfläche lagen, zu räumen. Die Räumungsarbeiten wurden nicht nur dadurch erschwert, daß die Sperren teilweise vermint waren, sondern auch dadurch, daß die Japaner aus sicheren Stellungen die Räumkommandos unter Feuer nahmen.

Die zur Sprengung der Hindernisse erforderlichen Vorarbeiten mußten größtenteils unter Wasser vorgenommen werden. Während die Männer die Ladungen anbrachten und die Vorbereitungen zu einer Sprengung trafen, waren sie gezwungen, zum Atemholen immer wieder kurz aufzutauchen. Zur damaligen Zeit verfügten sie über keine Atemgeräte, und Tauchanzüge waren den *UDTs* praktisch unbekannt. Sobald nach der Zündung der Ladungen die Hindernisse in die Luft flogen, liefen die Landungsboote auf den Strand zu, um die Sturmtruppen abzusetzen. In den folgenden Tagen betätigten sich die Kampfschwimmer als Einweiser für die nachrückenden Truppen und hielten den Strandbereich frei von Wracks und ähnlichen Hindernissen.

Während in Europa ab Mai 1945 bereits Friede herrschte, gingen die Kämpfe im Pazifik weiter. Japan befand sich zwar auf dem Rückzug und war stark angeschlagen, aber ein schnelles Kriegsende war im Sommer 1945 noch nicht abzusehen. Der schwierigste Einsatz, nämlich die Eroberung der japanischen Hauptinseln, stand noch bevor und es war mit hohen Verlusten zu rechnen. *Army, Navy* und *Marines* stellten sich auf zähe, langandauernde Kämpfe ein. Die *UDTs* in Stärke von 30 Trupps – insgesamt etwa 3000 Mann – rechneten mit blutigen Verlusten und harten Einsätzen bei der Invasion Japans. Dann kam aber plötzlich alles recht unerwartet. Amerikanische Bomber warfen Atombomben auf die japanischen Städte Hiroshima und Nagasaki. Am 14. August 1945 endete mit der Kapitulation der

Japaner nun auch im Fernen Osten der II. Weltkrieg, und nach den entsetzlichen Verlusten unter der japanischen Zivilbevölkerung nahm das Töten und Morden ein überraschendes Ende. Die bedeutensten *UDT*-Aktionen im Pazifik fanden von Januar bis Februar 1944 bei den Marshall-Inseln, vom Juni bis Juli 1944 bei den Marianen, und vom Oktober bis Dezember 1944 bei den Philippinen statt. Von Februar bis März 1945 standen Iwo Jima, ab März die Ryu-Kyu-Inseln und Okinawa im Zentrum des Geschehens. Ab Juni 1945 befanden sich die Schwimmer auch auf Borneo im Einsatz.

Zweifelsohne hätte eine Fortsetzung des Krieges beiden Seiten noch gewaltige Opfer abverlangt; auch den Kampfschwimmern der *US Navy*.

»Mister SEAL« – Captain Phil H. Bucklew

In Coronado, nahe San Diego im amerikanischen Bundesstaat Kalifornien, ist in unmittelbarer Nähe des Meerestrandes das Ausbildungszentrum der SEALs und der Spezialeinheiten der US Navy beheimatet. Es trägt den Namen »PHIL H. BUCKLEW CENTER FOR NAVAL SPECIAL WARFARE«. Auf dem Gelände ist eine Gedenktafel aus Bronze mit folgender Inschrift zu finden:

»Gewidmet dem Andenken an CAPTAIN PHIL H BUCKLEW in Anerkennung seines heldenhaften Einsatzes und seiner aufopferungsvollen Hingabe beim Aufbau und für das Fortbestehen der Sondereinsatzkräfte der Marine. Diese in ihrer Art einmalige Ausbildungsstätte soll stets an seinen Mut, seine Fürsorge und sein Führertum erinnern«.

Der Vater der SEALs wurde 1922 in Columbus, im Bundesstaat Ohio geboren und interessierte sich in seiner Jugend vor allem für das Football Spiel. Bereits im Alter von 14 Jahren meldete er sich freiwillig in das Kadetten-Korps um Reserve-Offizier der Kriegsmarine zu werden. Nach seinem Studium betätigte sich der junge Sportsmann hauptberuflich als Football-Spieler und Trainer. Als am 7. Dezember 1941 japanische Luftstreitkräfte überraschend Pearl Harbor überfielen und große Teile der amerikanischen Pazifik-Flotte vernichteten, eilte Bucklew freiwillig zu den Fahnen. Zunächst hatte niemand Verwendung für den 120 Kilogramm schweren, fast zwei Meter großen Hünen. Die Luftlandetruppe lehnte ihn ab, und auch die Marine-Flieger nahmen ihn wegen seines Körpergewichts nicht auf. So meldete er sich zu der gerade im Aufbau begriffenen Sondereinheit der amphibischen Scouts und gehörte dort bald als Ausbilder zum Stammpersonal.

Bei der Invasion Siziliens im Juli 1943 bewies er außergewöhnliche Tapferkeit. Dafür wurde dem jungen Offizier das Navy Cross (Ehrenkreuz der Marine) verliehen – nach der Medal of Honor die zweithöchste Tapferkeits-Auszeichnung, die an Angehörige der amerikanischen Marine verliehen

➢

wird. Während der nachfolgenden Landung bei Salerno bildeten die von ihm geführten Scouts erneut die Angriffsspitze und sein brillantes Führertum wurde mit dem Silver Star (Stern in Silber – Tapferkeitsauszeichnung) belohnt. Sechs Monate vor der alliierten Invasion in der Normandie führte der nunmehrige Lieutenant Junior Grade (Leutnant zur See) von England aus geheime Stranderkundungen durch. Die Ergebnisse seiner verdeckten Aufklärungseinsätze dienten dem alliierten Oberkommando als wertvolle Planungsunterlagen. Am 6. Juni 1944 näherte er sich an Bord eines der ersten Landungsboote der stark befestigten Küste. Im heftigen Abwehrfeuer sprengte der junge Marineoffizier Strandhindernisse, bahnte Gassen durch Minenfelder und bemühte sich, Ordnung in das Chaos der an Land strömenden Landungstruppen zu bringen. Er kümmerte sich darum, daß Verwundete aus brennenden Landungsfahrzeugen und Panzern geborgen wurden und führte Angriffe auf mehrer gegnerische Bunkerstellungen. Bucklew erhielt für die gezeigte persönliche Tapferkeit erneut das Navy Cross verliehen.

Szenenwechsel. 1945 befand sich der kampferprobte Offizier in geheimer Mission hinter den japanischen Linien in China. Die Alliierten planten im weiteren Kriegsverlauf eine Landung an der chinesischen Küste. Dies setzte eine gründliche Aufklärung durch einen Experten voraus. Die Wahl fiel auf Bucklew. Auf abenteuerlichen Wegen gelangte er nach Kienyang, von wo aus er – als einheimischer Kuli verkleidet – einen 300 Kilometer langen Fußmarsch entlang der Küste antrat. Ein Dutzend einheimischer Guerillas begleitete ihn auf seinem Weg über einsame Pfade und abgelegene Gehöfte, ständig darauf bedacht, japanischen Spähtrupps und Streifen auszuweichen. Als Bewaffnung führte der Agent zwei Handgranaten und eine Pistole. Erneut erwies sich die auffällige Körpergröße des ruhigen und zurückhaltenden Profis als problematisch. Im Vergleich zu den kleinwüchsigen Einheimischen fiel der Hüne besonders auf. Um nicht allzusehr aufzufallen ging er stark nach vorne gebeugt und wich Fremden nach Möglichkeit aus. Dennoch erfuhren die Japaner recht bald von ihren allgegenwärtigen Spitzeln von der Anwesenheit des hünenhaften Fremden und schickten Suchtrupps aus. Dabei wäre er einmal fast von einem japanischen Spähtrupp entdeckt worden. Er konnte sich aber noch rechtzeitig in einem Heustock verstecken und dort abwarten bis die Gefahr vorüber war.

Ansonsten kam er ohne weitere Verzögerungen auf seinem Weg entlang der Küste voran. Die Chinesen hielten treu zu ihm und halfen ihm nach Möglichkeit. Ein weiterer Vorfall hätte allerdings fast zum Scheitern der risikoreichen Operation geführt. Einer seiner Begleiter hatte ihn um die Kamera gebeten, weil er angeblich in einem nahegelegenen Dorf wichtige Aufnahmen machen wollte. Er suchte jedoch lediglich eine Gelegenheit, den Fotoapparat zu Geld zu machen. Erst einige Tage später kehrte er zurück und berichtete, er sei von den Japanern festgehalten worden, die ihm das gute Stück abgenommen hätten. Glücklicherweise blieb dieser Vorfall ohne Folgen für die Fortführung der Mission.

Die alliierte Führung gelangte aufgrund der gezielten Aufklärung zu der Erkenntnis, daß sich dieser Abschnitt der chinesischen Küste nicht für größere amphibische Landungen eignete. Es wäre mit erheblichen Schwierigkeiten und hohen Verlusten zu rechnen gewesen. Daraufhin wurden neue Pläne ausgearbeitet, die infolge des überraschenden Kriegsendes im August 1945 nicht mehr zur Ausführung kamen.

1946 verließ der Veteran mehrerer Feldzüge als Lieutenant Commander (Korvettenkapitän) die Navy und betätigte sich als Betreuer der Football-Mannschaft einer amerikanischen Universität. Im Jahr 1951, kurz nach Ausbruch des Korea-Krieges, zog er wieder die blaue Marineuniform an. Als Kommandeur übernahm der erfahrene Krieger die brandneue und streng geheime Beach Jumper Unit II, die von Spezialschiffen aus elektronische Störmanöver und weitere hochsensible Aktionen gegen die Kommunisten unternahm. 1956 erhielt er das Kommando über Sondereinsätze in Korea übertragen. Daran schloß sich 1958 die Verwendung als Lehrgruppen-Chef an der amphibischen Nachrichtenschule an. Ab 1963 kommandierte der Captain (Kapitän zur See) die Naval Operations Group (Marine-Einsatzgruppe) in Coronado, reiste dann 1964 in höchstem Auftrag nach Vietnam, und erarbeitete dort eine richtungsweisende Grundsatzstudie. Ab 1966 beschäftigte ihn die Special Warfare and Special Operations Division (Abteilung für militärische Sondereinsätze) im Pentagon. Nach seiner Pensionierung übernahm der alte Haudegen aus drei Kriegen eine führende Stelle im zivilen Wirtschafts-Management.

Geschichte der Underwater Demolition Teams 14, 17 und 19

Die Angehörigen von UDT 14 rekrutierten sich ausschließlich aus dem seemännischen Personal der Atlantik- und der Pazifik-Flotte. Dort hatten sie als Angehörige der Schiffsbesatzungen Kampfschwimmer im Einsatz erlebt und daraufhin selbst Lust auf eine derartige Verwendung bekommen.

Am 15. September 1944 begann die einführende, harte Sport- und Schwimmausbildung, verbunden mit einer Schulung im Sprengen und in den zur Vermessung eines Strandes erforderlichen Techniken. Anschließend ging es nach Pearl Harbor. Dort wartete schon ein Transportschiff mit Ziel Ulithi, einem Atoll in der östlich der Philippinen gelegenen Inselgruppe der Karolinen.

Am 7. Januar 1945 beteiligten sich mehrere Züge an der Aufklärung eines in den Operationsplänen als *»White Beach«* bezeichneten Strandabschnittes. Dem Landungs-Unternehmen war ein heftiges Trommelfeuer aus allen Rohren der Schiffsartillerie vorangegangen. Trotz vereinzelten Gewehrfeuers der Verteidiger

Drei Angehörige eines UDT machen sich für einen Tauchgang bereit. Sie tragen herkömmliche Preßluft-Schwimmtauchgeräte (SCUBA – Self-Contained Underwater Breathing Apparatus), die teilweise auf dem zivilen Markt beschafft wurden.

waren keine Verluste zu verzeichnen. *UDT 14* verblieb fünf Tage in seinem Bereitstellungs- und Ruheraum im Lingayen Golf an der Westküste der Philippinen-Insel Luzon, allerdings der ständigen Gefahr selbstmörderischer »Kamikaze«-Angriffe der Japaner ausgesetzt.

Nach einer Verlegung auf das Ulithi-Atoll bereitete sich das *Team* auf die Teilnahme an der wichtigen Landung auf der Insel Iwo Jima vor. Danach wurden die Schwimmer hauptsächlich mit Arbeiten zur Beseitigung von Fahrzeug- und Schiffs-Wracks betraut, die sie vom Strand hinaus auf die offene See schleppten und dort versenkten. Als nächste schwere Aufgabe stand die Landung auf der Insel Okinawa bevor. Dort klärte die Einheit an den südlichen Stränden der Insel auf und zündete unter anderem zur Beseitigung eines Korallenriffes eine Ladung von einer Tonne (!) Sprengstoff. Die gesamte Aktion stellte praktisch nur ein Ablenkungsmanöver dar und so konnten andere Schwimmer weiter nördlich weitgehend unbemerkt ihrer Arbeit nachgehen.

UDT 17 wurde im Oktober 1944 ebenfalls aus Freiwilligen der *US Navy* aufgestellt. Ende November war die Sollstärke von 20 Offizieren und 100 Mann erreicht. Am 9. März 1945 nahm das *Team* als eines von sechs des Trupps »Baker« an einer Übung zur Vorbereitung der Landung auf Okinawa teil.

Am 27. März 1945 wurde es ernst. Die Kampfschwimmer befanden sich nun an Bord des Schnellen Landungstransportschiffs *(APD)* CROSLEY, fünf Kilometer vor dem Strandabschnitt »Green« in Bereitschaft. In den frühen Morgenstunden des folgenden Tages wurde die Besatzung jäh geweckt. Ein »Kamikaze«-Flugzeug stürzte sich ungeachtet des heftigen Flugabwehrfeuers auf das Schiff. Nur einem geschickten Wendemanöver war es zu verdanken, daß der Selbstmord-Pilot mit seinem Flugzeug das Schiff verfehlte und knapp zehn Meter entfernt ohne Schaden anzurichten in den Ozean stürzte.

Am 29. März 1945 begann die Stranderkundung; Verluste waren nicht zu beklagen. Zudem gelang es, 200 Holzpfähle zu räumen, die in etwa 30 Meter Entfernung vom Ufer in den Meeresgrund eingerammt worden waren. Am 11. April 1945 übernahmen die am »Green Beach« eingesetzten Froschmänner die Funktion von Einweisern zur Unterstützung der Strandmeister *(Beach Masters).* Mehrere Tage leistete das *Team* Unterstützung bei der Durchführung von Räum- und Baumaßnahmen innerhalb des Landekopfes.

Mitte April 1945 wurde das *Team* zur Auffrischung abgezogen. Ein letzter Einsatzbefehl kam im August 1945 in Japan am Strand von Wayamon. Dort mußten Vermessungsarbeiten erledigt und Dockanlagen repariert werden. Zu diesem Zeitpunkt herrschte bereits Frieden und mit Feindeinwirkung war nicht zu rechnen. An Bord des Schnellen Landungstransportschiffs *(APD)* BLESSMAN ging es am 30. September 1945 zurück nach San Diego. Ende Oktober 1945 hatte *UDT 17* aufgehört zu existieren.

Die Ausbildung von *UDT 19* unterschied sich von der üblichen Praxis insoweit, als die Offiziere bereits über Kenntnisse und Erfahrungen verfügten, so daß sie selbst in der Lage waren, die Ausbildung ihrer Männer zu übernehmen. Wie üblich ging es vom Standort Fort Pierce zur Ausbildung im Sprengen von Korallen-Hindernissen in den Pazifik.

Am 25. März 1945 wurde der Abschnitt *»Red Beach«* auf der Insel Kerama Retto erkundet. Aufgrund des schwachen gegnerischen Widerstandes gab es dabei keine Verluste. Am kommenden Tag begleiteten die Schwimmer die ersten Wellen der Landungstruppen an den Strandabschnitten *»Gold«*, *»Yellow«* und *»Blue«* an Land. Dort ersetzten sie aushilfsweise die fehlenden Pioniere, indem sie Schneisen in den Wald sprengten und so den Fahrzeugen das Vorrücken ermöglichten.

Eine letzte Landung fand am 29. März 1945 am Strandabschnitt *»Red«* statt. In den folgenden Tagen beteiligte sich der Trupp an verschiedenen Spreng- und Baumaßnahmen. Vom 30. März bis 15. April 1945 wurden die nun beschäftigungslosen Kampfschwimmer als Bedienungen an den Flugabwehrwaffen des Schnellen Landungstransportschiffs *(APD)* KNUDSON tätig. Nur knapp verfehlte eine Bombe das Schiff. Dabei erlitt ein Angehöriger des *Teams* Verletzungen durch Granatsplitter – der erste Verwundete der Einheit. Nach Zwischenaufenthalten auf Guam und Ulithi verlegte die Einheit zur Asor-Insel und übernahm dort Arbeits- und Ausbildungsfunktionen.

Das Kriegsende erlebten die Seeleute im Stützpunkt Oceanside in Kalifornien. *Captain* R.H. Rodgers löste *UDT 19* am 20. Oktober 1945 auf.

Schattenkrieger unter Wasser

Mehrfach erzielten Kampfschwimmer beachtliche Erfolge bei Angriffen auf feindliche Schiffe. Die Italiener zeichneten sich aus und auch die Briten bauten im Laufe des Krieges schlagkräftige Einheiten auf. Auch die Deutsche Kriegsmarine versuchte gegen Ende des II. Weltkrieges mit Froschmännern und Torpedo-Reitern im maritimen Kleinkrieg eine Wende herbeizuführen.

Trockentauchanzüge aus Gummi, wie sie die Navy 1946 einführte, boten Schutz gegen Verletzungen und Unterkühlung. Andererseits konnten sie in den warmen Gewässern des Pazifik zu einer Überhitzung des Körpers führen.

Obwohl die personellen und materiellen Gegebenheiten bei der *US Navy* nicht schlecht waren, zeigte man dort zu Beginn des Krieges kein Interesse am Aufbau entsprechender Einheiten und lehnte entsprechende Vorschläge ab. Taucher in ihren schweren Schutzanzügen und unförmigen Helmen gab es nur im technischen Bereich.

Ein fachkundiger junger Offizier erkannte, daß sich ungeahnte Möglichkeiten bei einem professionellen Einsatz von Kampfschwimmern zur Versenkung oder Lähmung feindlicher Schiffseinheiten ergeben. Da aber die *US Navy* seine Vorschläge nicht ernst nahm, suchte und fand er Gehör beim *Office for Strategic Services (OSS)*. Diese recht unorthodoxe, gelegentlich zwielichtig operierende geheimdienstliche Organsisation befaßte sich in der Hauptsache mit Spionage und Sabotage. Als Vorläuferorganisation des heutigen Nachrichtendienstes *CIA (Central Intelligence Agency)* und einiger Spezialeinheiten der *US Army* befand sich der Geheimdienst *OSS* nach dem Kriegseintritt der USA gerade im Aufbau und war allen unkonventionellen Vorschlägen gegenüber aufgeschlossen. So sah man auch einen Bedarf an operativen Schwimmern. Bald befanden sich rund 100 Freiwillige aus allen Teilstreitkräften in der Ausbildung und lernten die Schliche und Geheimnisse verdeckter Einsätze unter Wasser kennen. Die Entwicklung ähnelte der bei der deutschen Kriegsmarine: Auch dort betätigten sich die Kampfschwimmer am Anfang innerhalb der geheimen *Division Brandenburg*.

Im Gegensatz zu den Kameraden bei den *UDTs*, die zu dieser Zeit noch fast ausschließlich bei Tageslicht an der Wasseroberfläche, gedeckt durch die Waffenwirkung schwerer Schiffsartillerie und Erdkampf-Flugzeuge operierten, konzentrierten

Ein LCA (Landing Craft, Assault – Sturmlandungsboot) des UDT 21. Das Schlauchboot zum Aussetzen der Schwimmer ist längsseits der landabgewandten Bordwand vertäut. So war es möglich, Schwimmer auszusetzen, ohne daß sie von Land aus gesehen wurden.

sich die Agenten des *OSS* auf geheime Sabotageeinsätze, sammelten Nachrichten, und schleusten Agenten in besetzte Gebiete ein oder aus. Hierzu waren echte Taucheinsätze im Schutz der Dunkelheit oberstes Gebot. Um die notwendige Qualifikation zu erlangen, erfolgte eine intensive Schulung in den Techniken zum Angriff und zum Versenken feindlicher Schiffe durch Minen und Haftladungen. Gegliedert in drei Züge übten die Taucher zusammen mit den Briten. Trotz aller Qualifikation blieben aber größere Gefechtseinsätze aus und ein Teil des Personals gelangte zur Verstärkung der *UDTs* in den Pazifik.

Dort gab es für Aktivitäten des *OSS* wenig Raum, besonders nicht im Zuständigkeitsbereich von General Douglas MacArthur. Er hielt wenig von Sondereinheiten jeglicher Schattierung und stützte sich lieber auf ihm vertraute konventionelle Verfahren. Angeblich führte seine Abneigung gegen – die von ihm gelegentlich als »Langhaarige« bezeichneten – Geheimdienstler auch auf die Bekanntschaft mit einem *OSS*-Offizier zurück, der es bei einer Dienstbesprechung gewagt hatte, zur Uniform zivile Ringelsocken zu tragen. Das mag ein konservativer General nicht!

So setzten die verdeckt operierenden Schwimmer ihre Ausbildung fort, ohne die erworbenen Kenntnisse bei »heißen« Einsätzen unter Beweis stellen zu müssen. Dabei leisteten sie aber entscheidende Vorarbeiten zur Weiterentwicklung der Taucher- und Kampfschwimmertechniken, die sich Jahre später bezahlt machten. Neues Gerät, fortentwickelte Tauchpraktiken und weitergeführte Sprengtechniken sind ihnen zuzuschreiben. Sie entwickelten beispielsweise für das Schwimmen über große Distanzen einen Unterwasser-Kompaß, konstruierten Fernmeldemittel oder Behältnisse für den Transport großer Sprengstoff-Mengen über lange Strecken.

Nach Kriegsende verschwanden die *OSS*-Kampfschwimmer innerhalb kürzester Zeit. Das Personal kehrte ins Zivilleben zurück und es fehlte an einer Nachfolgeorganisation. Jahre später mußte das verlorengegangene *Know How* wieder mühsam neu erworben werden.

Die rasche Demobilisierung der amerikanischen Streitkräfte nach der Niederlage Japans in Folge einer euphorischen Friedenstimmung ist nach den Schrecken des vorangegangenen jahrelangen Völkermordens durchaus verständlich. Aller-

An Bord des Minentaucherboots GAMBLE werden unter Deck die zum Sprengen eines Hindernisses benötigten Sprengkörper (TNT-Blöcke) und Zündmittel vorbereitet.

dings blieb auch dieser Friedenswunsch bedauerlicherweise nur ein unerfüllter Traum.

Bei Kriegsende dienten in den *UDTs* noch rund 3500 Kampfschwimmer. Im Jahr 1946 wurden die noch verbliebenen knapp 500 Schwimmer auf vier *Teams* verteilt. Die Männer von *UDT 1* und *UDT 3* kamen zur Pazifik-Flotte, *UDT 2* und *UDT 4* wurden der Atlantik-Flotte angegliedert. So wie der größte Teil der Spezialausrüstung wie Gesichtsschutzmasken, »Korallenschuhe« und Schwimmflossen auf Nimmerwiedersehen in den Depots verschwand, gingen auch die teilweise mit Menschenleben erkauften Erfahrungen schnell verloren. Ein Großteil des qualifizierten Personals zog die Uniform aus und kehrte in das Zivilleben zurück. Andere übernahmen Posten auf Kriegsschiffen oder in Einrichtungen der *US Navy* auf dem Festland. Berufsoffiziere, die Karriere machen wollten, hielt nichts mehr bei der maritimen Spezialtruppe. Um der dort drohenden beruflichen Sackgasse zu ent-

»Nicht Kleckern ...« Nach der Zündung mehrerer Tonnen TNT zur Sprengung eines Hindernisses erhebt sich eine gewaltige Staubwolke über dem Detonationsherd.

gehen, kehrte ein Großteil der aktiven Offiziere in konventionelle Verwendungen zurück. Aber ein harter Kern blieb und arbeitete in reduzierter Weise weiter.

Die Nachkriegsjahre waren gekennzeichnet von einem massiven Technologieschub. Auch die *UDTs* entwickelten ihre Einsatztaktiken und ihr Gerät systematisch weiter. Im Krieg hatte sich immer wieder die mangelnde Erfahrung bei Tauchgängen über längere Zeiträume und Strecken negativ bemerkbar gemacht. Nun versuchte man Atemtechniken zu entwickeln, die es möglich machen sollten, wenigstens einige Minuten ununterbrochen unter Wasser zu bleiben. Dies gelang selbst den Tauchern mit den stärksten Lungen nur über einen zu kurzen Zeitraum, und bald entwickelte man die ersten behelfsmäßigen Tauchhilfen mit chemischen Zutaten. Die etwas laienhaften, oftmals abenteuerlichen Eigenkonstruktionen erwiesen sich als nicht ungefährlich. Ihr jederzeit mögliches technisches Versagen konnte rasch zum schnellen Tod des Tauchers führen. Bald wurde auf zuverlässige Systeme und auf neue Erkenntnisse aus den Bereichen des zivilen und des Sporttaucherwesens zurückgegriffen.

Auf der Suche nach neuen Verwendungsmöglichkeiten und zur Erweiterung des Einsatzspektrums begannen um das Jahr 1947 die ersten Versuche, Kommandoaufträge zu übernehmen, die allerdings weiterhin eng an Gewässer angelehnt erfolgen sollten. Ein Teil der Froschmänner qualifizierte sich im Fallschirmabsprung, und es ergab sich eine erste Zusammenarbeit mit den ebenfalls in der Entwicklung befindlichen Hubschrauber-Staffeln der Heeresflieger. Techniken zur unbemerkten Infiltration und Exfiltration standen hoch im Kurs. Ein Jahrzehnt später wurden sie nach Gründung der SEALs noch erheblich verfeinert.

Die Unterwasserkrieger erlebten auch eine Einweisung in die taktischen Grundsätze des infanteristisch geführten Gefechts, ohne jedoch den auf Sabotage/Sprengen in Wassernähe liegenden Schwerpunkt aufzugeben. Lediglich zum Selbstschutz sollte die Sondertruppe befähigt sein, Feuergefechte und scharfen Schußwechsel zu bestehen, ohne jedoch von sich aus offensiv vorzugehen. So verliefen die Jahre nach dem Ende des großen Krieges nicht nur mit der Aufarbeitung der gemachten Erfahrungen, sondern im Bemühen um Weiterentwicklung und Vervollkommnung. Erste ausbaufähige Grundlagen für größere Unterwassereinsätze entstanden, zusammen mit ersten Ansätzen einer Auftragserweiterung in Gestalt von Kommando-Unternehmen auch außerhalb des Wassers.

UDTs im *Koreakrieg*

Im September 1950 landete eine Streitmacht aus Marines, Infanteristen der US Army und südkoreanischen Einheiten bei Inchon in Korea, tief im Rücken des zu diesem Zeitpunkt auf der Halbinsel militärisch überaus erfolgreichen kommunistischen Aggressors. Die Invasion verlief ohne Schwierigkeiten und die UN-Verbände drängten die kommunistischen Truppen zurück. Schon nach wenigen Monaten standen die Soldaten der Vereinten Nationen nahe der chinesischen Grenze, von wo sie nach dem Kriegseintritt Chinas wieder nach Süden über den 38. Breitengrad zurückgeworfen wurden.

An der Landung bei Inchon nahmen auch die Kampfschwimmer der *Navy* teil, führten Vermessungsarbeiten durch, erstellten Kartenskizzen des Hafens, kennzeichneten Untiefen und beseitigten versteckte Hindernisse unter Wasser. Zur Orientierung nachfolgender Schiffe und Truppenverbände legten sie Bojen. Bereits im Juni 1950 kamen die ersten sechs Mann vom *UDT 3* aus Japan nach Korea; wenige Wochen später folgte der Rest der Einheit. Ein weiterer Aufgabenschwerpunkt bestand in der Minenräumung. Dies war eine harte und gefährliche Aufgabe in den eiskalten Gewässern. Mit primitiver Ausrüstung und unzureichender Schutzbekleidung tauchten die Kampfschwimmer unter ständiger Lebensgefahr den Hafen ab und suchten nach Minen und versteckten Ladungen – eine Aufgabe für die sie eigentlich weder vorgesehen noch gründlich ausgebildet waren. Nachdem der Hafen von Inchon geräumt war, kam es im weiteren Verlauf des Krieges in anderen Landesteilen noch mehrfach zu ähnlichen Einsätzen an verminten Kanälen.

Im Verlauf des Krieges in Korea spielten die eingesetzten *Teams* eine verhältnismäßig geringe Rolle, da es nur zu sehr wenigen amphibischen Unternehmungen kam. Eine Anzahl von Stoßtrupp-Unternehmen gegen Landziele standen nun auf dem Programm. Gemeinsam mit einheimischen Guerillas kam es auch zu Sabotageakten.

Im Herbst 1950 klärten Kampfschwimmer von *UDT 1* und *UDT 3* bei Wonsan und Iwon, sowie bei Chinnampo an der Westküste Koreas auf. Am 17. November 1950 waren Kanäle auf eine Länge von 300 Kilometern von Sperren und Minen gesäubert. Dabei betätigten sich die Schwimmer als menschliche Minenräumer. In Linie suchten sie die Wasserläufe nach den gefährlichen Kampfmitteln ab und brachten an den gefundenen Minen Verzögerungszünder zur Sprengung an. Ein Zug von *UDT 1* führte gemeinsam mit den *41st Royal Marines* des Vereinigten Königreiches Sabotageakte gegen Brücken, Tunnels und Eisenbahnlinien durch, die entlang des nordöstlichen Küstenbereiches den Nachschub stark störten und teilweise zum Erliegen brachten. Im Gegensatz zur bisherigen reinen Aufklärungs- und Sprengtätigkeit bedeuteten diese Aktionen eine wesentliche Auftragserweiterung in Richtung einer unkonventionellen Kampfführung. Bei der Evakuierung der UN-Verbände aus dem Grenzbereich zu China hatten die Kampfschwimmer zur Unterstützung der amphibischen Transporte alle Hände voll zu tun.

Während des Korea-Krieges (1950–1953) sprengten Angehörige der UDTs zur Unterbrechung der Nachschubwege zahlreiche Brücken, Tunnels und Bahnstrecken im Rücken der gegnerischen Front. Dabei arbeiteten sie eng mit Sondereinsatzkräften anderer Teilstreitkräfte und verbündeter Nationen zusammen, unter ihnen britische Royal Marine Commandos. Hier bereitet der Feuerwerker eines Sabotage-Trupps ein Bahngleis zur Sprengung vor, während der Funker sichert. Beide Männer tragen amerikanische Uniform- und Ausrüstungsteile, wobei auffällt, daß sie keinerlei Dienstgrad- oder Verbandsabzeichen, jedoch ein zu diesem Zeitpunkt bei den Streitkräften der USA noch nicht eingeführtes und nicht genehmigtes Barett tragen. Bewaffnet sind sie mit dem seit 1936 eingeführten halbautomatischen Ordonnanz-Gewehr M-1 (»Garand«) im Kaliber .30-06 (7,62 mm x 63). Der Funker führt zudem die Selbstladepistole M-1911 A1 im Kaliber .45 ACP (11,43 mm x 23). Bei dem Tornister-Funkgerät handelt es sich um das Sprechfunkgerät SCR 300, ebenfalls aus der Zeit des II. Weltkriegs.

In den folgenden Monaten entwickelte sich der Konflikt zu einem reinen Landkrieg. Die Kommunisten verfügten über keine effektiven Seestreitkräfte, und weitere größere amphibische Landungen waren nicht geplant.

UDT 1 und *UDT 3* übernahmen nun vorwiegend gefahrvolle Aufgaben im Rücken des Gegners. Einige Gruppen arbeiteten eng mit einheimischen Guerillas zusammen und sprangen weit hinter den gegnerischen Linien im Rahmen verdeckter Operationen mit dem Fallschirm ab, oder wurden von Schiffen der Marine, manchmal auch von getarnten Dschunken, heimlich im Norden an Land gebracht. Wie gefährlich diese verdeckten Aktionen waren, zeigt ein Vorfall, der sich zweihundert Kilometer hinter der Front ereignete. Dort erlitt *UDT 1* erhebliche Verluste. Einheimische, deren Gesinnung falsch eingeschätzt worden war, hatten dort unerwartet zu den Waffen gegriffen. Dieser Trupp kam während des dreijährigen Krieges dreimal auf dem koreanischen Kriegsschauplatz zum Einsatz. Zwischenzeitlich kehrte er mehrfach in die Vereinigten Staaten zurück und nahm dort an Manövern teil. So 1952 an einer gemeinsamen Übung mit den *Marines* auf der Insel San Nicholas.

Nicht vergessen werden darf die Zusammenarbeit mit der *CIA* in zahlreichen verdeckten Aktionen. Mehrere abgeschossene Piloten der *Air Force* (Luftwaffe) und der *Navy* konnten von den Schwimmern aus höchster Gefahr gerettet werden. Unterstützung fanden auch die zahlreichen südkoreanischen Agenten, die in geheimen Einsätzen im Norden des Landes agierten. Ein wirklich klassischer Sonderauftrag, kennzeichnend für die große Verwendungsbreite von Spezialeinheiten, darf hier nicht unerwähnt bleiben. Für die aus China eingedrungenen weit über 200 000 Mann der kommunistischen Truppen ergaben sich bald ernste Versorgungsprobleme. Das vom Krieg ausgeplünderte Land konnte nicht viel zur Ernährung beitragen. Um die knurrenden Mägen zu füllen, erhöhten vor allem die Fischer an den langgestreckten Küstenlinien ihre Aktivitäten und gingen vermehrt auf Fang aus. Im Rahmen der Operation *»Fishnet«* (Fischnetz) übernahmen daraufhin die Kampfschwimmer die Aufgabe, möglichst viele der Netze zu zerstören, und so die Fangergebnisse deutlich zu reduzieren.

Beach Jumper

Im Verlauf des Kalten Krieges setzten beide Seiten Spionageschiffe und Spezialschiffe zur elektronischen Kampfführung in unterschiedlichster Tarnung ein, wobei in den 60er Jahren die PUEBLO der Amerikaner in die Schlagzeilen geriet. Ihre Kaperung durch die Kommunisten löste einen erheblichen politischen Wirbel aus. Die mit elektronischem Gerät vollgestopften Schiffe operierten entlang gegnerischer Küsten, vorzugsweise in der Nähe hochsensibler Objekte. Dort praktizierten sie, je nach Lage, die unterschiedlichsten Methoden elektronischer Kampfführung und Spionage.

Bereits 1951 meldeten die ersten beiden *Beach Jumper Units* ihre Einsatzbereitschaft. Die *Unit II* operierte unter strengster Geheimhaltung entlang der nordkoreanischen Küste und brachte den Gegner an Land mit vielerlei Überraschungen und Einfällen gehörig zum Schwitzen. Die Unterbrechung und Störung gegnerischer Funkverbindungen, die Überlagerungen von Sendefrequenzen, das Abhören und Entschlüsseln wichtiger Nachrichten, und vor allem das Vortäuschen gewaltiger Truppenmassierungen durch akustische Signale und eine Fülle widersprüchlicher, verwirrender Funksprüche, trug zu einer erheblichen Verunsicherung des Gegners bei.

Die geheimen Marineverbände bestanden aus jeweils zwölf Spezialschiffen mit einer Besatzung von rund 250 Mann. Bezeichnenderweise handelte es sich bei deren Kommandeur um Phil Bucklew, den maritimen Sonderkrieger und *Scout* aus der Zeit des II. Weltkrieges. In den folgenden Jahren wurden diese Verbände fortentwickelt und laufend modernisiert.

Nach dem Waffenstillstand im Sommer 1953 und der Teilnahme an über 60 Einsätzen war zwar der Korea-Krieg auch für die Kampfschwimmer offiziell beendet, aber die Spannungen zwischen Kommunisten und Amerikanern bestanden weiter. Jederzeit konnte erneut ein heißer Krieg im Fernen Osten ausbrechen, Krisenherde gab es reichlich. So blieben einige der *UDTs* weiterhin in dieser gefährlichen Region stationiert und arbeiteten gleichzeitig an der Verbesserung ihres Ausbildungsstandes. Am 8. Februar 1954 wurde das *UDT 1* in *UDT 11* umbenannt. Bevor das *Team* zu einer längeren Ausbildungsphase in den westlichen Pazifik verlegte, nahm es zwei Monate an einer Übung in Alaska teil.

1955 eskalierten die Auseinandersetzungen zwischen Rot-China und den taiwanesischen National-Chinesen. Die Amerikaner bemühten sich, mit ihrer 7. Flotte einen Riegel zwischen Kommunisten und Nationalisten zu schieben, um eine rotchinesische Invasion Taiwans zu verhindern. Dabei sicherten die Kampfschwimmer die Schiffseinheiten der amerikanischen Flotte und beteiligten sich an der Evakuierung einer unmittelbar bedrohten Inselgruppe. Auf den Inseln befanden sich große Mengen an Munition sowie gut ausgebaute Stellungen. Beides wurde von den *UDTs* durch umfangreiche Sprengungen unter den Augen des Gegners in die Luft gejagt, damit es nicht in dessen Hände fiel.

Nach der Rückkehr aus dem Fernen Osten beteiligten sich die Schwimmer an verschiedenen zivilen und wissenschaftlichen Vorhaben, besonders im Vermessungswesen und bei der Verbesserung von Kartenmaterial. Im November 1956 führten *UDT 11* und *UDT 12* einen verdeckten Übungs-Angriff auf den Panamakanal durch. Mit dieser Aktion sollten die Überwachungsmaßnahmen überprüft und Schwachstellen aufgezeigt werden.

Solche Aufgaben werden regelmäßig den Spezialeinheiten übertragen, und gewöhnlich treten dabei erhebliche Sicherheitsdefizite auf, die dann zu einer Verbesserung der vorbeugenden Sicherheitsmaßnahmen führen.

1957 befanden sich Teile von *UDT 11* zur Sprengung von Korallen-Riffen auf der Pazifik-Insel Midway. Andere Züge übten auf Hawaii und führten spezialisierte Aufgaben im Rahmen von Großmanövern der Marine durch. So arbeiteten beim Großmanöver *»Strongback«* im April 1958 auf den Philppinen Kampfschwimmer mit amerikanischen und einheimischen Marine- und Landungsverbänden zusammen. Andere weilten in verschiedenen Gastländern.

Im Sommer 1958 brach plötzlich die erste Libanonkrise aus, der in späteren Jahren noch viele weitere folgen sollten. Teile der *UDTs* wurden in diesem Zusammenhang in Alarmbereitschaft versetzt, mußten aber nicht eingreifen.

Kaum hatte sich die Situation im Nahen Osten etwas abgekühlt, eskalierte im Fernen Osten die gespannte Lage. China bereitete sich auf die Eroberung der nationalchinesischen Inseln Quemoy und Matsu vor. Wieder mußte die mächtige amerikanische 7. Flotte aufkreuzen und konnte durch diese Demonstration militärischer Macht ein erneutes Aufflackern und eine Ausbreitung der Feindseligkeiten verhindern. Teile von *UDT 11* begleiteten die Flotte im Krisengebiet und nahmen anschließend an gemeinsamen Landungsmanövern mit den Nationalchinesen im Süden von Taiwan teil. In erster Linie war dies eine gezielte politische Demonstration mit dem entsprechenden militärischen Nachdruck.

Neben diesen Aktionen wurde Personal für die unterschiedlichsten Aufgaben und Arbeiten herangezogen. Dabei handelte es sich in erster Linie um Sprengungen unter teilweise erheblich erschwerten Bedingungen, Taucheinsätze sowie um die Bergung von Wasserleichen, verlorengegangenen Schiffsankern und selbst eines in den Ozean gestürzten wissenschaftlichen Versuchsflugzeuges.

Zahlreiche Einsätze ergaben sich im Zusammenhang mit der Unterstützung ziviler Projekte und in der Katastrophenhilfe.

Gerade diese öffentlichkeitswirksamen Aktionen trugen dazu bei, das Image der Truppe und der gesamten Streitkräfte zu verbessern, und dienten auch als Existenz-Rechtfertigung angesichts der ständig drohenden Kürzungs-Pläne und Truppenreduzierungen.

Zu den zahlreichen weiteren Sonderaufgaben zählte auch die Beteiligung an der Bergung von Weltraumkapseln der Projekte *Mercury, Gemini* und *Apollo.* Die aus dem Weltall zurückgekehrten bemannten Kapseln stürzten in den Ozean und mußten sicher geborgen werden. Vor jeder Bergungsaktion wurden ausgesuchte Schwimmer zusammengezogen und trainierten vier Monate für ihre verantwortungsvolle Aufgabe. Keiner der Astronauten kam infolge eines Fehlers der helfenden Froschmänner zu Schaden – ein »Service« ganz besonderer Art.

Die an der Ostküste stationierten Trupps operierten in den ihnen zugewiesenen Regionen. In erster Linie in der Karibik, im Mittelmeer, in europäischen Gewässern und in der Arktis. Ihre Bestimmungsorte erreichten die *Teams* meist an Bord von Schiffen, gelegentlich auch mit Flugzeugen. Mit vergleichbaren Formationen der NATO-Verbündeten liefen zahlreiche gemeinsame Übungen und Austauschvorhaben ab. Dabei vervollkommneten die Schwimmer ihre Kenntnisse im Tiefseetauchen, übten geheime Unterwasserangriffe gegen Schiffe in der Nacht, führten Strandaufklärung in fremder Umgebung, Sprengen, Fallschirmspringen sowie Gebirgs- und Winterkampf durch. Gewöhnlich befanden sich die beteiligten *Teams* für sechs bis neun Monate im Jahr auf Auslandstour in Europa. Besonders beliebt waren die Aufenthalte an der französischen Mittelmeerküste mit ihren vielen Annehmlichkeiten. Die Verlegungen in die Karibik dauerten mit drei bis vier Monaten weniger lang. Dort war das Wasser warm und kristallklar und hier wurden besonders viele Tests und Truppenversuche unternommen.

Weniger angenehm gestaltet sich der Dienst in der Arktis. Er wird meist kleinen spezialisierten Trupps von drei bis vier Mann übertragen. Schwerpunkt der Ausbildung in den kalten Gewässern ist vor allem das Sprengen von Eis und das Räumen vereister Hafenanlagen.

Am Ende der 50er Jahre hatten sich die wenigen *Teams* zu einer hochspezialisierten, vielseitig verwendbaren, jedoch in der Öffentlichkeit und in weiten Teilen der Streitkräfte kaum bekannten Sondertruppe entwickelt. Im Ausland weilten nur kleine Gruppen stets vorübergehend, und es kam zu keinen längerfristigen Stationierungen größerer Einheiten außerhalb der USA.

Um die Jahrzehntwende herrschte eher eine Phase der Ruhe und Beschaulichkeit und niemand rechnete ernsthaft mit den gewaltigen Veränderungen und Herausforderungen, die das sechste Jahrzehnt des 20. Jahrhunderts dann bringen sollte.

Aus der Froschperspektive

Wie gefährlich und ungewollt folgenreich geheime Aktionen über und unter Wasser gegen Kriegsschiffe sein können, zeigte das spurlose Verschwinden von Commander (Fregattenkapitän) Lionel Philip Kenneth Crabb, der einmal als der beste Froschmann in der britischen Marine galt.

Der zu Beginn seiner Laufbahn eigentlich recht unsportliche Mann war ein eher schlechter Schwimmer und 1942 in Gibraltar bei der Kampfmittel-Beseitigung eingesetzt. Dabei arbeitete er auch mit einer Tauchergruppe zusammen und lernte nach und nach die Unterwasserarbeit selbst kennen. In den kommenden Jahren entwickelte sich Crabb zu einer wahren Legende und galt bald als Spitzentaucher.

Am 16. April 1956 weilte der hochmoderne sowjetische Kreuzer ORDSHONIKIDSE im Hafen von Plymouth zu einem offiziellen Freundschaftsbesuch in England. Die beiden führenden sowjetischen Staatsmänner, Bulganin und Chruschtschow, befanden sich an Bord des Schiffes und tranken zur Verbesserung der gegenseitigen staatlichen Beziehungen mit der britischen Königin Elizabeth II. friedlich Tee. Das zeitgleiche plötzliche Verschwinden des 47jährigen Crabb führte aber zu einem jähen Ende der Idylle und brachte die britische Regierung in eine äußerst peinliche Situation.

➢

Folgendes soll sich dabei zugetragen haben, die wirklichen Hintergründe blieben bis heute jedoch ungeklärt:

Der sowjetische Admiral Kotow erklärte, er habe mit eigenen Augen einen Froschmann zwischen den beiden Begleitzerstörern SOWERSCHENNI und SMOTRIASCHI schwimmen sehen, ihn aber später aus den Augen verloren. Nun wurde vermutet, daß Crabb versucht hatte, die Unterwasserkonstruktion des hochmodernen Kreuzers zu erkunden. Sicher ging es der britischen Admiralität darum, die Art des Antriebes, die Stärke der Panzerung und die Wasserverdrängung zu erfahren. Lebhaftes Interesse dürfte auch an der U-Boot Ortungsanlage des Kriegsschiffes bestanden haben.

Sieben Wochen suchten Flottentaucher vergeblich die Hafenbecken nach der Leiche des verschwundenen Ex-Marineoffiziers ab, der sich schon während des II. Weltkrieges in zahlreichen gefährlichen Einsätzen hervorragend bewährt hatte. Crabb blieb verschollen und die Angelegenheit wurde nie endgültig aufgeklärt.

Nach Ansicht von Fachleuten wurde der Commander entweder durch sowjetische Kollegen oder durch eine Magnetanlage ausgeschaltet, an Bord gezogen und in die Sowjetunion gebracht – vermutlich Folge des Verrates von Geheimdienst-»Maulwurf« Kim Philby. Andere Kreise sprechen von geheimnisvollen Aktionen des britischen Geheimdienstes, um auf diese Weise Crabb bei sowjetischen Spezialeinheiten einzuschleusen. Es wurde auch von Verrat und von Überlaufen gesprochen. Vielleicht hat aber auch die eigene Seite den Kampfschwimmer aus dem Verkehr gezogen, als die Sache zwischen der Sowjetunion und Großbritannien zu heiß wurde. Die Moskauer Prawda (Wahrheit) schimpfte gewaltig über die schamlose Spionage und schmutzige Arbeit, und der politische Schaden schien gerade im Hinblick auf die ersten vorsichtigen Entspannungsbemühungen beträchtlich. Zum Zeitpunkt des Verschwindens wirkte der bereits im Jahr 1948 aus dem aktiven Militärdienst ausgeschiedene Spezialist für den Unterwasserkampf als ziviler Berater für die britische Admiralität. Jedenfalls führte die mißlungene Aktion zu einer schweren politischen Verstimmung. Die britische Regierung und die Admiralität lehnten jede Verantwortung für den peinlichen Vorfall ab.

Dieses Beispiel zeigt sehr deutlich die Gefährlichkeit und besondere politische Sensibilität verdeckter Sonderoperationen, deren Folgen oft nicht mehr kalkuliert und kontrolliert werden können.

Die Geburts*stunde der* SEALs

Nach dem ruhigen Ausklang der sogenannten, tatsächlich aber überhaupt nicht »Goldenen Fünfziger«, folgte ein recht stürmisches und spannendes Jahrzehnt. Die Epoche der ersten vorsichtigen Entspannung im Kalten Krieg wich einer erneuten harten Konfrontation zwischen Ost und West.
Energisch stellte sich der dynamische amerikanische Präsident John F. Kennedy dem kommunistischen Expansionsbestreben in der Dritten Welt entgegen, und mehrfach stand die Welt am Rande eines verheerenden dritten Weltkrieges. Der Präsident bemerkte, daß er zwar die stärkste Militärmacht besaß, sie aber kaum einsetzen konnte, ohne das Risiko eines Atomkrieges einzugehen. Unterhalb der Schwelle eines großen konventionellen oder atomaren Krieges standen praktisch keine nutzbaren militärischen Kapazitäten zur Verfügung, und so waren die USA trotz aller militärischer Stärke nicht in der Lage, Kleinkriege zu führen und subversiven Aggressionen entgegenzutreten. Eine von Kennedys Maßnahmen zur Bekämpfung totalitärer Systeme, ohne dabei gleich einen atomaren Weltbrand riskieren zu müssen, bestand in einer Aufwertung sogenannter unkonventioneller Kampfweisen – bis dahin weitgehend ein Fremdwort in den Köpfen konservativer Militärs.

Unter den vielen Stellvertreterkriegen war die mißglückte Invasion von Kuba ein typisches Beispiel. Nach dem offensichtlichen Versagen des Geheimdienstes *CIA* bei der Durchführung größerer militärischer Operationen suchte Kennedy in den regulären Streitkräften nach entsprechenden Formationen, die in der Lage waren, angemessen zu reagieren und unkonventionell zu operieren. John F. Kennedy befahl den Aufbau starker Spezialeinheiten in allen Teilstreitkräften. Während die legendären *»Green Berets«* der *Army* schnell aufwuchsen und schon bald in Vietnam in das Rampenlicht der Öffentlichkeit gerieten, ging die *US Navy* bedachtsamer und sparsamer vor.

Ihr Beitrag bestand in der Aufstellung der SEALs, einer für den maritimen Bereich und die angrenzenden Uferzonen zuständigen Sondereinsatztruppe. Ein großer Teil des Personals stammte von den *UDTs,* und zunächst formierten sich nur zwei neue *Teams* mit einem geringen Personalbestand. Aufgrund der Forderung, im Wasser, aus der Luft, und an Land operieren zu können, erhielten die künftigen maritimen Sondereinsatz-Trupps die Bezeichnung *Sea, Air, Land* – abgekürzt *SEAL.* Bezeichnenderweise ist dies aber auch der englische Begriff für Robben und Seehunde. Welcher Ausdruck wäre wohl typischer und treffender für eine Spezialtruppe des nassen Elements?

Im Dezember 1961 war die Planungsphase beendet, und am 1. Januar 1962 erfolgte die Aufstellung des *SEAL Teams 1* in Coronado an der Pazifikküste, und des *Teams 2* in Little Creek an der Ostküste.

Neben dem Personal aus den Unterwasser-Sprengtrupps sollte auch eigener Nachwuchs angeworben und ausgebildet werden. Eine Übernahme von vollständigen *Teams* erwies sich wegen der insgesamt geringen Personalstärken als nicht möglich, da diese weiterhin den amphibischen Kräften der Flotten für zahlreiche Aufgaben zur Verfügung stehen mußten. Mit jeweils zehn Offizieren und fünfzig Kampfschwimmern verfügten die neuen Formationen nur über ein Minimum an Kräften, und der befehlshabende *Lieutenant Commander* (Korvettenkapitän) verfügte aufgrund seines niedrigen Dienstgrads über keine allzu große Durchsetzungskraft in der militärischen Hierarchie. Die neuen Sondertruppen genoßen jedoch die uneingeschränkte Unterstützung durch den Präsidenten persönlich und wurden nach Kräften gefördert. Vor allem standen den jungen Schwimmern plötzlich zusätzliche Haushaltsmittel in Millionenhöhe zur Verfügung, die ganz schön unabhängig machten!

Natürlich galt es in vieler Hinsicht, Neuland zu betreten, und für die zusätzlichen Bereiche Sprungeinsatz, Infanterie-Gefechtsausbildung und Guerillakampf praktische Kenntnisse zu erwerben. Hierfür meldeten sich die Froschmänner an den entsprechenden Schulen und Ausbildungsstätten der *Army, Air Force* und natürlich der *Navy*. Einen Großteil der benötigten Spezialausrüstung wie weiterentwickeltes Tauchgerät, Fallschirme verschiedener Typen sowie hochmoderne Feuerwaffen, beschafften die Offiziere auf dem freien Markt.

In den kommenden Monaten hatte die frischgebackene Sondertruppe alle Hände voll zu tun, um sich mit den neuen Aufgabenschwerpunkten der Guerillabekämpfung, der unkonventionellen Kriegsführung und der Durchführung geheimer Operationen im maritimen Umfeld vertraut zu machen. Das Auftragsspektrum der neuen Sondertruppe war breit gefächert. Neben den klassischen Tätigkeiten kam das verdeckte Einsickern in Häfen, Buchten und Flüssen hinzu, um Schiffe anzugreifen, Torpedonetze zu zerstören, Minen auf hoher See zu räumen, Agenten ein- und auszuschleusen sowie bei Rückzugs- und Absetzbewegungen eigener Verbände die Hafenanlagen zu zerstören. Wie wichtig die Herstellung der vollen Einsatzbereitschaft war, zeigt der Blick auf die künftige Entwicklung mit einer Fülle von größeren und kleineren Konflikten.

Krisenherd Kuba

Nach dem Ende der kommunistischen Weltordnung befindet sich Kuba derzeit noch immer unter der eisernen Führung des ehemaligen Revolutionärs und kompromißlosen Ideologen Fidel Castro. Regelmäßig erfährt die Öffentlichkeit von Krisen und Defiziten dieser »Perle der Karibik.« Vor mehr als 30 Jahren stand die Welt am Rande eines dritten Weltkrieges, und der wäre um Haaresbreite um die kubanische Zuckerinsel entbrannt.

Nach vorausgegangenen Spannungen beabsichtigten die USA, die als erheblich empfundene Bedrohung durch das kommunistische System zu beseitigen. Unter Federführung und mit materieller Unterstützung des Geheimdienstes *CIA* stellten Exil-Kubaner eine Landungsstreitmacht auf mit der Absicht, von Florida aus ihre

Heimat zurückerobern und die kommunistische Diktatur hinwegzufegen. Aber Fidel Castro und seine Freunde saßen fest im Sattel und hatten auch große Teile der noch revolutionsbegeisterten armen Bevölkerung hinter sich. Die recht amateurhaft vorbereitete und durchgeführte Landung der Castro-Gegner in der »Schweinebucht« entwickelte sich zu einem Fiasko. Kurz nach der Landung regte sich erbitterter Widerstand und die Invasoren wurden von den überlegenen Regierungstruppen vernichtend geschlagen.

Präsident Kennedy hütete sich jedoch trotz der vorhersehbaren Niederlage, den Streitkräften den offiziellen Einsatzbefehl zu erteilen, und auch die *CIA* war nicht in der Lage, ihren Schützlingen wirksam zu helfen. Ein großer Teil der beteiligten Söldner und Freiwilligen geriet in Gefangenschaft und wurde der Weltöffentlichkeit recht zynisch vorgeführt. Die Verwicklung der USA in das Unternehmen zu dementieren erwies sich als unmöglich.

Eine weitere Eskalation ergab sich durch die Zunahme der politischen Spannungen zwischen den USA und der UdSSR als zweiter Supermacht. Diese nahmen ständig zu, und im Sommer 1962 brachte die Raketenkrise die Welt an den Rand des atomaren Weltbrandes, der wohl in der Karibik begonnen und sich im damaligen Krisenherd Berlin fortgesetzt hätte. Die Sowjets bauten ihre Präsenz auf Kuba immer stärker aus, stationierten dort Truppen in Stärke einer Brigade, und schürten Befreiungskriege und Revolutionen in der mittel-und südamerikanischen Region. Eine lebensgefährliche Bedrohung ihrer eigenen Sicherheit sahen die Amerikaner aber spätestens dann, als die Sowjets versuchten, die Insel im Hinterhof der USA zu einer waffenstarrenden Raketenbasis auszubauen. Aufklärungsflüge bestätigten Agenten-Berichte über den Bau von Raketenstellungen. Weite Teile der Vereinigten Staaten hätten praktisch schutzlos im Bereich der von dort gestarteten Fernlenkwaffen gelegen.

Mit voller Kraft bereiteten sich die USA auf einen Schlagabtausch in der Karibik vor, der mit einer Invasion und einem Luftlandeunternehmen gegen Kuba beginnen sollte. Zahlreiche Verbände der *Army*, des *Marine Corps* und der *Air Force* verlegten in die Nähe des Golfes von Mexiko und stellten Gefechtsbereitschaft her.

Zur gleichen Zeit näherten sich – über den Atlantik kommend – mehrere sowjetische Schiffe mit den gefürchteten Raketen an Bord der Karibik. Kennedy forderte die Sowjets auf, die Schiffe zurückzubeordern, und stellte ein Ultimatum. Da die Sowjets zunächst nicht reagierten, drohten die Amerikaner den Transport mit Waffengewalt zu stoppen. Ein Kriegsausbruch zwischen den beiden Supermächten stand unmittelbar bevor. Schließlich gaben die Russen nach und pfiffen die Militärs zurück. Der Weltfriede schien wieder einmal gerettet zu sein.

Es kam auch nicht zu der geplanten Invasion der Insel, zuvor aber liefen die Vorbereitungen auf Hochtouren. An den Plänen zur Landung auf der Zuckerinsel beteiligten sich mehrere SEALs und Kampfschwimmer.

Im Frühjahr 1962 erhielten sechs Schwimmer den Auftrag, die Küste der Insel aufzuklären und so die Landung der *Marines* und *GIs* vorzubereiten. Mit dem Flugzeug flogen sie zum Militärstützpunkt Key West in Florida und gingen dann an Bord eines Unterseebootes. Das Boot brachte sie in die Nähe der kubanischen Küste und die Schwimmer stiegen aus, um die Erkundung schwimmend fortzusetzen. Es gelang ihnen, im Schutz der Dunkelheit bis unmittelbar an das Ufer heranzuschwimmen und unbemerkt eine Strecke von vier Kilometern zu observieren. Genau prägten sie sich die Beschaffenheit des Vorstrandes ein und machten Aufzeichnungen für die Planer des amphibischen Unternehmens. Anschließend schwammen die Männer wieder in die offene See hinaus und bereiteten sich auf die Exfiltration durch das Unterseeboot vor. Während der Aktion gab es Ausfälle und Probleme mit dem Tauchgerät, und nach dem Eintreffen am vereinbarten Treffpunkt ließ sich zum Unglück kein Schiff sehen. Die Schwimmer warteten vergeblich und wechselten ihre Position. Endlich sahen sie die schattenhaften Umrisse des Unterseebootes, und nach einigen Turbulenzen gelangten sie glücklich in das Innere. Der Kommandeur zögerte einige Zeit mit der Aufnahme, da er im Radar mehrere kubanische Küstenwachboote beobachtete und eine Entdeckung befürchten mußte. Die Rückkehr verlief jedoch problemlos.

Ein halbes Jahr später kam es erneut zu einer ähnlichen Aktion. Dieses Mal begaben sich acht Schwimmer direkt in den Hafen von Havanna, den sie genau aufklärten. Sie stellten dabei die Anwesenheit einer Anzahl von Kriegsschiffen fest. Nach Abschluß der Operation erhielten sie den Auftrag, erneut zurückzukehren und diese Schiffe zu versenken. Die in letzter Minute erfolgte politische Lösung und das Abblasen der Invasion ersparte den Kampfschwimmern der SEALs und *UDTs* den lebensgefährlichen Einsatz, und die Soldaten kehrten unversehrt an ihren Standort Little Creek zurück.

Aber ein neuer Krisenherd hatte sich in Südostasien gebildet, der sich in der zweiten Hälfte des Jahrzehntes zu dem wohl folgenschwersten und härtesten Stellvertreterkrieg zwischen Ost und West entwickelte. Bevor dieser Konflikt eskalierte, befanden sich bereits seit Jahren amerikanische Militärberater und Sondereinheiten der *Special Forces* in der Region und versuchten zu retten, was zu retten war. Es entbrannte zwischen den beiden vietnamesischen Staaten ein Krieg im Untergrund, maßgeblich unterstützt von amerikanischen Sondereinheiten, insbesondere den *»Green Berets«*.

Bereits 1962 befanden sich einige SEALs in Südostasien und beteiligten sich an verdeckten Aktionen und Erkundungen. Diesem bescheidenen Anfang folgte wenige Jahre später ein sich über fast ein Jahrzehnt hinziehendes militärisches Engagement mit verheerenden politischen und gesellschaftlichen Folgen für die USA.

Die Geister mit den grünen Fratzen – SEALs im Vietnam-Krieg

Im Delta des Mekong im Süden des Landes fühlten sich die Partisanen des Viet Cong und die Soldaten aus dem kommunistisch regierten Norden Vietnams lange Zeit nahezu völlig sicher. Das von zahlreichen natürlichen Wasserläufen und künstlichen Kanälen durchzogene Gebiet bildete mit seinen Reisfeldern, Sümpfen und einer wild wuchernden Vegetation ein nahezu undurchdringliches Hindernis.

In der Aufmachung des bis an die Zähne bewaffneten »Dschungel-Kriegers« prägten die SEALs nachhaltig das Erscheinungsbild der auf dem Kriegsschauplatz in Vietnam eingesetzten Sondereinheiten und beflügelten die Phantasie zahlreicher Hollywood-Regisseure: Am Koppel das Kampfmesser Mk 2 der Navy und eine Splitterhandgranate M-26, die Leichte Panzerfaust (Light Antitank Weapon – LAW) M-72 umgehängt, einen Patronengurt malerisch um den Oberkörper geschlungen, bekleidet mit Tropenjacke und Tropenhose in unterschiedlichen »Tiger Stripe«-Tarnmustern und – natürlich – das um den Kopf geschlungene Tuch. Die kleinen Aufklärungs-Trupps der SEALs waren bestrebt, möglichst unbemerkt zu bleiben und Feindberührung zu vermeiden, um ihren Auftrag nicht zu gefährden. Gerieten sie jedoch in einen Hinterhalt, mußten sie in der Lage sein, ihre zahlenmäßige Unterlegenheit durch überlegene Feuerkraft auszugleichen. Das Leichte Maschinengewehr mit Gurtzuführung aus der Stoner 63 Waffenfamilie, das dieser SEAL mit angesteckter Gurttrommel führt, war hierzu bestens geeignet. Die SEALs schätzten es nicht zuletzt wegen seines geringen Gewichts von lediglich 4,5 kg, das ein Schießen aus der Bewegung ermöglichte. Der geringe Rückstoß der Waffe erlaubte zudem die Abgabe längerer Feuerstöße. Die Panzerfaust LAW M-72 wurde von den SEALs nahezu ausschließlich zur Bekämpfung von Erdbefestigungen und Schutzbauten eingesetzt.

Geister aus dem Sumpf

Wieder einmal fanden sich im Schutze der Nacht in einer abgelegenen Siedlung des Mekong-Deltas in der Hütte des Dorfvorstehers mehrere Führer der kommunistischen Guerilla zu einer Besprechung zusammen. Der alte Mann arbeitete heimlich als Steuereintreiber für die sogenannten »Volksbefreiungskräfte« und diente als ihr Verbindungsmann. Heute plante man neue Aktionen gegen die Amerikaner und die südvietnamesische Regierung, die im zwanzig Kilometer entfernten Verwaltungszentrum eine Schule und ein Behelfskrankenhaus errichteten. Das Treffen verlief ohne besondere Vorkommnisse und es gab keine unerwünschten Zeugen. Noch vor Mitternacht huschten die Viet Cong zu ihren Aufenthaltsorten zurück. Beruhigt legte sich der Agent in der ihm vorbehaltenen Männerhütte schlafen. Als der Morgen graute, warteten seine Angehörigen in der Familienunterkunft vergeblich auf die Rückkehr des Familienoberhauptes. Nachdem einige Zeit verstrichen war, begaben sie sich vorsichtig in Richtung der Schlafstätte. Es herrschte Totenstille, nichts bewegte sich, und angstvoll schauten sich die Männer und Frauen um. Schließlich ging die Tochter in die Hütte, um ihren Vater zu wecken. Als sie leise die Türmatte anhob, erstarrte sie vor Entsetzen. Der Mann lag bewegungslos in einer Blutlache neben der Schlafstätte. Mit mehreren Messerstichen war er getötet worden. Bei der näheren Betrachtung machten die Angehörigen eine grausige Entdeckung im Gesicht des Verwandten. Es war mit mehreren grünen Farbstrichen entstellt und gab ihm ein gespensterhaftes Aussehen. Nun wußte man Bescheid. Die geheimnisvollen »Grüngesichter« waren wieder einmal aus den Sümpfen gestiegen und hatten ein neues Opfer gefunden. Die einfachen Menschen glaubten seit vielen Generationen an böse Geister und Gespenster, die in den unzugänglichen Sümpfen und Tümpeln der Umgebung hausten. In zahlreichen Sagen wurde immer wieder über diese gefährlichen Monster berichtet, die sich seit Jahrhunderten ihre Opfer geholt hatten und diesen Tod und Verderben brachten. Neuerdings häuften sich die schrecklichen Begegnungen sogar. Die Dorfbewohner hörten aus Erzählungen von Bekannten benachbarter Siedlungen, daß es die Geister auf die Helfer der Viet Cong besonders abgesehen hatten, und aus Angst versuchten sie nun, nach Möglichkeit jeden Kontakt mit den Kommunisten zu vermeiden.

Genau dies wollten die dunklen Spukgestalten erreichen und auf diese Weise Bevölkerung und Viet Cong verunsichern. Überraschend und hart schlugen die geheimnisvollen Kommandos immer wieder nach dem Motto »Sat Cong – Tod den Kommunisten« zu und verbreiteten Angst und Schrecken.

Solche und ähnliche Vorkommnisse verhalfen den in Vietnam eingesetzten SEALs zu dem zweifelhaften Ruf, die effektivste, aber auch gefürchtetste amerikanische Spezialeinheit zu sein. So erhielten sie auch die Bezeichnung »Grüngesichter«, wenn sie aus der Dunkelheit auftauchten und in den vom Viet Cong kontrollierten Dörfern ihr Unwesen trieben. Außer den Opfern bekam sie kaum jemand zu Gesicht. Allenfalls tauchten für einen Moment geheimnisvolle, mit grünen und schwarzen Farben getarnte Gesichter auf, deren merkwürdige Erscheinung den Reisbauern einen gehörigen Schrecken einjagte. Selbst den amerikanischen Soldaten regulärer Truppenteile war kaum etwas Konkretes über diese verdeckt ablaufenden Aktionen bekannt.

Die Terrorherrschaft der Kommunisten machte die einheimischen Fischer und Reisbauern gefügig, und so war die Region eine Hochburg des Widerstandes im Kampf gegen die Saigoner Regierungstruppen und die Amerikaner.

Der Krieg in Vietnam entwickelte sich in zwei unterschiedlichen Phasen. Ab 1956 hielten sich amerikanische Berater im Land auf und begannen auf Bitten der südvietnamesischen Regierung, gegen die sich kontinuierlich steigernde Infiltration der Kommunisten aus dem Norden Maßnahmen zu ergreifen. Dieser Kleinkrieg zog sich bis etwa 1964 hin. Danach entschlossen sich die USA zu einem massiven militärischen Engagement, und entsandten Bomber, Flugzeugträger und mehrere Divisionen der *Army* und des *Marine Corps*. Trotz größter Anstrengungen gelang es aber nicht, einen militärischen Sieg zu erringen, und nach innenpolitischen Erschütterungen und weltweiter Kritik sahen sich die USA zu Beginn der 70er Jahre gezwungen, ihre Truppen abzuziehen. Im Jahr 1975 fiel das Land in die Hände der Kommunisten, und Südvietnam hörte auf als eigenständiger Staat zu existieren.

Anfang 1963 meldete sich eine kleine Gruppe von SEALs in der südvietnamesischen Hafenstadt Da Nang zum Dienst beim örtlichen Residenten der *CIA*. Unter

Die SEALs kommen 1967 im Rung Sat-Gebiet zum Einsatz, einem Sumpfgebiet inmitten des vom Saigon-Fluß und dem Fluß Dong Nai gebildeten Mündungsdelta. Die dort besonders aktiven Untergrundkämpfer des Viet Cong versuchten häufig, die für die Versorgung der Stadt Saigon wichtigen Wasserwege mit Minen und Sprengfallen für Boote unpassierbar zu machen. Dieser SEAL, der das Ufer eines der unzähligen Wasserläufe überwacht, trägt eine Jacke in einem der vielen als »Tiger Stripe« bezeichneten Tarnmuster, die während des Vietnam-Krieges zu einem Wahrzeichen und Status-Symbol der amerikanischen Sondereinsatzkräfte wurden. Bei der Waffe handelt es sich um das bei sämtlichen Teilstreitkräften der USA eingeführte Maschinengewehr M-60 im Kaliber 7,62 mm x 51.

größter Geheimhaltung organisierten die USA Aufklärungs-und Sabotageunternehmen in Nordvietnam und versuchten, die Bevölkerung mit Rundfunksendungen und Flugblättern auf die Seite der südvietnamesischen Regierung zu ziehen. Manche Agenten sprangen mit Fallschirmen in abgelegenen Landesteilen Nordvietnams ab, andere infiltrierten auf dem Landweg. Die SEALs erhielten den Auftrag, Agenten und Söldner von See her entlang der langen vietnamesischen Küste anzulanden. Eine weitere Tätigkeit bestand in der Ausbildung südvietnamesischer Kommando-Truppen und Taucher. Viel Erfolg konnte das unter der Bezeichnung »34 A« laufende Unternehmen der *CIA* allerdings nicht aufweisen. Die meisten Infiltranten wurden abgefangen oder ergaben sich bald. 1964 mußte der Nachrichtendienst seine streng geheimen Sonderoperationen einstellen und die militärischen Aktionen lagen nun in den Händen der Streitkräfte. Der Wechsel bedeutete eine etwas schärfere Gangart bei den Sonderoperationen gegen den Norden. Dabei war aber den Amerikanern jede persönliche Beteiligung strikt verboten, und so bildeten sie lediglich die einheimischen Milizen aus und unterstützten sie führungsmäßig und logistisch. Ein Angriff auf einen nordvietnamesischen Hafen, fast 200 Kilomter von der Ausgangsbasis Da Nang entfernt, schlug fehl. Dort befanden sich zahlreiche Kriegsschiffe und Transporter, die für die Versorgung der im Süden kämpfenden Truppen zuständig waren. Die südvietnamesischen Schwimmer wurden von den SEALs in Nähe der Hafenanlagen ausgesetzt und sollten sich schwimmend weiter annähern und an den Schiffen Haftminen anbringen. Vergeblich warteten die Amerikaner auf deren Rückkehr und brachen schließlich die Aktion ab. Die Kampfschwimmer gerieten angeblich in Gefangenschaft und wurden als Spione bestraft. Es ist aber auch nicht auszuschließen, daß sie überliefen und mit den Kommunisten zusammenarbeiteten.

Erfolgreicher verliefen Angriffe gegen Brücken, Kraftwerke und weitere wichtige Anlagen an der nordvietnamesischen Küste. Aber auch Dschunken mit Versorgungsgütern und Personalersatz wurden geentert. In manchen Fällen näherten sich die Boote der Küste auf Schußweite und ließen dann die schweren Waffen sprechen. Insbesondere dann, wenn eine Aktion an Land zu gefährlich schien. Diese Aufgabe wäre natürlich von konventionellen Kräften wesentlich besser auszuführen gewesen, aber diese waren zu diesem Zeitpunkt noch nicht präsent und alle Aktionen fanden unter strengster Geheimhaltung statt. Keinesfalls durfte ein Hinweis auf die Verstrickung amerikanischer Streitkräfte an die Öffentlichkeit dringen. Groß war die Wirkung der illegalen Schläge gegen den kommunistischen Norden nicht, aber die Nadelstich-Taktik verunsicherte den Gegner und zwang ihn, aufwendige personelle und materielle Gegenmaßnahmen zu ergreifen.

Für die wenigen SEALs bedeutete der Dienst in Vietnam zu dieser Zeit fast einen kostenfreien Sonderurlaub. Sie lebten recht luxuriös am sonnendurchglühten Strand, verstanden sich gut mit der örtlichen Bevölkerung, und standen noch nicht auf den Todeslisten des *Viet Cong*. Nach einem ungeschriebenen Gesetz hielt man sich in einem Teil der Provinzen an den Grundsatz: »Tue mir nichts und ich tue dir nichts!« Dies ging in einigen Fällen so weit, daß sich Patrouillen der *Viet Cong* und der *»Green Berets«* im Niemandsland begegneten und – anstatt das Feuer aufein-

Auftrag ausgeführt! Im weitverzweigten Mekong-Delta haben SEALs im Zuge der Operation »Crimson Tide« (Rote Flut) einen Stützpunkt des Viet Cong am Bassac-Fluß angegriffen und zerstört. Die SEALs an Bord des gepanzerten Flußpatrouillenbootes (PBR – Patrol Boat, River) tragen anstelle des schweren Gefechtshelms den als »bush hat« (Busch-Hut) bezeichneten tarngefleckten Tropenhut.

ander zu eröffnen – mit einem kurzen Gruß aneinander vorbeizogen. Die SEALs machten auch äußerlich nicht gerade den Eindruck harter Soldaten. In einer Zeit, als noch sehr großer Wert auf streng korrektes militärisches Äußeres gelegt wurde, liefen sie im Dienst in kurzen Shorts und Tennisschuhen herum, mit wuchernden Haaren und sprießenden Bärten.

Als Transportmittel dienten verschiedene Schnellboote und Motorboote. Später wurden einige moderne norwegische Schiffe der NASTY-Klasse geliefert. An Waffen standen Granatwerfer, Maschinengewehre und Maschinenkanonen sowie rückstoßfreie Geschütze im Kaliber 57 mm zur Verfügung. In den eingesetzten Booten konnten sich zehn Mann aufhalten und mehrere Tage eigenständig operieren.

Insgesamt verlief das Leben der SEALs eher problemlos und fast friedlich. Dies änderte sich allerdings schlagartig im August 1964. Nach dem Bekanntwerden mehrerer Angriffe nordvietnamesischer Kriegsschiffe gegen amerikanische Zerstörer in internationalen Gewässern, befahl der amerikanische Präsident als Vergeltung Luftangriffe gegen Ziele in Nordvietnam. Diese Aktionen bedeuteten den Eintritt der USA in einen Krieg, der mit nahezu allen verfügbaren Waffen einer hochtechnisierten Supermacht geführt wurde.

Über den kriegsauslösenden Zusammenstoß der Schiffe im Golf von Tonking gibt es verschiedene Versionen, die nicht immer mit den amtlichen Erklärungen beider Seiten übereinstimmen.

Im Golf von Tonking kreuzten außerhalb der nationalen Hoheitsgewässer Kriegsschiffe der amerikanischen 7. Flotte, lediglich mit Überwachungs-und Sicherungsaufgaben betraut. Weiterhin befanden sich die Schnellboote der Sondereinsatzverbände im Rahmen der geheimen Operationen in der Region, was selbst hohen Offizieren der amerikanischen Marine nicht bekannt war. Die wenigen Torpedo- und Schnellboote der Nordvietnamesen bemühten sich natürlich, die Geheimaktionen zu unterbinden und übernahmen Sicherungsaufgaben entlang der eigenen Küste. So entstand eine für alle Beteiligten außerordentlich schwierige und dubiose Situation.

Ende Juli 1964 operierten erneut mehrere Schnellboote der SEALs vor der nordvietnamesischen Küste und beunruhigten den Gegner mehrfach mit überraschenden Feuerüberfällen. Dabei gerieten sie in die Nähe des Zerstörers MADDOX, der auf einer sogenannten »Desoto Patrouille« vor den Küstengewässern unterwegs war. Als sich der Zerstörer einige Tage später der Insel Hon Me näherte, wurde er in etwa 40 Kilometer Entfernung vor der nordvietnamesischen Küste von vermutlich drei Torpedobooten angegriffen. Alle vier abgefeuerten Torpedos verfehlten ihr Ziel, und der Kapitän des amerikanischen Zerstörers forderte daraufhin Luftunterstützung an. Den Kampfflugzeugen gelang es, ein Boot zu versenken und weitere zu beschädigen. In der Nacht nach dem Zwischenfall griffen die Sondertruppen mit drei Booten unabhängig davon erneut Stellungen an der Küste an. Dabei wurden auch die rückstoßfreien 57mm-Geschütze an Bord eingesetzt. In der Zwischenzeit war der Zerstörer MADDOX, begleitet von dem Zerstörer TURNER JOY, im Golf auf Patrouille, und beide Schiffe meldeten in der Nacht des 4. August 1964, daß sie erneut von Torpedobooten angegriffen wurden. Offizielle Kreise bestätigten die nordvietnamesischen Angriffe, und der amerikanische Kongress erteilte dem Präsidenten mit überwältigender Mehrheit die Erlaubnis, sofort alle notwendigen militärischen Maßnahmen gegen die Aggression zu ergreifen. Allerdings bestehen ernsthafte Zweifel an dieser Darstellung. Nordvietnam sah sich selbst als Opfer, wies auf die wiederholten Angriffe von See her hin, und bezeichnete seine Reaktion als reine Verteidigungsmaßnahme ...!

Die zu strengster Geheimhaltung verpflichteten SEALs halten sich noch heute an die Regeln, und so werden wohl unterschiedliche Darstellungen die Historiker späterer Zeiten weiter beschäftigen.

Die SEALs setzten ihre geheimen Aktionen unter der Aufsicht des Stabes für verdeckte Sondereinsätze *(MACV/SOG – Military Assistance Command Vietnam/Study and Observation Group)* fort. Von Fall zu Fall stellten sie auch Personal für begrenzte Operationen der *CIA* ab. Nach dem Zwischenfall im Golf von Tonking steigerten sich die offensiven Aktionen gegen den *Viet Cong,* der es allerdings meist vermied, sich im offenen Kampf zu stellen. Es galt, ihn aufzuspüren und zu stellen, aber dies war den konventionellen Verbänden meist nicht möglich, da sie zu schwerfällig und wenig flexibel waren. So mußten die Spezialeinheiten am Feind sein und ihm ständig auf den Fersen bleiben.

Bei einer solchen Aktion gab es 1966 den ersten Gefallenen. Die relativ ruhige Zeit war endgültig vorbei. Einige der SEALs erkannten die Bedrohung von Leben und Gesundheit; sie meldeten sich ab. Die Sondertruppe verlor damals eine nicht unerhebliche Zahl ihres Stammpersonals und es blieben die Männer, die sich dann

Ein SEAL-Trupp hat im vermeintlich sicheren Rückzugsgebiet des Viet Cong am Ufer des Bassac-Flusses, etwa 100 Kilometer südwestlich von Saigon, überraschend einen der dortigen Stützpunkte angegriffen. Der an Bord des Landungsbootes zurückgebliebene Funker des Trupps, der das Vorgehen seiner Kameraden sichert, führt ein Sturmgewehr M-16 A1 im Kaliber 5,56 mm x 45, das ab 1967 das bislang eingeführte Gewehr M-14 im Kaliber 7,62 mm x 51 abzulösen begann.

im weiteren Verlauf des Krieges als besonders hart und leistungsfähig erweisen sollten.

Nicht unerwähnt bleiben dürfen die zahlreichen weiteren Sondereinsätze entlang der Küste Nordvietnams. Von Unterseebooten aus operierten Schwimmer der *UDTs* und verließen diese im getauchten Zustand durch die Taucherkammern, um in Schlauchboote umzusteigen. Wenn es die Lage zuließ, tauchte das U-Boot kurz auf. Die Kampfschwimmer bestiegen ihre Schlauchboote und paddelten in Richtung Festland. Dabei wurden tausende von Kilometern der Küstenlinie vermessen sowie der Strand hinsichtlich einer Eignung für amphibische Landungen erkundet. In den ersten Jahren des Vietnam-Krieges gestalteten sich diese Aktionen von See her noch relativ harmlos, da nur wenige gegnerische Radaranlagen vorhanden waren.

Das Jahr 1965 stand im Zeichen eines umfangreichen Truppenaufbaues in Vietnam, und die Amerikaner versuchten insbesondere, die Verbindungs- und Versorgungslinien der Partisanen zu unterbrechen sowie den Gegner aus dessen Hochburgen zu vertreiben. Die SEALs wurden bis zu diesem Zeitpunkt hauptsächlich im Norden des Landes eingesetzt. Nun aber ergab sich eine Schwerpunktverlagerung nach Süden. In den folgenden Jahren operierten die Kampfschwimmer konzentriert im Mekong-Delta mit seinen vielen Wasserwegen sowie in den unwirtlichen Regionen südlich von Saigon. Dort befand sich in nur 50 Kilometer Entfernung die *Rung Sat Special Zone,* eine unzugängliche Operationsbasis und Hochburg der Guerilla. Die nahezu undurchdringliche Mangroven- und Sumpflandschaft, durchzogen von hunderten von Wasserläufen und Flüssen, erwies sich als strategisches Schlüsselgelände. Die damalige Hauptstadt Saigon ist rund 60 Kilometer vom Chinesischen Meer entfernt und wurde hauptsächlich von Schiffen versorgt, die auf Flüssen und Kanälen die Stadt erreichten. Ebenso groß war die Bedeutung für den Nachschub der laufend verstärkten amerikanischen Truppen. Außerdem diente dieses Gebiet dem *Viet Cong* als lebenswichtige Verbindungszone zwischen dem nördlichen und dem südlichen Landesteil. Es ging also darum, mit allen Mitteln diese Region zu besitzen, um dem Gegner zu schaden und die Transportwege nach Saigon offenzuhalten.

Bei Nha Be entstand eine *Forward Operating Base* (vorgeschobener Stützpunkt), und bereits kurz nach ihrer Ankunft starteten SEALs, *Marines* und die Taucher vom *UDT 11* das Unternehmen *»Jackstay«*. Zwei Züge vom *SEAL Team 1* beteiligten sich an Überfällen, Hinterhalten und Kommandounternehmen gegen den *Viet Cong* und konnten ihm schwere Verluste beibringen. Der militärische Auftrag hatte sich mit der Zeit erheblich verändert. Nun durften – oder mußten – sich die SEALs offensiv an den Kämpfen beteiligen und hatten nicht nur den Auftrag, Geheimoperationen zu leiten oder zu überwachen. Sie operierten zwar weiterhin von Flüssen und Kanälen aus und im sumpfigen Gelände, aber dabei entfernten sich die Schwimmer mehr und mehr von ihrer ursprünglich maritim und amphibisch geprägten Rolle. Sie entwickelten sich zur überfallartig zuschlagenden Kommandotruppe, mit nur unwesentlichen Unterschieden zu den *»Greem Berets«* oder den *Rangers*. Die traditionellen Taucher- und Kampfschwimmereinsätze lagen nun vermehrt in den Händen der ebenfalls nach Südvietnam verlegten, damals noch eigenständigen *UDTs*.

Nach den Erfolgen gegen die Stützpunkte des *Viet Cong* verlegten weitere vier Züge nach Nha Be, Binh Thuy und My Tho. Aus den Zwängen der Situation entwickelten die SEALs völlig neue Gefechts- und Einsatzgrundsätze. Sie operierten unauffällig in kleinen Trupps von zwei oder drei, höchstens aber sechs Mann. Nur so war es möglich, dicht an den Gegner heranzukommen und lohnende Ziele auszukundschaften. Besonders häufig bemannten sie Horchposten im Hinterland des Gegners entlang von Verbindungswegen an Land oder Wasserläufen. Unbemerktes Einsickern, lautloses Warten und geduldiges Beobachten erforderten Ausdauer und Selbstdisziplin. Um keine verräterischen Spuren zu hinterlassen, wateten sie manchmal barfuß durch schmutzige Bewässerungsgräben und gruben sich im Uferschlamm ein. Dabei trugen sie oftmals die landesübliche schwarze Bekleidung der Einheimischen. Die Horch- und Beobachtungsposten blieben oft mehrere Tage besetzt – nicht selten bis zu einer Woche, in Einzelfällen sogar länger. Bewegungslos und jedes verräterische Geräusch vermeidend harrten sie geduldig in der feindlichen Umgebung aus und prägten sich die Bewegungen des Gegners genau ein. So erhielten die SEALs ein genaues Bild von den Routen des *Viet Cong*, dessen Stützpunkten und Nachschublagern. Je nach Bedeutung des Objekts schlugen sie aus dem Hinterhalt zu oder legten Minen. Einzelne Gegner töteten sie, wenn es der Auftrag vorsah, mit Schüssen aus schallgedämpften Waffen, gelegentlich auch

Nach einem der sogenannten »search and destroy«-Einsätze eines SEAL-Trupps mit Unterstützung von Flußpatrouillenbooten und eines gepanzerten, mit schweren Unterstützungswaffen bestückten »Monitors« geht ein Stützpunkt des Viet Cong in Flammen auf. Einer der Auftragsschwerpunkte der SEALS lag darin, Kräfte des aus dem Hinterhalt überaus geschickt operierenden Viet Cong aufzuspüren (search) und zu binden, damit sie durch den Einsatz schwerer Waffen vernichtet (destroy) werden konnten.

mit ihren gefürchteten Messern. Zur Bekämpfung stärkerer Feindkräfte legte sich eine ganz Gruppe oder ein ganzer Zug in einen Hinterhalt oder griff überfallartig an. Dabei benutzten sie wendige gepanzerte Boote mit geringem Tiefgang zur Infiltration, sickerten auf dem Landweg ein oder ließen sich von Hubschraubern absetzen. Hierbei entwickelte sich nach und nach eine enge Zusammenarbeit mit den Piloten und den zuständigen Stäben.

Die Trupps waren nach Spähtrupp-/Stoßtruppgrundsätzen gegliedert; ein *Scout* oder *Pointman* marschierte an der Spitze, gefolgt vom Truppführer, den Flankensicherern und dem überaus wichtigen Schlußmann, der nach rückwärts sicherte. Hinzu kamen bei größeren Unternehmen Funker, Pioniere und Sanitäter.

Die SEALs lernten schnell dazu, und bald schickte auch das *SEAL Team 2* Männer auf den südvietnamesischen Kriegsschauplatz, um den wachsenden Personalbedarf zu decken. Die Veteranen mit Einsatzerfahrung kehrten meist nach Ablauf einer sechsmonatigen Dienstzeit auf dem Kriegsschauplatz in die USA zurück und bildeten dort den Nachwuchs recht realitätsbezogen aus. Zahlreiche Verbesserungen ergaben sich als Folge der gesammelten Erfahrungen. Vor allem löste eine neue Generation spezieller Boote die anfänglichen Improvisationen ab. Das speziell für Vietnam entwickelte *SEAL*-Unterstützungsboot erreichte eine hohe Geschwindigkeit, hatte einen geräuscharmen Motor, verbesserte Beweglichkeit und höhere Feuerkraft sowie größere Reichweite. Danach gingen die ohnehin geringen Verluste der SEALs weiter zurück.

Kontakte mit anderen Truppenteilen der USA entwickelten sich kaum. Die mißtrauischen SEALs fürchteten sich vor der oftmals erschreckenden Naivität und Unbekümmertheit der Kameraden aus den konventionellen Verbänden und wollten vermeiden, durch die lauten Töne des gewaltigen Militärapparates verraten zu werden. Eine Ausnahme bildete jedoch die Zusammenarbeit mit den Besatzungen der *»Seawolf«*-Hubschrauber, die ihnen aus der Luft die notwendige Luftunterstützung gaben wenn es brannte, und die für die Infiltration/Exfiltration verantwortlich waren. Vor den Einsätzen erfolgten genaue Absprachen zwischen allen Beteiligten. Die Zusammenarbeit klappte meist problemlos und viele SEALs verdanken der effektiven Koordination des sogenannten *»SEAL-Package«* das Leben.

Die Besatzungen der Boote, die meist keine Kampfschwimmer, sondern gelegentlich recht eigenwillige Seeleute der *Navy* waren, und die Piloten der Hubschrauber einschließlich des Bodenpersonals bildeten diese leistungsfähigen *Teams*. Eine enge Zusammenarbeit ergab sich auch mit den Feuerleitstellen und den vorgeschobenen Beobachtern der Artillerie von *Army* und *Marine Corps*, die für die erforderliche Feuerunterstützung durch schwere Waffen sorgten.

»Hush Puppy« und andere Sonderwaffen

Die von den SEALs eingesetzten Waffen waren so außergewöhnlich wie die maritime Sondertruppe selbst. Die Bewaffnung war genau auf die Erfordernisse der schwierigen Spezialeinsätze ausgerichtet und unterschied sich erheblich von der des gewöhnlichen GI der Heeresverbände.

Ursprünglich war die schallgedämpfte Pistole *Smith & Wesson Mk 22 Modell O* im Kaliber 9 mm x 19 (9 mm Parabellum) dafür vorgesehen, Wachhunde des Gegners lautlos auszuschalten; daher ihr Spitzname *»Hush Puppy«* (*'hush'* = Kusch!; *'puppy'* = Hündchen).

Dieses 1968 ausschließlich an die SEALs ausgegebene und noch heute von ihnen verwendete Sondermodell der Pistole Smith & Wesson Modell 39 verfügt über einen verlängerten Lauf mit einem Gewinde, auf den sich ein Schalldämpfer *Mk 3 Mod. 30* aufschrauben läßt.

Das von Eugene Stoner entwickelte und in Detroit, Michigan, bei der Cadillac Gage Company gefertigte Waffensystem *Stoner 63* erfreute sich der besonderen Wertschätzung. der SEALs. Auch in kleinsten Trupps führte mindestens ein Schütze eines der leichten Stoner-Maschinengewehre im Kaliber 5,56 mm x 45.

Mit geringstem Aufwand ließ sich die Basis-Baugruppe der *Stoner 63* Waffenfamilie durch Austausch einiger weniger Teile in ein Sturmgewehr, einen Karabiner oder in ein Maschinengewehr – entweder mit Magazin- oder mit Gurtzuführung – verwandeln. Hierzu standen fünf Läufe verschiedener Längen und Wandungsstärken, verschiedene Gehäusedeckel, eine klappbare und eine feste Schulterstütze sowie ein Zweibein zur Verfügung. Die Waffe ließ sich zudem auf eine Erdkampflafette aufsetzen, was ihren Einsatz als Schweres Maschinengewehr ermöglichte. Für die Zuführung der Munition stand ein Stangenmagazin für 30 Patronen sowie eine Gurttrommel und ein Gurtkasten zur Verfügung, die 90 beziehungsweise

Irgendwo im Mekong-Delta hat einer der »Einheimischen« Freundschaft mit einem SEAL geschlossen. Dessen unvorschriftsmäßige Barttracht war eines der »Markenzeichen« der auf dem Kriegsschauplatz in Vietnam eingesetzten Sondereinsatzkräfte der USA.

150 auf Zerfallgurte aufgezogene Patronen faßten. Gerade das Leichte Maschinengewehr mit Gurtzuführung schätzen die SEALs wegen seines geringen Gewichts von lediglich knapp fünf Kilogramm besonders. Die Navy beschaffte zwar für die SEALs dieses als *Mk 23 Mod. 0* bezeichnete Maschinengewehr, als Ordonnanzwaffe wurde es jedoch nie eingeführt, und nach Beendigung des Vietnam-Krieges wieder ausgesondert.

Neben einer ganzen Reihe verschiedener Flinten, die sich vor allem auf dem Kriegsschauplatz in Vietnam als besonders wirksam erwiesen, kam seitens der SEALs insbesondere die Vorderschaft-Repetierflinte Ithaca Modell 37 im Kaliber 12/70 zum Einsatz. Nach 1968 wurde diese robuste und einfach zu handhabende Flinte mit einem längeren Magazin ausgestattet, das anstelle von fünf nunmehr acht Patronen faßte.

Neben den Gefechtseinsätzen rückten die SEALs bei Bedarf auch für technische Arbeiten aus, räumten Wasserwege für schwere Schiffseinheiten, beseitigten Hindernisse im Wasser, oder leisteten Reparaturdienste an Schiffen.

Eine besonders erfolgreiche Aktion war das Unternehmen »Charleston« gegen Ende des Jahres 1966. Dabei erbeuteten die Soldaten wichtige Unterlagen über die von den Guerillas benutzten Brunnen südlich von Saigon. Sie sprengten fast alle dieser Wasserstellen und der Gegner war längere Zeit ohne das dringend benötigte

Trinkwasser. Bei der Operation töteten und verwundeten die SEALs zahlreiche Gegner, vernichteten Munitions- und Verpflegungslager. Ferner dienten sie den im Dschungelkrieg weitgehend unerfahrenen regulären US-Truppen als Späher und übernahmen die Gefechtsfeld-Aufklärung. Bald schmetterten die Kommandeure der konventionellen Verbände wahre Lobeshymnen über die erfahrenen Späher und forderten sie vermehrt zur Unterstützung an. So wurden sie laufend personell verstärkt, um den zunehmenden Anforderungen begegnen zu können.

Immer wieder kam es zu schweren Gefechten. Während eines Räumeinsatzes geriet eine Einheit auf dem Wasser unter schweres Feuer aus automatischen und Panzerabwehr-Waffen vom Ufer her. Im folgenden dreistündigen Feuergefecht wurden drei SEALs verwundet und ein vietnamesischer Offizier getötet. Trotz der Verluste gelang es den Männern, das Ufer zu erreichen und gegen den Feind vorzugehen. Sie konnten den überlegenen Gegner niederkämpfen und eine große Menge Versorgungsgüter erbeuten. Weiterhin gerieten etwa 360 *Viet Cong* in Gefangenschaft.

Im Hafen von Da Nang beladen Angehörige des UDT 13 ein mit mehreren Maschinengewehren M-60 auf Sockellafetten bestücktes Flußpatrouillenboot (PBR) mit Ausrüstung und Munition für einen bevorstehenden Einsatz. Bemerkenswert ist die uneinheitliche und verschiedenartige Bekleidung. Der Mann links im Bild trägt die olivgrüne Feldmütze der Marines, und über der tarngefleckten Tropenuniform eine olivgrüne Regenjacke der Army.

Lieutenant Commander (Korvettenkaptän) Roland F. Habicht, Kommandeur der Helicopter Attack (Light) Squadron 3 (Leichte Kampfhubschrauber-Staffel) der Navy bespricht mit dem recht zwanglos gekleideten Führer eines der im Raum Nam Can operierenden SEAL-Trupps einen bevorstehenden Einsatz. Der Pilot trägt über seinem Flieger-Overall eine Überlebensweste und das ab 1962 an die Piloten der US Navy ausgegebene Überlebensmesser an dem mit Revolverpatronen gespickten Brustgurt eines Schulterholsters.

Operation »Bright Light«

Die Rettung und Befreiung von Kriegsgefangenen gehörte mit zu den Aufgaben der in Vietnam eingesetzten Spezialeinheiten. Wer dem Gegner in die Hände fiel mußte meist viel mitmachen, und Grausamkeiten des erbitterten Feindes, der im Krieg auch unsägliches Leid zu ertragen hatte, waren an der Tagesordnung. So wurden die Gefangenen meist heimlich nach Nordvietnam transportiert, oftmals in qualvollen Märschen über große Entfernungen. In den Ruhepausen sperrte man die bedauernswerten Geschöpfe in primitive Bambus-Käfige, in denen sie oftmals weder richtig stehen noch sitzen konnten. Aus Sicherheitsgründen verblieben die Gefangenen meist nur 24 Stunden an einem Ort und wurden dann erneut verlegt. Dieses Vorgehen machte erfolgreiche Befreiungsunternehmen fast unmöglich.

Wieder einmal meldete der Geheimdienst die Entdeckung eines Gefangenenlagers nahe der Küste am südchinesischen Meer. Dort sollten sich neben einer großen Anzahl südvietnamesischer Gefangener zwei amerikanische Soldaten befinden. Ein Zug der SEALs sollte – unterstützt von Schiffen, Hubschraubern und Kampfflugzeugen – in den Nachtstunden heimlich in der Nähe des Lagers landen, dieses über-

Truppführer und Funker eines SEAL-Trupps suchen im Schilf des Rung Sat-Gebiets Deckung. Beide tragen einen während des II. Weltkriegs eingeführten tarngefleckten Kampfanzug der Marines und privat beschaffte Hüte. Sauberes und keimfreies Trinkwasser war in Vietnam Mangelware, weshalb der Funker an seinem Koppel zwei Feldflaschen mit dem kostbaren Naß mitführt. Im Einsatz waren die Funker besonders gefährdet, da der Gegner sie vorrangig unter Feuer nahm; zudem verriet oftmals die Stab-Antenne des Funkgeräts ihre Stellung. Aus gutem Grund verwendet dieser Funker deshalb eine kurze, flexible Bandantenne. Das UKW-Sprechfunkgerät PRC-25 hatte wegen der in Vietnam vorherrschenden dichten Vegetation lediglich eine Reichweite von einigen wenigen Kilometern. Am Tragegriff des Geräts ist ein aufgedocktes Tau befestigt, das sich insbesondere bei der Überquerung eines der zahllosen Wasserläufe als hilfreich erweisen konnte.

raschend stürmen und die Gefangenen befreien. Die sechzehn SEALs bereiteten sich sorgfältig auf den Angriff vor. Sie führten mehrere Maschinengewehre, Schnellfeuergewehre, *Claymore*-Minen, Handgranaten, Tränengaswurfkörper sowie eine Panzerabwehrwaffe zur Bekämpfung harter Ziele mit. Zwei Funkgeräte sorgten für die lebenswichtige Verbindung mit den auf See in Bereitstellung liegenden Schiffen und den Hubschraubern. Wie bei solchen Einsätzen üblich, tarnten sich die Männer Gesicht und Hände, sorgten für passende Kleidung und entledigten sich überflüssiger, verräterischer Ausrüstungsgegenstände.

Gegliedert in zwei Gruppen verließen sie vor Erreichen des Ufers das Transportboot und wateten an Land. Dort igelten sie sich ein und beobachteten zunächst. Nachdem der Führer überzeugt war, vom Gegner nicht entdeckt worden zu sein, begab sich der Zug, langsam und nach allen Seiten sichernd, in Richtung des nahegelegenen Dschungels, der wie eine dunkle, undurchdringliche Wand vor ihren Augen lag. Mehrmals legte der Trupp Beobachtungshalte ein und machte sich mit der unheimlich wirkenden Umgebung vertraut. Überall schienen Schatten aufzutauchen, merkwürdige Geräusche durchdrangen die Nacht. Es dauerte einige Zeit bis der wild wuchernde Dschungel die Männer aufnahm, das Lager konnte nun nicht mehr weit entfernt sein. Der sichernde *Pointman* stieß auf einen schmalen Pfad und der Kampftrupp folgte ihm. Plötzlich blieb der Spitzenmann wie angewurzelt stehen und hob warnend die Hand. Er hatte einen quer über den Weg gespannten Draht entdeckt, der bei Berührung eine der gefürchteten Sprengfallen auslöste. Vorsichtig stiegen die Soldaten über den Draht, ohne ihn zu berühren. Nach einigen Schritten eine weitere Unterbrechung. Wieder versperrte eine Strippe den Weg. Durch das Ungeschick eines der SEALs löste der Zündmechanismus aus, und die mit dem Draht verbundene Handgranate explodierte in einem nahegelegenen Busch. Nun war der Feind gewarnt und der Überraschungseffekt verloren.

Es war falsch gewesen, den bequemeren Weg zu wählen, trotzdem das umgebende Dickicht fast undurchdringlich schien. Gewöhnlich waren Pfade in der Nähe von Stellungen des *Viet Cong* durch Sprengfallen und einfache Warnanlagen gesichert. Die explodierende Handgranate hatte bei einigen der Soldaten leichte Splitterverletzungen hervorgerufen, die vom Sanitäter notdürftig versorgt wurden. Vom Kanal her ertönten Geräusche, als einige *Viet Cong* sich in einem Boot der Stellung der abwehrbereiten SEALs näherten. Auf deren in vietnamesischer Sprache gerufenen Aufforderung, sich zu ergeben, eröffneten sie das Feuer aus ihren *AK-47* Sturmgewehren. Nach einem kurzen Schußwechsel fanden sie im zusammengefassten Feuer des *Teams* den Tod.

Das Lager lag nun bereits in unmittelbarer Reichweite, aber der Pfad und das umliegende Gebiet waren mit zahlreichen Minen und anderen Sperren unpassierbar gemacht worden. So begaben sich die Kampfschwimmer in das schlammige Wasser des Kanals und arbeiteten sich mühsam an das Lager heran. Mittlerweile überflogen Kampfflugzeuge und Hubschrauber den Einsatzraum, nahmen das Lager mit Raketen unter Beschuß und belegten es mit Feuer aus ihren Bordwaffen. Nach Erreichen des Lagers igelte sich der Trupp zunächst ein und begann dann, nach den Gefangenen zu suchen. Die Masse der gegnerischen Kräfte war nach den Luftangriffen geflohen. Lediglich eine Nachhut nahm den Trupp unter Beschuß. Nach einem erneuten Luftangriff ebbte das Feuer ab und verstummte schließlich, als die letzten *Viet Cong* sich absetzten. Ihre Verfolgung schien sinnlos.

Im Lager brannten noch die Kochfeuer, aber in den Gefangenenkäfigen herrschte gähnende Leere. Die meisten der südvietnamesischen Gefangenen hatten das heillose Chaos während des Gefechts genutzt und sich selbst befreit. Andere waren von ihren Wächtern mitgenommen worden. Zu diesen Unglücksraben gehörten auch die beiden Amerikaner. Man fand noch deutliche Hinweise auf ihre Anwesenheit, aber die beiden wertvollen Gefangenen waren sofort nach Beginn des Angriffs fortgebracht worden.

Mit den Befreiten zog sich der Trupp zum Ufer zurück, wo er vom Transportboot aufgenommen wurde. Die Hubschrauber sicherten den Rückzug so lange, bis der letzte Mann das offene Meer erreicht hatte. Vorher vernichteten sie die noch verbliebenen Reste des Stützpunktes und kehrten dann auf einen Flugzeugträger zurück.

Obwohl die Befreiung der amerikanischen Soldaten nicht gelang, meldeten die an dem Einsatz Beteiligten einen erfolgreichen Abschluß der Operation. Ein halbes hundert Südvietnamesen war der Hölle der Gefangenschaft entronnen, in der einige von ihnen bereits seit Jahren geschmachtet hatten.

Unternehmen »Phönix«. CTT, PRU – berüchtigte Terroreinheiten

Der Krieg in Vietnam war von Grausamkeit, Tücke, Terror und Brutalität auf beiden Seiten geprägt. Besonders der Viet Cong versuchte die neutrale Zivilbevölkerung mit allen Mitteln für seine Zwecke zu nutzen, und schüchterte Frauen und Männer mit schrecklichen Grausamkeiten systematisch ein. Ganze Dorfgemeinschaften fanden ein grauenhaftes Ende – niemand wurde geschont. Die Gegenseite griff von Fall zu Fall ebenfalls zu brutalen Mitteln und schlug mit Härte zurück. Ein einseitiges Nachgeben wäre als Schwäche ausgelegt und vom Gegner entsprechend ausgenutzt worden. Im Mittelpunkt der Vergeltungsmaßnahmen stand das Bestreben, die Führungsstrukturen des Viet Cong zu zerschlagen oder empfindlich zu stören.

Der Nachrichtendienst *CIA* baute um das Jahr 1965 die erste darauf abzielende, als *Counter Terror Team (CTT)* bezeichnete Organisation auf. Es gab weitere Programme mit verschiedenen Bezeichnungen. Als ausführende Organisation operierten die *Provincial Reconnaissance Units (PRU)*. Als Ausbilder und Berater fungierten eine Reihe von Angehörigen der US-Streitkräfte, die für die Dauer des Sondereinsatzes an den Nachrichtendienst ausgeliehen wurden. Die Verantwortung lag

Dieser nachdenklich dreinblickende Angehörige eines SEAL-Trupps an Bord eines PBR auf einem der vielen Wasserläufe Vietnams trägt über der Jacke der tarngefleckten Tropenuniform eine selbstgefertigte olivgrüne Weste. Viele der SEALs trugen derartige, mit mehreren zusätzlichen Taschen versehene Westen, da sie das Gewicht der darin mitgeführten Ausrüstung und Munition gleichmäßig auf die Schultern verteilten und gleichzeitig die Bewegungsfreiheit nicht einschränkten. Der SEAL führt das 1963 eingeführte einschüssige Kipplauf-Granatgewehr M-79, eingerichtet zum Verschießen von Granatpatronen im Kaliber 40 mm x 46. Die aus der Waffe verfeuerte Munition – darunter Patronen mit Kanister-Ladung (buckshot – Posten) – erwies sich in der in Vietnam vorherrschenden dichten Vegetation als besonders wirkungsvoll.

also eindeutig in den Händen der *CIA.* Hauptsächlich rekrutierte sich das Personal aus *»Green Berets«* der *Army,* Angehörigen anderer Sondereinheiten sowie einer Anzahl SEALs, deren Operationsgebiet im Mekong-Delta lag.

Mit dem *»Detachment Bravo«* beteiligte sich die *Navy* im Rahmen der Einsätze ihrer sogenannten »Braunwasser-Marine« am Operationen der *PRUs.* Verteilt auf die Provinzen der Region wirkten sie meist einzeln oder in Zweimann-Trupps als Berater der örtlichen *PRU*-Kräfte in Zug- bis Bataillonsstärke. Die Einheimischen, die sich freiwillig zum Dienst in diesen leicht bewaffneten Einheiten meldeten, verfügten zwar meist über gute Ortskenntnisse, ihr Gefechtswert war aber recht unterschiedlich. Unter ihnen fanden sich Fahnenflüchtige, die einen Unterschlupf suchten, Ganoven und anderes zwielichtiges Gesindel – oftmals Männer, die nichts mehr zu verlieren hatten. Trotz dieser lichtscheuen Elemente existierten aber auch viele militärisch straff geführte und disziplinierte Einheiten.

Ihr Auftrag bestand darin, die Organisation des *Viet Cong* aufzubrechen, und örtliche Führer, Spione, Verbindungsleute und Steuereintreiber aufzuspüren und gefangenzunehmen. In der Praxis führte die Machtfülle der Häscher, die ihre Informationen meist von den verschiedenen Geheimdienst-Organisationen bezogen, oftmals wiederum zu Terror und massiven Ausschreitungen. Manche Einheiten machten – entgegenlautenden Anweisungen zum Trotz – keine Gefangenen, plünderten nach Gutdünken, und suchten sich mit Vorliebe Steuereintreiber aus, deren Gelder dann in ihren Taschen verschwanden. Als Tätigkeitsnachweise brachten sie erbeutete Waffen und in einigen Fällen sogar die Ohren der Getöteten von ihren Streifzügen mit. Die meisten Aktionen fanden nach vorhergegangener sorgfältiger Aufklärung in den Nachtstunden statt. Von schallgedämpften Schußwaffen, Hieb- und Stichwaffen, machten die Südvietnamesen regelmäßig Gebrauch. Ortschaften und Wohnungen wurden umstellt und dann systematisch nach Waffen und verräterischen Gegenständen durchsucht. Wer in Verdacht geriet, kam in eines der berüchtigten Verhörzentren und wurde eingehend, oft unter Folter, befragt. Auf diese Weise konnten erhebliche Erfolge im Kampf gegen den *Viet Cong* erzielt werden. Die Brutalität und Rücksichtslosigkeit mancher »Verhör-Experten« machte sich so aus der Sicht der Häscher bezahlt.

Die als Berater eingesetzten SEALs bemühten sich, ihre Verbündeten zur Einhaltung der Regeln des internationalen Kriegsrechts zu bewegen und drängten darauf, daß Gefangene eingebracht wurden. Von diesen waren wichtige Informationen über die Feindlage zu erhalten. Einige erklärten sich sogar dazu bereit, die Seite zu wechseln. Während der Einsätze trugen viele der SEALs die landesübliche Bekleidung. Eine strenge Uniformordnung gab es nicht, und die Berater kleideten sich nach ihren eigenen Bedürfnissen. Häufig stellte die *CIA* die Waffen. Häufig handelte es sich dabei um ausländische Fabrikate, um eine Beteiligung amerikanischer Stellen zu verschleiern. Nach einer sechsmonatigen Dienstzeit wurden die amerikanischen Ausbilder und Berater gewöhnlich abgelöst.

Nach der *Tet*-Offensive im Februar 1968 *(Tet: buddhistisches Neujahrs-Fest, 30. Januar)* folgte das undurchsichtige sogenannte »Phönix«-Programm *(vietnamesisch: Phung Hoang).* Damit wurde eine noch schärfere Gangart eingeschlagen.

Mit brutalen Mitteln wurde in größerem Rahmen versucht, die Infrastruktur des *Viet Cong* zu vernichten und die Bevölkerung so einzuschüchtern, daß sie den kommunistischen Landsleuten jegliche Unterstützung verweigerte. Auf die Zivilisten wurde wenig Rücksicht genommen. Willkür und Unterdrückung waren an der Tagesordnung. Aber die gezielten Maßnahmen gegen die Kader des *Viet Cong* erzielten große Erfolge. Mehr und mehr mußten Truppen der regulären nordvietnamesischen Armee *(NVA – North Vietnamese Army)* in den Krieg eingreifen, um die Personalverluste auszugleichen. Nach den katastrophalen Verlusten während der *Tet*-Offensive schien die Kampfkraft des *Viet Cong* weitgehend gebrochen, und vermehrt traten die wesentlich besser ausgerüsteten und ausgebildeten Soldaten aus dem Norden in den Vordergrund.

Killer oder nur rauhe Gesellen?

Zweifelsohne gehörten die SEALs zu den vom Gegner am meisten gefürchteten Soldaten. Allein schon in ihrem Äußeren unterschieden sie sich ganz erheblich von den gewöhnlichen GIs. Im Einsatz wurden die Haare oft nach Piraten-Art mit einem Halstuch zusammengebunden. Schlapphüte ersetzten Helme und Dienstmützen. Zudem wurde häufig ein Stirnband (bandana) getragen, um Schweiß und Wasser von den Augen fernzuhalten. Als typisch galten die unmilitärisch lang getragenen Haare und die oftmals wuchernden Bärte.

Die Bekleidung richtete sich nach den praktischen Anforderungen und persönlichen Ansprüchen. Es stand eine Vielzahl verschiedener, mit unterschiedlichen Tarnmustern bedruckter leichter Tropenjacken zur Verfügung. Andere Modelle waren mit großen Taschen und zusätzlichen Schlaufen und Halterungen versehen, um zusätzliche Munition und Ausrüstungsgegenstände mitführen zu können. Gelegentlich wurden anstelle der Uniformhosen privat beschaffte *Jeans* getragen – für traditionsbewußte Berufssoldaten kaum faßbar. Leichte Tropenstiefel mit Lüftungsöffnungen und grobstolligen Sohlen schützten die Füße. Die Metall-Zwischensohlen dieser Stiefel boten zudem Schutz gegen das Eindringen der *punjisticks* – gehärteten und mit Kot beschmierten Bambusspitzen in primitiven Fußfallen des *Viet Cong*.

Die SEALs schleppten gewöhnlich große Mengen aufmunitionierter Magazine, Handgranaten, Rauch- und Tränengaswurfkörper, dazu Zünd- und Sprengmittel. Die oftmals um den Oberkörper geschlungene gegurtete Munition für die Maschinengewehre vermittelte rein äußerlich das Bild von gefährlichen menschlichen Kampfmaschinen. Die furchterregenden Kampfmesser vervollständigten die schauerliche Erscheinung.

Die nervliche Anspannung und die schrecklichen Bilder des Krieges führten bei einigen der meist jungen Soldaten zur Verrohung. Dies kam in der Sprache mancher der SEALs zum Ausdruck. Sprüche wie etwa: *»Wer für Geld tötet ist ein Profi, wer zum Vergnügen tötet ist ein Sadist, wer für Geld und zum Vergnügen tötet ist ein SEAL«*, gelangten in die Medien. Manche Offiziere anderer Teilstreitkräfte lehnten jegliche Zusammenarbeit mit ihnen ab und bezeichneten sie als Totschläger und

Halsabschneider. Allerdings war kaum ein Außenstehender über die wirklichen Aufgaben der Sondertruppe informiert, und so entwickelten sich Vorstellungen, die nicht ganz den Tatsachen entsprechen. Mit den Soldaten anderer Teilstreitkräfte verband sie nicht viel. Eine Ausnahme bildeten die Bootsbesatzungen und die Marine-Pioniere, mit denen sie eng zusammenarbeiteten, oder die Spezialeinheiten, die ihre Kameraden von der *Navy* voll akzeptierten.

Erhielten die SEALs Urlaub, tobten sie sich oftmals so richtig aus und vergaßen Vorschriften und Regeln. Nach Alkoholgelagen kam es dann zu wüsten Schlägereien mit Soldaten anderer Teilstreitkräfte oder mit Zivilisten. Ursache hierfür war teilweise ein unter Alkoholeinfluß zum Ausbruch kommendes unkontrollierbares Überlegenheitsgefühl. Wie gelegentlich bei Angehörigen von Sondereinheiten zu beobachten, verachteten auch die harten und zähen Kämpfer andere *GIs*. Besonders aber mit der Militärpolizei rückten sie häufig zusammen.

Bei Bedarf an zusätzlicher Ausrüstung, deren Beschaffung von der Bürokratie gehemmt wurde, bedienten sich die Froschmänner bei anderen Einheiten und entwendeten was sie brauchten. Alkohol- und Drogenprobleme belasteten auch die maritime Sondertruppe, und die Bekämpfung durch die vorgesetzten Stellen zeigte keine durchschlagenden Erfolge. Gegen Ende des Krieges steigerte sich der Konsum leichter Rauschgifte, die auf dem Schwarzen Markt jederzeit zu haben waren. Drogensüchtige Soldaten wurden zu einem der größten Probleme der amerikanischen Streitkräfte, und es gab erhebliche negative Auswirkungen auf Moral und Kampfkraft der Truppe. Bei den SEALs wurde aber konsequent darauf geachtet, daß zumindest vor und während gefährlicher Kampfeinsätze kein Mißbrauch getrieben wurde.

So waren die meisten SEALs in Vietnam wahrlich keine frommen Chorknaben. Aber auch nicht kriminelle, verruchte, gnadenlose Killer. Es gab wie in jeder militärischen Formation Einzelne, denen ein menschliches Leben wenig bedeutete. Die Mehrzahl jedoch kämpfte anständig und fair. Letzten Endes ist für das Handeln immer die jeweilige Situation entscheidend.

1967 kam es zu einer weiteren Steigerung der Aktivitäten der Sondertruppe. Nach den erfolgreichen Stoßtrupp-Unternehmen und Spreng-Einsätzen des *SEAL Team 1* im Verlauf der Operation »Charleston« wurden im April die Aktionen zur Überwachung ausgeweitet, die Zeiträume verlängert und das Beobachtungssystem ausgebaut. Die Wasserwege wurden ständig durch Spähtrupps überwacht, und in der Folge schrumpfte der Nachschub des Gegners beträchtlich. Ohne jegliche Unterstützung und Versorgung lauerten gut getarnte SEALs entlang der Kanäle und Flußläufe und lieferten weiterhin wertvolle Erkenntnisse.

Im Juni 1967 folgten vermehrt offensive Aktionen. Hinterhalte und Überfälle trugen erheblich zur Verunsicherung des *Viet Cong* bei, der sich nun selbst in seinen Hochburgen nicht mehr sicher fühlen konnte. Im weiteren Verlauf des Jahres steigerten sich die Angriffe. Gleichzeitig schnellten die Verlustzahlen auf Seiten der *Viet Cong* in schwindelerregende Höhen. Mit der Zuführung neuer Spezialboote nahm die Beweglichkeit und die Feuerkraft zu, und der Gegner verlor zahlreiche Dschunken und Boote. Die Kontrolle und Überwachung der Wasserwege bildete nun die Hauptaufgabe der *Teams*. Immer weniger Nachschub aus dem Norden erreichte auf dem Seeweg die im Süden kämpfenden kommunistischen Verbände, die so zur Reduzierung ihrer Kampftätigkeit gezwungen wurden. Mittlerweile befanden sich 27 Offiziere und 113 Unteroffiziere und Mannschaften des *SEAL Team 1* in Südvietnam, aufgegliedert in die Züge »Alpha« bis »Kilo«.

1968 konzentrierten sich einige Einheiten weiterhin auf Kommandounternehmen und Aufklärungseinsätze, andere wurden als Berater einheimischer Verbände und Truppenteilen der *Army* eingesetzt. Im Januar griff das *»Detachment Golf«* einen Stützpunkt des *Viet Cong* bei Binh Thuy an, der die gesamte Schiffahrt in der Provinz Phung Xinh bedrohte. Dabei wurden mehrere Feinde getötet und große Mengen an Waffen und Kriegsmaterial vernichtet.

Ende Januar griff der *Viet Cong* mit starken Kräften zahlreiche größere Städte an und versuchte verzweifelt, die Oberhand zu gewinnen. Das US-Oberkommando mußte alle verfügbaren Kräfte aufbieten, um die Lage wieder unter Kontrolle zu bringen. Auch die SEALs beteiligten sich an zahlreichen mörderischen Straßen- und Häuserkämpfen. Nach kurzer Zeit gelang es, den *Viet Cong* entscheidend zu schlagen und erheblich zu schwächen; die *Tet*-Offensive erreichte ihr Ziel nicht.

Mittlerweile befanden sich 29 Offiziere und 182 Unteroffiziere und Mannschaften von *SEAL Team 1,* in zwölf Züge gegliedert, im Kampfgebiet. Im März griffen drei Gruppen der Kampfschwimmer eine geheime Waffenfabrik an, die von einem Überläufer entdeckt und verraten worden war. Beim Sturm auf die Anlage kamen fünf *Viet Cong* ums Leben, sechs Dschunken und die gesamte Fabrik wurden zerstört. Man fand viele unersetzliche Werkzeuge sowie Material zur Herstellung von Raketen und Granaten. Als die SEALs weiter vorrückten, stießen sie auf ein weitverzweigtes unterirdisches Tunnelsystem mit Waffen und Vorräten. Vier der Untergrundkämpfer fielen im Verlauf des sich entwickelnden Feuergefechts.

Im Verlauf der Operation *»Crimson Tide«* übernahmen die SEALs die Aufklärung und Sicherung für die beteiligten konventionellen Verbände. In der zweiten Jahreshälfte standen gemeinsame ausgedehnte Aktionen mit den gefürchteten Provinz-Aufklärungseinheiten *(PRU)* im Mittelpunkt. Monatlich gerieten mehr als 800 Verdächtige in die Gewalt der *PRU.* Insgesamt verstärkte sich im Jahr 1968 die Gefechtstätigkeit erheblich. Die SEALs lauerten nun weniger in ihren Verstecken, sondern gingen offensiv gegen Stützpunkte des Gegners vor.

1969 befanden sich die *Detachments »Bravo«, »Golf«* und *»Echo«* von *SEAL Team 1* im Land. Zwei weitere Züge ergänzten die *Coastal Surveillance Force 115* (Küstenschutz- und Küstenüberwachung). Nach der Ankündigung der US-Regierung, die Kriegsführung in die Hände der Süd-Vietnamesen zu legen und die eigenen Truppen abzuziehen, wurden auch die *SEAL-Teams* reduziert. Zwei Züge vom *Detachment »Golf«* gingen weiterhin ihrem bisherigen Auftrag nach. Das *Detachment »Bravo«* hingegen bestand nur noch aus 13 Offizieren und 21 Soldaten, und das in Da Nang stationierte *Detachment »Echo«* umfaßte lediglich noch einen Offizier und fünf Mann.

Das *Detachment »Sierra«* verstärkte 1970 noch einmal die Sondertruppe. Die wenigen Einsatz-Züge des *SEAL Team 2* wurden dessen *Detachment »Alpha«* unterstellt. Die Kriegführung wurde nun immer stärker in die Hände der südvietnamesischen

Regierungstruppen gelegt. Die meisten der SEALs wechselten in den Berater- und Ausbilderstatus. Sie unterstützten dabei hauptsächlich die *Lin Dei Nugel Nghai (LDNN)*, die südvietnamesischen Kampfschwimmer.

Eine Handvoll SEALs unterstand weiterhin dem Kommando für Sonderoperationen *(MACV/SOG)*. Grenzüberschreitende Aktionen auf das Gebiet der nach außen hin neutralen Nachbarländer und hinein nach Nordvietnam gehörten immer noch zu den zahlreichen Spezialtäten dieser verdeckt arbeitenden Experten für Sonderkriegführung. Mehrfach griffen sie den strategisch bedeutsamen Hafen von Haiphong an, ein Umschlagplatz für Waffen und Kriegsmaterial aus China und der Sowjetunion. Im Juni 1970 erlitt das *Team 1* schwere Verluste, allerdings in Folge eines Unfalles. Fünf der SEALs kamen bei einem Hubschrauberabsturz ums Leben, als sie von ihrem Stützpunkt auf der Halbinsel Ca Mau nach einem harten Kampfeinsatz zum Urlaub in die nahegelegene Stadt Can Tho fliegen wollten.

Auf Seite der amerikanischen Streitkräfte kamen während des Vietnam-Krieges sogenannte *scout dogs* zum Einsatz – besonders abgerichtete Deutsche Schäferhunde. Durch ihren typischen Instinkt und eine ausgeprägte Wachsamkeit leisteten sie den Soldaten gute Dienste, besonders bei Nachteinsätzen. Die Reaktionen der Hunde warnten bereits frühzeitig vor versteckt lauernden Gegnern. Aber die relativ kurzen Beine der Hunde erwiesen sich als Nachteil. Sie versanken schnell im unergründlichen Schlamm, weshalb die Tiere für derartige Einsätze nur bedingt tauglich waren.

Wenig beliebt waren bei den SEALs die eigentlichen klassischen Aufgaben im Unterwasserbereich. Sie wurden nach Möglichkeit den ebenfalls auf dem Kriegsschauplatz eingesetzten *UDTs* überlassen. Dennoch mußten hin und wieder die Kampfschwimmer auch bei der Bergung der Leichen abgeschossener Flugzeugbesatzungen aus dem Wasser oder beim Aufsprengen enger Wasserstraßen für größere Schiffe tätig werden. Zu den unbeliebtesten Aufgaben gehörten der Minenräumdienst im schmutzigen Flußwasser und das Absuchen eigener Schiffe nach Minen und Sprengsätzen.

Mehr im Schatten der *SEAL Teams* wirkten diese eigentlichen Kampfschwimmer und Taucher in Vietnam. Die erste Einheit wurde vom Marine-Stützpunkt Subic Bay auf den Philippinen nach Südvietnam verlegt. Das *Detachment »Alfa«* übernahm Führungs-, Ausbildungs- und Logistikaufgaben für die übrigen Einheiten. Es fungierte als eine Art Stabs- und Versorgungs-Einheit. *Detachment »Bravo«* spezialisierte sich auf die Strandaufklärung und auf Vermessungsarbeiten. Das *Detachment »Charlie«* operierte von den beiden Unterseebooten PERCH und TUNNEY aus. Es war überwiegend mit Geheim- und Kampfaufträgen betraut. Dabei fuhren die Boote in die Nähe der Ziele, legten sich auf Grund, und die Schwimmer stiegen aus und schwammen die restliche Strecke zum Strand. Dort führten sie die Aufklärung und Erkundung durch und kehrten dann wieder zum Unterseeboot zurück. Eine weitere Taktik bestand im Transport leichter Boote oder Spezialfahrzeuge – die etwas unzutreffend als Kleinstunterseeboote bezeichnet werden – in die Nähe der Küste. Das Unterseeboot tauchte dabei kurz ab, und die Aufklärer legten dann den Rest der Strecke paddelnd zurück.

Fast alle derartigen Aktionen verliefen in der Nacht. Im Camp Tien Sha bei Da Nang war das *Detachment »Delta«* stationiert. Diese Einheit hatte sich auf das Sprengen wichtiger Feindziele spezialisiert und betreute zusätzlich Urlaubs- und Erholungseinrichtungen für das Personal der unterstützenden Marine-Verbände. Die *Detachments »Foxtrott«* und *»Echo«* unterstanden der Amphibischen Bereitschaftsgruppe. Sie übernahmen Aufgaben der Stranderkundung und der Sprengung von Hindernissen. Die *Detachments »Golf«* und *»Hotel«* gehörten zur Flußmarine (*»brown water Navy«*), die entlang der zahlreichen Wasserläufe Südvietnams operierte. Dabei arbeiteten sie eng mit den Küstenpatrouillen zusammen, die versuchten, mit ihren Schnellbooten den Nachschub an Versorgungsgütern auf dem Seeweg zu unterbinden.

Die *UDTs* der Vietnam-Epoche unterschieden sich nur unerheblich von den SEALs. Als aber die SEALs sich mehr und mehr zur offensiven Kommandotruppe entwickelten, blieben diese Trupps stärker dem klassischen Auftrag verbunden. Sie führten schwierige Aufträge unter Wasser durch, arbeiteten eng mit der *Navy* zusammen, und betrieben intensive Strandaufklärung. Auch die eigentlichen Kampfschwimmer waren meist zusätzlich als Fallschirmspringer und Feuerwerker oder Sprengmeister ausgebildet. Sie bezogen eine Gehaltszulage wie die SEALs. Ein Großteil des Personals war in der Zeit des Vietnam-Krieges in die *UDTs 11, 12* und *21* integriert.

Bedingt durch den politischen Umschwung und die erhebliche Verminderung der Truppenstärke reduzierten sich ab 1971 die Kampfeinsätze. Nach und nach verließen die noch verbliebenen SEALs das Land, und zu Beginn des Jahres 1972 befand sich nur noch ein Dutzend der Elitesoldaten in Südvietnam. Aber bis zuletzt beteiligten sie sich – neben ihrer Beraterrolle für die südvietnamesischen Streitkräfte – aktiv an Aufklärungs- und Kampfeinsätzen. Dies manchmal sogar ohne Zustimmung der vorgesetzten Dienststellen und auf eigenes Risiko. Im Juni 1972 fiel der letzte *SEAL* – ein Angehöriger des *SEAL Team 1* – im Einsatz auf dem Kriegsschauplatz in Vietnam.

Vom Verschwinden der supergeheimen Einheit nahmen Außenstehende keine Notiz. Über Jahrzehnte hinweg blieb der Kampfeinsatz der Sondertruppe im Dunkel. Nur vage kamen mit der Zeit einige Fakten an die Öffentlichkeit. Es ist nur zu verständlich, daß die Veteranen bemüht waren, im Hintergrund zu bleiben, um nicht in Schwierigkeiten zu geraten. Dabei hielten sich natürlich die ehemaligen Angehörigen der verdeckt eingesetzten Spezialeinheiten, die in den heutigen offiziellen Chroniken bewußt keine Erwähnung finden, besonders zurück.

Weit mehr als eine halbe Million amerikanischer Soldaten befanden sich auf dem Höhepunkt des Krieges in Vietnam. Verglichen damit erscheint die Anzahl der 150 bis 200 SEALs minimal. Die Höchststärke von kaum mehr als einem Dutzend Zügen wurde nicht überschritten. Am stärksten vertreten was das *SEAL Team 1*, aber auch das *Team 2* stellte Personal. Auf das Konto dieser kleinen Truppe gehen wenigsten 600 – meist im Kampf Mann gegen Mann – gefallene Gegner. Die tatsächliche Zahl dürfte aber weitaus höher liegen. Weit über 1000 *Viet Cong* konnten gefangengenommen werden. Der dem Gegner zugefügte Schaden erscheint im

Vergleich zu den eingesetzten geringen personellen und materiellen Mitteln enorm. Allein das Gewinnen aktueller Erkenntnisse über den Gegner kann nicht hoch genug bewertet werden. Die Vernichtung von Versorgungsgütern, Waffenfabriken und Stützpunkten schädigte die kommunistischen Untergrundkämpfer erheblich. Anders als in den übrigen Landesteilen konnte sich der *Viet Cong* in der Region des Mekong-Deltas, dem hauptsächlichen Operationsgebiet der SEALs, nicht zu größeren, erfolgreichen Angriffen entschließen, und blieb weitgehend in der Defensive. Die SEALs sicherten Schiffstransporte mit Kriegsmaterial, hielten Gewässer und Flußufer Minen- und Feind-frei, und machten dem Piratenunwesen ein Ende.

Von den Angehörigen der kleinen Sondertruppe wurden mehrere mit der *Medal of Honor,* mehr als 50 mit dem *Silver Star,* 402 mit dem *Bronce Star,* und hunderte mit dem *Purple Heart* beliehen. Dabei hielten sich die eigenen Verluste durchaus in Grenzen – im Kampfeinsatz fielen weniger als zwanzig SEALs. Allerdings kam es zu weiteren Verlusten durch Unfälle und andere Ursachen.

Gefährliche *Aufgaben* *in einer* unruhigen Welt

Im Frühjahr 1975 brach Südvietnam militärisch zusammen. Kommunistische Panzer überrollten die Reste der südvietnamesischen Armee und drangen zügig in die Hauptstadt Saigon ein. Die letzten Amerikaner retteten sich überhastet vom Dach ihres Botschaftsgebäudes mit Hubschraubern. Marines übernahmen dabei die Sicherung der Evakuierung. Zurück blieben verzweifelte Menschen, der Willkür der Sieger überlassen. Das Ansehen der USA erreichte weltweit einen Tiefpunkt. Gedemütigt mußte die weitgehend handlungsunfähige Supermacht Hohn und Spott über sich ergehen lassen.

Am 12. Mai 1975 kaperten kambodschanische Kriegsschiffe nahe der Insel Poulo Wai im Golf von Thailand das amerikanische Handelsschiff MAYAGUEZ. Präsident Ford ordnete nach dem Bekanntwerden des Übergriffs den sofortigen Einsatz von Streitkräften an, um Mannschaften und Schiff zu befreien. Mit Hubschraubern eingeflogene starke Kräfte der *Marines* unternahmen eine Befreiungsaktion, die aber wenig Erfolg zeigte. Während des Sturms auf die Insel Koh Tang erlitt die Kampfgruppe erhebliche Verluste, und die »Ledernacken« mußten sich zunächst zurückziehen. Dabei blieben die Leichen der gefallenen Hubschrauber-Besatzungen und Marineinfanteristen sowie nachrichtendienstlich wertvolles Material zurück. Nun sollte ein vom philippinischen Stützpunkt Subic Bay per Lufttransport herangebrachter Zug der SEALs versuchen, die feindbesetzte Insel mit Booten zu erreichen und die Leichen und Geheimunterlagen bergen – unbewaffnet und unter dem Schutz der weißen Parlamentärs-Flagge! Der Zugführer, *Lieutenant*

Junior Grade (Fähnrich zur See) Coulter bewies Zivilcourage und weigerte sich dem befehlshabenden Admiral gegenüber, den mit zu vielen Risiken behafteten Befehl auszuführen. Stattdessen machte er einen Gegenvorschlag. Dieser sah eine heimliche, getauchte Annäherung in den Nachtstunden vor mit dem Ziel, den Auftrag verdeckt durchzuführen.

In der Zwischenzeit überschlugen sich die Ereignisse. Gefangene und das Schiff wurden freigegeben, und es bestand keine weitere Notwendigkeit mehr für ein militärisches Eingreifen.

Das auf den verlorenen Krieg in Vietnam folgende Jahrzehnt stürzte die amerikanischen Streitkräfte in eine schwere Sinnkrise. Bereits gegen Ende des Krieges waren Moral und Kampfkraft der *GIs* beängstigend gesunken. Die Wehrpflicht mußte ausgesetzt werden, Drogen- und Alkoholprobleme erschütterten die Truppe. Ein Großteil der kriegserfahrenen Soldaten kehrte den Streitkräften den Rücken, und besonders die Spezialeinheiten, die zeitweise sehr hoch im Kurs gestanden hatten, standen nun auf den Streichlisten an oberster Stelle. Es kam zu massiven Kürzungen bei sämtlichen Sondereinheiten aller Teilstreitkräfte, von der auch die SEALs nicht verschont blieben. In den folgenden Jahren ergaben sich zwar einige kleinere Einsätze, aber der maritimen Sondertruppe wurde insgesamt keine größere Bedeutung beigemessen.

Erst 1983 erfolgte eine Neugliederung der Kräfte. Dabei verschwanden die *UDTs*, die in den nun personell verstärkten *SEAL Teams* aufgingen. Aus *UDT 11* und *UDT 20* entstanden das *SEAL Team 4* beziehungsweise das *SEAL Team 5*. Das *UDT 12* sowie das *UDT 22* bildeten den Kern für das *SDV Team 1* beziehungsweise das *SDV Team 2*. Grundausbildung und große Teile der Fachausbildung beider Formationen sind weitgehend identisch. So glaubte man, durch die Zusammenlegung mehr Effizienz erreichen und Kosten sparen zu können. Nach anfänglicher Opposition seitens der reinrassigen Kampfschwimmer klappte dann die Zusammenlegung doch einigermaßen. Aber es herrschten noch erhebliche Defizite und Lücken in den einsatztaktischen Sektoren, die später noch für Probleme zwischen den »Blauwasser«- und den »Braunwasser«-SEALs sorgen sollten. Trotz der Umorganisation blieb es praktisch aber weitgehend bei der alten Arbeitsteilung. Die umbenannten Einheiten gingen weiterhin überwiegend ihrer vorherigen Tätigkeit nach.

Die Verlagerung des Interesses auf die konventionellen und strategischen Verbände in der Epoche nach dem Vietnam-Krieg führte zu einem weitgehenden Abbau der Sondereinheiten. Wie sich dann bald zeigte, verloren die USA dadurch erneut fast jede militärische Handlungsfähigkeit im Vorfeld größerer Konflikte. Es ist nicht möglich, konventionelle Panzerverbände im untersten Konfliktspektrum wirksam einzusetzen, oder einen atomaren Schlagaustausch im Falle einer geringfügigen Konfrontation zu riskieren. So waren die USA 1979 nach der Geiselnahme ihrer Botschaftsangehörigen in Teheran trotz ihrer gewaltigen Militärmacht nicht in der Lage, effektive militärische Gegenmaßnahmen zu ergreifen. Eine unkoordiniert und unüberlegt gestartete Befreiungsaktion im Frühjahr 1980 führte zwar nicht zur Befreiung der Festgehaltenen, aber zu einem blamablen Disaster beim Zwischenhalt *»Desert One«* im Iran. Diese Erfahrung sollte erhebliche Auswirkungen auf die

Notwendigkeit und Bedeutung künftiger militärischer Sondereinheiten haben. So kam es zu einer Aufwertung der *Special Operations Forces,* deren Wiederaufbau nun in allen Teilstreitkräften forciert vorangetrieben wurde. Die sich gleichzeitig verschärfende politische Wetterlage und ein letztes Finale im »Kalten Krieg« brachten eine weitere Zunahme militärischer Aktivitäten mit sich. Der neue Präsident Reagan unterstützte noch die Bemühungen zur Erhöhung der militärischen Stärke und förderte vor allem den Aufbau von Spezialeinheiten zur Bekämpfung des internationalen Terrorismus. Die im Iran nicht wirkungsvoll zum Einsatz gekommene *Delta Force* der US Army bedurfte einer Ergänzung im maritimen Bereich. Hierfür griff man gerne auf die SEALs zurück.

Bereits 1978 bereiteten sich Teile von *SEAL Team 2* inoffiziell auf Geiselbefreiungen und Rettungsunternehmen vor. Am 1. Oktober 1980 entstand aus diesem Vorläufer das neue *SEAL Team 6,* welches nach seiner Einsatzreife dem Kommando für Sonderoperationen unterstellt wurde. Die kommenden Jahre sollten sich wesentlich von den zurückliegenden Zeiten unterscheiden und neue Herausforderungen an die Streitkräfte stellen. Ein erster Test ergab sich schon kurze Zeit nach der Gründung. Wie schon mehrfach in der Vergangenheit geschehen, intervenierten die USA wieder einmal in der Karibik. Sie besetzten in einer sogenannten »Polizei«-Aktion die kleine Insel Grenada. Dort hatten kommunistische Kräfte die Macht übernommen, die legale Regierung gestürzt, und drohten nun, eine große Zahl amerikanischer Bürger – hauptsächlich Studenten und Touristen – in Geiselhaft zu nehmen. Spontan entschloß sich die US-Regierung unter Präsident Reagan militärisch zu intervenieren und auf ihre Art für Ruhe und Ordnung zu sorgen.

Wie schon die Bezeichnung des Unternehmens »Urgent Fury« verrät, handelte es sich um einen ziemlich improvisierten Einsatz der riesigen Militärmacht gegen einen nicht gerade vor militärischer Kraft strotzenden Gegner. Die größte Militäraktion seit Ende des Vietnam-Krieges zeigte wesentliche Schwächen auf, und es kam zu weiteren Umstrukturierungen innerhalb der Streitkräfte. Dies vor allem mit der Schaffung einer strafferen Organisation und beweglicher Krisen-Reaktionskräfte. Es ergaben sich schwere Pannen und die Zusammenarbeit zwischen den einzelnen Teilstreitkräften, die alle an dem Abenteuer teilhaben wollten, zeigte gravierende Mängel. Als ungenügend erwies sich auch die Arbeit der Geheim- und Nachrichtendienste. Die USA mußten schließlich neun ihrer besten Bataillone aus den Reihen der *Rangers* und Fallschirmjäger auf die Insel werfen, um ihr eigentlich einfaches Ziel zu erreichen.

Neben konventionellen Luftlandetruppen und Marineinfanteristen beteiligten sich zahlreiche Spezialeinheiten aller Teilstreitkräfte an der Operation und erlitten unverhältnismäßig hohe Verluste.

Die Planung hatte einen Überraschungsangriff am frühen Morgen des 25. Oktobers 1983 vorgesehen. Dabei sollten die *Rangers* im Rahmen einer Luftlandung im Süden der Insel mit dem Fallschirm abspringen, die *Marines* im Norden landen und angreifen. Vor oder gleichlaufend mit der Operation war ein Einsatz von Sondereinsatzkräften eingeplant, darin eingeschlossen SEALs von *SEAL Team 6* und von *Team 4*.

Angehörige von *SEAL Team 6* sollten mehrere Tage vor der Invasion heimlich Sendeanlagen in der Nähe des Flugplatzes Point Salines anbringen, um mit den Funksignalen den amerikanischen Flugzeugen Navigationshilfe zu leisten. Man wählte die SEALs, denen mehrere *Combat Controllers* der *Air Force* als technische Experten zugeordnet waren, da ein Fallschirmabsprung auf die Insel in diesem frühen Stadium zu risikoreich erschien. Eine Annäherung auf dem Seeweg wurde als die bessere Lösung angesehen. Vorgesehen war jeweils eine achtköpfige *SEAL*-Gruppe mit einem sogenannten *Boston Whaler*-Boot. Ein Spezialflugzeug sollte es in einiger Entfernung von der Insel abwerfen. Nicht weit von diesem Punkt entfernt lag ein Zerstörer mit den Einweisern der *Air Force* an Bord. Diese sollten in die Boote übernommen und gemeinsam an Land gebracht werden. Weiter war geplant, die Peilsender in der Nähe des Flugplatzes aufzustellen, den Platz aufzuklären, und versteckt auf die Ankunft der *Rangers* zu warten.

Bereits in der Anfangsphase tauchten die ersten Probleme auf. Die Transportflugzeuge hielten den Zeitplan nicht ein, und die mit Ausrüstung total überladenen SEALs mußten bei völliger Dunkelheit einen Nachtabsprung ins Ungewisse riskieren. Zudem herrschte schlechtes Wetter mit rauher See – denkbar ungünstige Umstände für einen Wassersprung. Als erstes segelten die auf Paletten verzurrten Boote in das aufgewühlte Wasser. Wenig später folgten die SEALs und verschwanden sofort im tiefen Wasser. Das Gewicht der Ausrüstung zog sie teilweise bis zu zwanzig Meter unter die Wasseroberfläche, und drei Mann des ersten Trupps ertranken; der zweite Trupp verlor ein Mitglied. Insgesamt beteiligten sich sechzehn SEALs an einem äußerst risikoreichen, unüberlegten Einsatz, der in keinem Verhältnis zum angestrebten Ziel stand. Das erste *Team* konnte sein Boot nicht finden und trieb stundenlang auf der stürmischen See. Erst nach Anbruch des Tageslichtes konnten sie von einer Rettungsmannschaft der *Navy* aus den Fluten aufgefischt werden. Die zweite Gruppe erreichte mit ihrem Boot den Zerstörer und nahm die Experten der Luftwaffe an Bord. Aber auf dem Weg an Land kam ihnen ein grenadisches Patrouillenboot in die Quere und sie mußten unverrichteter Dinge zum Zerstörer zurückkehren. Da man sich scheute, die Operation wegen der mißlungenen Aktion zu lange zu verschieben, erfolgte in der folgenden Nacht ein erneuter Versuch. Auch dieser schlug beim Auftauchen gegnerischer Schnellboote fehl. Hinzu kamen peinliche technische Pannen am Motor des Bootes, der lange nicht ansprang. Im entstehenden Durcheinander wurden die Angriffstermine verschoben und auf die Tageszeit verlegt, was in der Folge zu weiteren unnötigen Verlusten führte. Bedauerlicherweise ergab es sich, daß die Anbringung der Navigationshilfen im Grunde nicht notwendig war. Die anfliegenden Flugzeuge konnten mit dem internen Bordgerät durchaus ihr Ziel finden und setzten dies auch wenig später um. So erwies sich der Verlust der vier ertrunkenen SEALs als um so tragischer.

Ein weiterer Auftrag für das *SEAL Team 6* bestand in der Eroberung des Radiosenders Beausejour, etwa sechs Kilometer nördlich der Hauptstadt St. George. Die Verschiebung der Zeitpläne und erhebliche Verzögerungen beim Anflug der *»Black Hawk«*-Hubschrauber führten dazu, daß die Kommandotruppe erst bei vollem Tageslicht die Insel erreichte – eine für die Durchführung eines Sondereinsatzes völlig unmögliche Situation. Es war nicht schwer, die Rundfunkstation in der Nähe des Strandes zu finden. Ein hoher Sendemast ist auch von einem ortsunkundigen Piloten kaum zu übersehen. Die schwachen Sicherungen wurden problemlos überwältigt und im Gebäude festgesetzt. Nun galt es, den Sender bis zum Eintreffen von Verstärkungen zu halten. Einige Feldposten besetzten das umliegende Gelände und konnten schwache Feindkräfte abwehren und gefangennehmen. Am Vormittag spitzte sich die Situation plötzlich beängstigend zu. Ein gepanzertes Gefechtsfahrzeug und weitere Fahrzeuge näherten sich. Die aufgesessenen Schützen belegten das Rundfunkgebäude mit Maschinengewehr- und Granatwerferfeuer. Die SEALs gerieten zunehmend in Bedrängnis und waren mit ihrer leichten Bewaffnung nicht in der Lage, sich effektiv gegen die Angreifer zu wehren. Jegliche Luftunterstützung fehlte. Es war vergessen worden, *AC-130 »Spectre« Gunships* für die notwendige Feuerunterstützung der Sondereinsatzeinheiten einzuplanen. Die Lage der nun eingeschlossenen SEALs entwickelte sich zunehmend kritisch. Als sich der Belagerungsring dichter schloß, und das aus allen Rohren feuernde gepanzerte Gefechtsfahrzeug immer näher kam, setzten sich die SEALs ab, und zwar – wie es sich für die Sondertruppe der *US Navy* wohl gehört – in Richtung Strand. Bis zum Einbruch der Dunkelheit versteckt, schwammen die SEALs anschließend zum Zerstörer CARON. Dies wurde dadurch erschwert, daß sie den verwundeten Zugführer in Schlepp nehmen mußten. Kurze Zeit später vernichteten Luftangriffe und Artilleriefeuer den Sender. Diese Entscheidung hätte bereits zu einem früheren Zeitpunkt getroffen werden können und hätte das Risiko der Beteiligten erheblich vermindert.

Eine weitere Aktion hatte ebenfalls keinen positiven Einfluß auf den Verlauf der Invasion, gefährdete aber unnötigerweise die Beteiligten erheblich. Es ging dabei um die Eroberung des Regierungsgebäudes und den Schutz des britischen Gouverneurs, einer politisch außerordentlich wichtigen Schlüsselfigur des gesamten Unternehmens. In zwei Hubschraubern näherten sich die SEALs von *Team 6* dem Gebäude und versuchten, sich aus der Standschwebe in den Garten des Gebäudes abzuseilen. Aber starkes Abwehrfeuer zwang die Piloten, die Aktion abzubrechen und zum Hubschrauber-Träger GUAM zurückzufliegen. Der erste Versuch kostete bereits eine Anzahl Verwundeter, die auf dem Träger medizinisch versorgt wurden. Es kam zu einem erneuten Anflug und nun landete das *Team* auf dem Tennisplatz hinter dem Regierungsgebäude. Die einheimischen Polizisten leisteten keinen Widerstand und wurden gefangengenommen. Der Zugführer meldete sich beim Gouverneur, Sir Paul Scoon, und informierte ihn, daß die Sondertruppe die Verantwortung für seine Sicherheit übernommen habe. Es war aus politischen Gründen äußerst wichtig, den hohen Regierungsbeamten zu schützen, da praktisch nur er die völkerrechtliche Legitimation für die Blitzaktion ausländischer Truppen erteilen konnte. Allgemein wurde davon ausgegangen, daß in kurzer Zeit wesentliche eigene Verstärkungen am Boden eintreffen würden. Aber die Sache entwickelte sich nicht wie geplant. Die SEALs sicherten das Gebäude und brachten die *VIPs (Very Important Persons* – bedeutende Persönlichkeiten) geschützt unter. Kurze Zeit später gingen grenadische Einheiten zum Angriff über, unterstützt von mehreren Schützenpanzern. Erneut zeigte es sich, daß die Ausstattung der Spezialeinheit mit lediglich leichten Waffen nicht der Situation entsprach, und das Fehlen jeglicher Panzerabwehr-Handwaffen machte sich schmerzlich bemerkbar. Der verantwortliche Offizier, *Lieutenant* Davis, zögerte nicht lange, und rief über das örtliche Telefonnetz die Flughafenzentrale an. Dort hatten bereits amerikanische Soldaten das Kommando übernommen, und die Anforderung von Unterstützung durch die Luftwaffe hatte umgehend Erfolg. Die Angreifer mit den Schützenpanzern waren nicht in der Lage, den Regierungssitz im Sturm zu nehmen. Aber auch der *SEAL*-Zug saß fest und konnte einen Ausbruch zu den eigenen Stellungen nicht wagen. So mußte die Truppe mit ihren Schützlingen 24 Stunden ausharren, bis es endlich am folgenden Morgen einer Kompanie der *Marines* gelang, durchzubrechen und Verbindung aufzunehmen.

An der Invasion der Karibikinsel beteiligte sich ebenfalls ein Zug von *SEAL Team 4*. Die Einheit begleitete einen Verband der *Marines*, der sich gerade auf Kurs Richtung Mittelmeer befand, zur Ablösung der in Beirut eingesetzten Kräfte. Nach dem Angriffsbefehl auf Grenada wurden die »Ledernacken« kurzfristig umdirigiert und erhielten den Auftrag, auf der Insel zu landen. Wie gewöhnlich sollten die SEALs in bewährter Manier die nordöstliche Küste erkunden. Im Grunde handelte es sich bei den Angehörigen dieses Teams um *UDT*-Kampfschwimmer, die erst wenige Monate zuvor lediglich die Bezeichnung gewechselt hatten, noch aber ihrer traditionellen Einsatzweise verbunden waren. In einer Entfernung von 25 Kilometer zur der Küste verließen sie das Amphibische Dockschiff FORT SNELLING und gingen in die Fiberglasboote. Nach einer mühevollen Nachtfahrt auf stürmischer See gelang es ihnen, unbemerkt zu landen und aufzuklären. Der Flugplatz wurde nur leicht verteidigt, nicht so gut sah es jedoch am Strand aus. Die hohe Brandung und ein stürmischer Wind erwiesen sich für ein amphibisches Unternehmen als sehr gefährlich. Lediglich besonders robuste Vollketten-Landungsfahrzeuge hatten eine Chance, ungeschoren trockenen Boden zu erreichen. Per Funk ging die Meldung an die Landungsflotte und dort wurde entschieden, eine Luftlandung per Hubschrauber vorzunehmen. Mit dieser Aktion erreichten die »Ledernacken« rasch die vorgegebenen Angriffsziele und konnten fast übungsmäßig Vollzug melden.

Nach wenigen Tagen kapitulierten die »Revolutionäre«, und bald herrschten auf der einstmals verträumten Karibikinsel – zumindest äußerlich – wieder Ruhe und Frieden.

Die USA hatten nach einem Dutzend Jahren die erste größere Militäraktion seit dem Debakel in Südostasien gewagt und auch siegreich bestanden. Aber eine Fülle von Fehlern und Schwächen offenbarte, daß nicht alles optimal ablief. Die relativ hohen Verluste hätten bei einer sorgfältigeren Planung und professionelleren Durchführung auf ein Minimum reduziert werden können. Im Grunde gab es keinen ernsthaften Gegner und die erdrückende Übermacht der Amerikaner schien den tatsächlichen Kräfteverhältnissen keineswegs angemessen zu sein. Böse Pannen ergaben sich in der strategischen Aufklärung, und auch die Nachrichtendienste hatten wieder einmal nichts Substantielles zu bieten, als sie kurzfristig Analysen und Hintergrundmaterial bereitstellen sollten. Trotz der seit Monaten sich steigernden gefährlichen Entwicklung auf der Insel waren in dieser Hinsicht keine Vorarbeiten festzustellen. Die Militäraktion erwies sich als zu voreilig geplant und ungenügend vorbereitet. Die üblichen Reibereien und Rivalitäten der Teilstreitkräfte untereinander sorgten dafür, daß die Pannen praktisch vorprogrammiert waren. Das zeigte sich vor allem beim Einsatz der verschiedenen Spezialeinheiten. Für diese bedeutete Grenada die Feuertaufe, den ersten größeren Kampfeinsatz nach ihrer Wiedergründung. Jeder wollte dabeisein und Ruhm einheimsen.

Das Oberkommando der triphibischen Aktion lag in den Händen eines Admirals der *US Navy.* Den Löwenanteil der beteiligten Kräfte stellte aber die *US Army* mit Brigaden der *82nd Airborne Division* (82. Luftlande-Division), den beiden *Ranger*-Bataillonen und der Sondereinsatztruppe *Delta Force.* Auch die Luftwaffe gedachte ihre *Combat Control Teams* gut herauszubringen, konnte aber bei einem Teil der Flugzeuge nicht einmal Besatzungen bereitstellen, die für Spezialeinsätze geschult waren. Schließlich setzte der Kommandierende Admiral durch, daß die Aufklärung im Vorfeld den SEALs übertragen wurde. Mit schwachen Kräften sollten sie vier der schwierigsten Sonderaufträge durchführen. Es gab überdurchschnittlich hohe Verluste bei den SEALs und den weiteren Spezialeinheiten, auch bei der Antiterroreinheit *Delta Force.* Dort sollen mehrere Soldaten bei Abstürzen umgekommen sein, und ein Trupp wurde angeblich regelrecht zusammengeschossen. Das komplizierte Unternehmen, bei dem vier Kampfschwimmer ertrunken sind, war im Grunde überflüssig, und wurde unter Nichtbeachtung einer Vielzahl von Risiken vorgenommen. Die notwendige Strandaufklärung hätte das regional zuständige *SEAL Team 4* vom Stützpunkt Puerto Rico mit einem wesentlich geringeren Aufwand ausführen können. Aber es ging besonders dem *SEAL Team 6* darum, die Gunst der Stunde zur Demonstration der eigenen Leistungsfähigkeit zu nutzen. Insgesamt beurteilt ergaben sich schwere Führungs- und Koordinierungsfehler, die teilweise den vermeidbaren Tod von Soldaten zur Folge hatten. So mußte ein findiger Offizier notgedrungen seine private Kreditkarte benutzen, um auf dem Umweg über einen Stab in Fort Bragg telefonisch Luftunterstützung anzufordern. Die Fernmeldeverbindungen untereinander klappten nicht, da mit unterschiedlichen Geräten auf verschiedenen Frequenzen gearbeitet wurde und eine Abstimmung nicht erfolgte.

Nach Beendigung der Militäraktion arbeiteten die amerikanischen Streitkräfte allerdings die Erfahrungen gründlich auf und zogen ihre Lehren daraus. Energische Maßnahmen wurden ergriffen, um die Rivalität zwischen den Teilstreitkräften zu beseitigen. Der Konkurrenzneid innerhalb der Streitkräfte hat mittlerweile deutlich nachgelassen, trotz oder vielleicht gerade aufgrund der massiven Reduzierungen nach dem Ende des »Kalten Krieges«. Die peinlichen Pannen führten zu einer Überprüfung der gesamten Kommandostruktur der Streitkräfte der USA. Da gerade Spezialoperationen ein Zusammenwirken aller Waffengattungen erforderlich machen, entstand ein neues, Teilstreitkräfte-übergreifendes Oberkommando für den Bereich *Special Operations,* eine dringend notwendige Konsequenz in Anbetracht der mißglückten Geiselbefreiungsaktion im Iran einige Jahre früher und ähnlicher Defizite.

Nun befanden sich nicht nur die hochspezialisierten Antiterror-Einheiten (*SEAL Team 6, Delta Force,* Teile der *Air Force, Red Cells),* sondern alle *Special Operations Forces,* einschließlich der Experten für psychologische Kampfführung und Zusammenarbeit mit der Zivilbevölkerung, unter einem Dach. Einen außerordentlich hohen Stellenwert nahmen nun die vorher wenig beachteten Spezialtruppen im Gesamtverbund der Streitkräfte ein, die personell und materiell in wenigen Jahren mehr als verdoppelt wurden.

Dieser *Boom,* der auch in gewisser Hinsicht auf die sich verändernde Weltlage und die vorläufig letzte Konfrontation mit dem Osten zurückzuführen ist, führte zu einer Vergrößerung der maritimen Sondereinsatzverbände. Erstmals in ihrer Geschichte erreichten die SEALs im Frieden einen Umfang von 60 Einsatzzügen, eine Iststärke von über 2000 Mann in vier *Teams* zuzüglich spezieller Boot-Einheiten und -Gruppen mit Unterwasserfahrzeugen für verdeckte Operationen.

Diese Aufwertung kostete allerdings ihren Preis. Da das Oberkommando in den Händen der *Army* liegt, die auch den Löwenanteil der Verbände stellt, ergab sich eine zunehmende Entfremdung zur *Navy,* der alle SEALs laufbahnmäßig angehören. Die Kampfschwimmer fürchteten mehr und mehr ihre traditionellen Aufgaben bei den Seestreitkräften und den amphibischen Truppen zu verlieren. Sie wollten sich nicht in eine reine Kommandotruppe umformen lassen, die lediglich über eine Zusatzqualifikation für maritime Verwendungen verfügt. Man versuchte durch vielerlei Vorschläge und in der täglichen Einsatzpraxis die Verbindung zur *Navy* aufrechtzuerhalten und weiter zu festigen. Diese Bemühungen zeigten teilweise Erfolge und es kam zu neuen Verwendungsreihen bei der Marine. Die Einsatz- und Ausbildungsschwerpunkte richteten sich aber vorwiegend nach den Erfordernissen des Kommandos für Sonderoperationen, und dabei fühlte sich die relativ kleine Gemeinde der Kampfschwimmer manchmal etwas fehl am Platze.

Wesentliche Verbesserungen ergaben sich bei der Zuweisung finanzieller Mittel sowie von Waffen und Gerät. Umfangreiches modernes Großgerät, Schiffe, Waffen, Taucherausrüstungen und Fernmeldemittel trugen dazu bei, die Effizienz der Sondertruppe zu heben. So konnte man nach den schmerzhaften Erfahrungen in der Karibik den Anforderungen der Zukunft mit einiger Gelassenheit entgegensehen.

Seal Team 6

Nach dem Olympia-Massaker in München 1972 breitete sich weltweit eine Welle bislang unbekannten Terrors aus. Attentate, Entführungen, Geiselnahmen und Sprengstoffanschläge bereiteten den Regierungen und ihren Sicherheitsorganen viel Kummer. Zwar verfügten die meisten der bedrohten Staaten über hochgerüstete und technisierte Streitkräfte, manche über Atomwaffen und Millionenarmeen zum Zwecke der Abschreckung, aber sie hatten weitgehend wieder die Fähigkeit verloren, auf den unteren Konfliktebenen oder gar im Kleinkrieg mit Erfolg zu agieren. Besonders ausgeprägt war die Abneigung gegen jegliche Sonder- und Spezialeinheiten bei den Amerikanern, die sie fälschlicherweise mit den Medien-Rambos der Nachvietnam-Epoche identifizierten und weiteren Vorurteilen unterlagen. Sonder-

Angehörige des SEAL Team 6 bei einer Antiterror-Übung unter Einsatz von Reizgas. Sie tragen die charakteristischen ProTech-Helme. Taschenlampen an ihren MP-5-Maschinenpistolen verhelfen ihnen nötigenfalls zum richtigen Durchblick.

einheiten bedeuten nach dem Verständnis vieler Bürger der USA nichts Gutes, sondern eine Gefahr für die Demokratie, herbeigeführt durch einen Haufen gewissenloser Draufgänger und Abenteurer. Zugunsten von High-Technology, Panzerung und Mechanisierung blieben die speziellen Kämpfer viele Jahre im Hintergrund.

Die veränderte Sicherheitslage und die neuen, globalen Bedrohungen zwangen jedoch zu energischen Maßnahmen zur Bekämpfung des Terrorismus. Viele Staaten bauten im Rahmen der Streitkräfte oder der Polizei Sondereinheiten auf. Ende der 70er Jahre stand hierfür in den USA neben weiteren Spezialeinheiten das *First Special Forces Detachment Delta (Airborne)* als Beitrag der *Army* zur Terrorismusbekämpfung bereit – im Anfangsstadium weitgehend eine Kopie des britischen *Special Air Service (SAS)*. Im April 1980 hatte die *Delta Force* die erste große Bewährungsprobe zu bestehen. Die Aktion zur Befreiung der Botschaftsgeiseln im Iran scheiterte jedoch bereits im Vorfeld, und die Antiterror-Experten mußten unverrichteter Dinge wieder in die Heimat zurückfliegen.

Als Reaktion auf die blamable Niederlage folgte ein energischer Aufbau leistungsfähiger Spezialeinheiten der *Army, Navy* und *Air Force*. Der Beitrag der *US Navy* bestand im Aufbau des neuen *SEAL Team 6*. Es übernahm ab 1980 den Aufgabenbereich einer Antiterror-Einheit der Marine.

Schon einige Zeit zuvor konzentrierten sich Teileinheiten eines *SEAL Teams* in vorauseilendem Gehorsam auf den Antiterrorkampf. Sie erhielten intern den Namen *MOB*, auch begründet durch das bewußt ungepflegte, unmilitärische Äußere mancher Soldaten. Diese Gattung von SEALs trug oftmals lange Haare, wuchernde Bärte und verkehrte untereinander – ohne Rücksicht auf den Dienstgrad – meist kumpelhaft. Dies sah man an höherer Stelle nur ungern. Auch bei den amerikanischen Streitkräften wird großer Wert auf äußere Disziplin und das Einhalten einer strengen Hierarchie gelegt. Es ist ungewöhnlich, daß sich Offiziere und Mannschaftsdienstgrade zu nahe kommen und sich beispielsweise mit dem Vornamen ansprechen. Aber die Angehörigen der Spezialeinheit verkehren recht ungezwungen miteinander. Die Ursachen hierfür liegen in den Besonderheiten der Ausbildung und des Einsatzes von Sondereinheiten. Offiziere und Unteroffiziere absolvieren meist gemeinsam die gleichen Ausbildungsgänge. Dabei kommen sie sich auch persönlich näher und erreichen ein gleichwertiges fachliches Leistungsniveau. Bei den wirklichen Profis zählt immer nur das Können, der Dienstgrad ist unwichtig.

Auch einsatztechnisch kann es von Bedeutung sein, daß ein taktischer Führer nicht durch den *»Yes Sir, No Sir«*-Kult gleich als solcher erkennbar ist und dann leicht zum herausragenden Ziel wird. Gewisse verdeckte und geheime Operationen verlangen hin und wieder einen Einsatz ohne Uniform und eine Anpassung an die zivile Umgebung. In solchen Lagen ist es üblich, daß Angehörige von Spezialeinheiten nicht militärisch und bewußt locker auftreten, um den Auftrag professionell ausführen zu können ohne erkannt zu werden.

Wenige Monate nach der Indienststellung meldete das nunmehrige *Team 6* am 31. Dezember 1981 die volle Einsatzbereitschaft. Die besten Leute aus den verschiedenen *Teams* fanden sich in Dam Neck bei Little Creek, Virginia, zusammen, und begannen mit einer harten Sonderausbildung. Im Mittelpunkt stand die Fähigkeit zur schnellen Verlegung und zum weltweiten Einsatz. Die Befreiung von Geiseln, das Töten oder die Gefangennahme von Terroristen, Spezialaufklärung sowie der Personenschutz für zivile und militärische *VIPs,* bildeten die hauptsächlichen Ausbildungsschwerpunkte. Teilweise erfolgte die Spezialausbildung an Schulen der Teilstreitkräfte und auch an zivilen Schulungsstätten. In diesem Zusammenhang ist erwähnenswert, daß die Lehrgänge außerhalb der Streitkräfte grundsätzlich als Zivilpersonen belegt wurden. Die SEALs nahmen an Kursen bei der *CIA*, beim *FBI,* bei den *Special Forces* und entsprechenden ausländischen Formationen teil. Sie erwarben aber auch den zivilen Pilotenschein oder qualifizierten sich als Auto-Rennfahrer. Einen Trainingsschwerpunkt bildete die gründliche Ausbildung an einer Vielzahl von Waffen, verbunden mit umfangreichen Schießübungen. Pro Woche brachte es jeder Angehörige auf etwa 2500 Schuß. Der jährliche Munitionsaufwand der auf eine Stärke zwischen 100 und 175 Mann geschätzten Truppe lag höher als beispielsweise der des gesamten *Marine Corps.*

Die äußerst harte und wirklichkeitsnahe Ausbildung erfordert von den hochmotivierten Freiwilligen besondere persönliche Risiken für Leben und Gesundheit – halbe Sachen gibt es nicht.

In den Anfangsjahren ereigneten sich verhältnismäßig viele Trainings-Unfälle, bei denen auch Todesopfer zu beklagen waren. Dies hauptsächlich bei der dominierenden Schießausbildung, die unter eingeschränkten Sicherheitsauflagen erfolgte, sowie beim Umgang mit hochgefährlichen Kampfmitteln. Infiltrations- und Exfiltrationstechniken, Überlebens-Training und der Umgang mit Spreng- und Zündmitteln bergen hohe persönliche Risiken und fordern immer wieder Opfer.

In den Anfangsjahren traten erhebliche personelle Probleme auf. Sie begannen bereits beim Kommandeur. Er vollbrachte herausragende militärische Leistungen und wurde im Vietnam-Krieg ausgezeichnet. Später jedoch kam er wegen gravierender Unregelmäßigkeiten – aber auch aufgrund interner Intrigen – mit den Gesetzen in Konflikt und landete schließlich für einige Zeit im Gefängnis. Dick Marcinko galt bei Vorgesetzten als unbequem und schwierig. Er schuf sich mächtige Gegner, die ihn wegen seiner Eigenmächtigkeiten bekämpften – nicht zuletzt aufgrund seiner außerordentlichen Ausbildungserfolge. Nachdem er im Zuge des *Red Cell*-Programms auf recht unkonventionelle Weise die Sicherheit in verschiedenen Einrichtungen der *US Navy* überprüft und dabei gravierende Mängel aufgezeigt hatte, wurde der erste Kommandeur des *SEAL Teams 6* kurze Zeit darauf wegen des Tatbestands der Verabredung zu einer Straftat vor Gericht gestellt und verurteilt.

Ein zahlenmäßig sehr geringer Prozentsatz von Rabauken brachte durch unqualifiziertes Verhalten in der Öffentlichkeit die Elitetruppe in der Zivilbevölkerung und bei den Streitkräften zeitweise in Verruf. Schlägereien, wüste Saufgelage in zwielichtigen Lokalen, finanzielle Unregelmäßigkeiten, oder die mißbräuchliche Verwendung von Dienstfahrzeugen für private Zwecke, sorgten für einen schlechten Ruf und führten zu energischen disziplinarischen Gegenmaßnahmen. Derartige Auswüchse sind bei jungen Sondereinheiten hin und wieder festzustellen. Trotz aller Aufnahmeprüfungen und Ausleseverfahren gelangen auch schwarze Schafe in die Elitetruppen, insbesondere bei Neuaufstellungen und erheblichen Vergrößerungen des Personalumfanges im Kriegsfall. *Killer*- und Schlägertypen halten sich gewöhnlich jedoch nur für kurze Zeit. Dem ständigen Druck und den wachsamen Augen der weitaus überwiegenden Mehrheit korrekter, anständiger Kameraden sind sie auf Dauer nicht gewachsen. Andererseits entsteht durch eine bewußte Betonung des elitären Status und die auftragsbedingte Abkapselung von den konventionellen militärischen Einheiten ein ungesunder Cliquengeist. Solche Angehörige von Spezialeinheiten sondern sich ab, fühlen sich der Allgemeinheit überlegen und versuchen, als eine Art Traumtänzer und Hagestolze den Sonderstatus herauszukehren. Dies führt leicht zu einem gefährlichen Realitätsverlust und zur Isolation mit allen negativen Folgen für die Betroffenen.

In den offiziellen Publikationen über die Sondereinheiten der *US Navy* sucht man meist vergeblich nach Daten und Unterlagen des legendären *SEAL Team 6.* Ähnlich wie die Antiterroreinheit *Delta Force,* deren Existenz trotz aller Beweise jahrelang geleugnet wurde, möchte man die Einheit am liebsten totschweigen und nach außen abschotten. Dieser Wunsch ist aus unterschiedlichen Gründen durchaus verständlich. So können beispielsweise Informationen, die zum falschen Zeitpunkt an die Öffentlichkeit dringen, das Leben der Beteiligten gefährden und das Unternehmen in Frage stellen. In einem demokratischen Staat wird dieser Schleier des Geheimnisvollen jedoch früher oder später dennoch gelüftet.

Organisatorisch untersteht das *SEAL Team 6* dem *Joint Special Operations Command (JSOC)* und damit direkt dem Chef des Vereinigten Generalstabs der US-Streitkräfte in Washington. Gut 1000 Experten aller Waffengattungen stehen jederzeit für die Erledigung besonders heikler Aufträge bereit. Neben dem *SEAL-Team*

6 sind dies die *Delta Force* sowie Teile der 160. Heeresfliegergruppe für Sondereinsätze und Staffeln des Sondereinsatz-Geschwaders der Air Force.

Heute kann das *Team* auf viele heiße Einsätze zurückblicken. Es stand bei allen größeren Kampfeinsätzen des letzten Jahrzehntes im Feuer und beteiligte sich an zahlreichen weltweiten geheimen und verdeckten Aktionen. So standen beispielsweise die SEALs bereit, als 1985 das Kreuzfahrtschiff ACHILLE LAURO im Mittelmeer von Terroristen gekapert wurde. Vier Terroristen der von Abu Abbas geführten palästinensischen *PLF* nahmen die mehr als 500 Passagiere des Kreuzfahrtschiffes als Geiseln. Dabei töteten sie den an den Rollstuhl gefesselten 69jährigen amerikanischen Staatsbürger Leon Klingshoffer und warfen seine Leiche über Bord. Der nun folgende Sondereinsatz schien maßgeschneidert für das *SEAL Team 6*. Kurze Zeit nach Bekanntwerden der Geiselnahme flog eine Einsatzgruppe, verstärkt von einigen Angehörigen der *Delta Force,* zu einem britischen Militärstützpunkt auf Zypern. Von dort aus sollten sie unter Nutzung des *HAHO*-Verfahrens mit dem Fallschirm direkt auf dem Deck des Schiffes landen und die Geiselnehmer überwältigen. Jedoch ließ sich in der Zwischenzeit die Position des Schiffes nicht mehr orten und es erreichte den ägyptischen Hafen Port Said. Dort erhielten die Geiselgangster freies Geleit nach Tunis. Während des Fluges dorthin stiegen Abfangjäger der 6. US-Flotte auf und verfolgten die Linienmaschine mit den Terroristen an Bord. Schließlich zwangen sie den Piloten zur Landung auf dem NATO-Flugplatz Sigonella auf Sizilien. Dort warteten schon die Männer des *SEAL Team 6* und der *Delta Force,* um die Terroristen gefangenzunehmen. Aber die Italiener fühlten sich als Hausherren hierfür zuständig und setzten ihre *Carabinieri* ein. Um ein Haar wäre es zu einer Schießerei zwischen den NATO-Verbündeten gekommen. Der kommandierende amerikanische Offizier erhielt jedoch Order, die Gefangenen an die Italiener zu übergeben. Ende der Affäre: Die Terroristen entgingen einer Bestrafung und wurden von Italien freigelassen.

Ihre Spuren hinterließen die speziellen Kampfschwimmer aber auch an solch markanten Orten wie Beirut oder Libyen. Dort beteiligten sie sich an der Suche nach westlichen Geiseln und bereiteten Befreiungsaktionen vor, die dann nach recht undurchsichtigen Vorfällen auf Weisung amerikanischer Politiker abgebrochen werden mußten.

Die SEALs müssen in der Lage sein, Terroristen auf hoher See entgegenzutreten und unbemerkt an die bedrohten Objekte heranzukommen. Dies kann sowohl mit Unterseebooten und anderen Schiffen geschehen, als auch mittels Fallschirmabsprung an Bord oder in die Nähe eines Schiffes. Im Schutz der Dunkelheit oder schlechten Wetters steigen die Chancen für einen Erfolg.

Besondere Gefährdungen bedrohen zudem die zahlreichen Ölbohrinseln in der Meereseinsamkeit. Ihre Sicherung und die Rettung der Mannschaften im Falle einer Krise bilden einen Auftragsschwerpunkt der Antiterror-Truppe. Ebenso wie die Briten verfügen die meisten Staaten hierfür über eine spezielle Einheit. Nahezu sämtliche Kampf- und Einsatzgrundsätze unterliegen strikten Geheimhaltungsbestimmungen. Aus Sicherheitsgründen, und um den Überraschungseffekt nicht aufs Spiel zu setzen, erhalten Beteiligte nur die unbedingt erforderlichen Informationen. Neuerdings führt das *SEAL Team 6* auch die Zusatzbezeichnung *Development Group* (Entwicklungs- und Erprobungs-Gruppe). Sonderwaffen, spezielle Kampfmittel und Ausrüstungsgegenstände helfen den Antiterror-Spezialisten bei ihrer gefährlichen Arbeit. Auch auf diesem Sektor ist die Geheimhaltung oberstes Gebot.

Operation »Just Cause«

In der dunklen Tropennacht lauerten vier Kampfschwimmer in zwei Schlauchbooten gut getarnt im Schilf in der Nähe des Ufers am Panama-Kanal. An Bord befand sich jeweils ein Bootstruppführer. Ein Maschinengewehr bildete die magere Bewaffnung zur Feuerunterstützung. Vorsichtig und im Zickzack-Kurs überquerten die Boote den Kanal und näherten sich dem Ziel, einem Pier im Hafen Balboa. Dort angelangt fanden sie in einem üppig überwucherten Sumpf ein gutes Versteck. Längere Zeit warteten die SEALs und machten sich so gut wie möglich mit der Umgebung vertraut. Ein kurzer Blick auf die wasserdichten Taucheruhren – Fertigmachen zum Angriff. Fast lautlos näherte sich eines der Boote bis auf weniger als 150 Meter dem menschenleeren Pier. Das erste Taucherpaar glitt in die Fluten, wenig später folgte der zweite Trupp. Unter Wasser schwimmend erreichten die SEALs, bepackt mit mehreren hochbrisanten Sprengladungen, kurze Zeit später den Landungssteg. Weder Luftblasen noch Geräusche verrieten die Männer, die mit modernsten Tauchgeräten arbeiteten. Ihr Ziel war das am Pier vertäute Schnellboot PRESIDENTE PORRAS, eines der wenigen modernen Schiffe der schwachen Kriegsflotte des Diktators von Panama, Manuel Noriega. In unmittelbarer Nähe des Schiffes tauchten sie kurz auf und überzeugten sich, das richtige Objekt gefunden zu haben. Als sie gerade damit beschäftigt waren, die Sprengladungen am Schnellboot anzubringen, erschütterten plötzlich gewaltige Explosionen das Wasser. Salven aus Maschinenwaffen beendeten abrupt die friedliche Stille der Nacht. Die Schwimmer fürchteten zunächst vom Gegner entdeckt worden zu sein, aber der Gefechtslärm galt ihnen nicht unmittelbar. Zwischenzeitlich begannen amerikanische Truppen an vielen Punkten mit ihrem breit angelegten Überraschungsangriff.

Unbeirrt von diesem Feuerzauber setzten die Kampfschwimmer ihre Aktivitäten fort und brachten fast einen halben Zentner *C-4* Plastik-Sprengstoff am Rumpf des Schiffes an. Die Verzögerungszünder wurden auf 45 Minuten eingestellt – Zeit genug für die Schwimmer, sich in Sicherheit zu bringen. Als der Sprengstoff detonierte, entwickelte sich eine gewaltige Druckwelle, und die Schwimmer wurden trotz des großen Abstandes recht unsanft durcheinandergeschüttelt. Die Gewalt der Explosion schleuderte die beiden Dieselmotoren aus dem Schiff heraus und machte es bewegungsunfähig.

Teilweise unter Wasser schwimmend erreichten die Männer nach Erledigung des Auftrages das Versteck mit den Booten, wo ihr Kommandeur, *Commander* (Fregattenkapitän) Carley, der die Aktion persönlich leitete, sie bereits erwartete. Groß waren die Freude und die Erleichterung der erschöpften SEALs, die ohne Verluste einen nicht ungefährlichen Auftrag mit Erfolg ausgeführt hatten. Die SEALs freuten sich über das gute Gelingen einer für sie geradezu typischen Aktion, die unter Gefechtsbedingungen nur sehr selten so erfolgreich abläuft.

Die Jahre nach der Militäraktion gegen Grenada standen im Zeichen einer erheblichen Vergrößerung der amerikanischen Sondereinsatzverbände, die auch für die SEALs viele Veränderungen brachte. Neue Verbände entstanden, modernes Gerät wurde erprobt und eingeführt, mehr Nachwuchs mußte ausgebildet werden. Es kam zu kleineren Einsätzen während des ersten Golfkrieges, besser bekannt als »Tankerkrieg«. Mehrere Züge der SEALs und mehrere Bootsgruppen befanden sich in der Krisenregion. Kleinere Kampfeinsätze und Kommandounternehmen hielten die Sondertruppe in Atem.

In Mittelamerika wurde ein als Militärberater eingesetzter Offizier der SEALs getötet. Im Mittelmeerraum schützten Kampfschwimmer amerikanische Kriegsschiffe vor möglichen Angriffen feindlicher Froschmänner. Als *Mobile Training Teams* bildeten SEALs Angehörige der salvadorianischen Marine in amphibischen Techniken und Flußoperationen, Kleinkriegsführung und im Guerillakampf aus. Diese Marinekommandos unterbrachen erfolgreich die Versorgung der marxistischen Rebellen mit Waffen und Munition aus Nicaragua.

Die US-Regierung erklärte in den 80er Jahren den Drogenbaronen Kolumbiens und weiterer lateinamerikanischer Länder den Krieg. Dies bedeutete für die Sondereinsatzverbände neue Arbeit. Der Kampf gegen die Drogenmafia verlangte ein hartes, energisches Vorgehen, sollte er wirkliche Erfolge zeitigen. Heute sind zwar beachtliche Teilerfolge zu verzeichnen, aber der Drogenkrieg geht mit allen seinen schrecklichen Auswirkungen und Folgen weiter.

Am 19. Dezember 1989 glaubte der amtierende US-Präsident Bush, das Maß sei nun voll. Das Ziel der von ihm befohlenen Aktion *»Just Cause«* (gerechte Sache) bestand in der Ergreifung und Verurteilung des Staatschefs von Panama, dem ehemaligen *CIA*-Agenten und Drogenhändler Manuel Noriega – einer Schlüsselfigur der internationalen Drogenszene. Der oberste »Führer der Bewegung für die nationale Befreiung Panamas« hatte es in der vorangegangenen Zeit recht bunt getrieben. Amerikanische Soldaten, die aufgrund rechtmäßiger Verträge in der Kanalzone von Panama weilten, wurden getötet oder schwer verletzt. Die Planungsarbeiten für einen militärischen Einsatz liefen bereits knapp ein Jahr vorher an. In seiner Maßlosigkeit erklärte Noriega den USA schließlich den Krieg. Mit rund 24 000 Soldaten intervenierten die Amerikaner und sorgten in einer Blitzaktion wieder für Ordnung. Noch in den Nachtstunden rückten die Soldaten der amerikanischen 193. Infanterie-Brigade von ihren Stützpunkten in der Kanalzone aus und nahmen im Handstreich das feindliche Hauptquartier. Kurze Zeit später folgten schwere Bombardierungen durch Kampfflugzeuge, darunter auch Maschinen vom Typ *C-130 »Spectre«* der *Air Commandos.* Weitere Verstärkungen wurden aus Fort Bragg eingeflogen. Die Krisenreaktionsbrigaden der *82nd Airborne Division* sprangen über Flugplätzen und ähnlichen strategisch wichtigen Punkten mit dem Fallschirm ab. Neben den Fallschirmjägern beteiligten sich Teile der *7th Special Forces Group,* des 75. *Ranger*-Regiments sowie SEALs verschiedener *Teams* und Spezialstaffeln der *Air Force* an den Kämpfen. Knapp 3000 Mann der Sondereinsatzverbände der

US Army, 800 Angehörige der *Air Force* und Experten der *Marines* und der *Navy* beteiligten sich an der Militäraktion. Im Unterschied zu vorangegangenen Operationen war dieses Unternehmen bestens geplant und es kam kaum zu Pannen bei der Durchführung. Ein Großteil der Aktionen lag in den Händen der *Special Operations Forces,* die auch den Löwenanteil an den Verlusten trugen. Elf Soldaten kamen um, etwa 130 erlitten Verwundungen, darunter verhältnismäßig viele der SEALs.

Noriega gelang zunächst die Flucht. Es kam zu einem Schlagabtausch zwischen seinen Soldaten und den US-Amerikanern. In den Straßen der Hauptstadt entwickelten sich heftige Häuserkämpfe. Unter Einsatz schwerer Waffen gelang es den Amerikanern dann aber rasch, die Oberhand zu gewinnen und den Gegner niederzukämpfen. Der Diktator flüchtete in die Botschaft des Vatikan und bat dort um politisches Asyl. Nach elf Tagen Aufenthalt stellte sich Noriega schließlich den amerikanischen Truppen, die ihn mittels eines entnervenden Psychokrieges mürbe gemacht hatten. Heute sitzt der in den USA angeklagte Ex-Präsident noch immer in einem recht luxuriösen Gefängnis. Im Lande selbst herrschen unter einer neuen Regierung nun geordnetere Verhältnisse.

Im Rahmen der Gesamtplanung des Unternehmens wurden die SEALs mit der Durchführung von zwei größeren Aktionen betraut. Das *SEAL Team 2* sollte den bereits beschriebenen Anschlag gegen Schnellboote ausführen. Das *Team 4* erhielt den schwierigen Auftrag, den Paitilla-Flugplatz im Handstreich zu nehmen und das Fluchtflugzeug des Präsidenten unbrauchbar zu machen. Während der Kampfschwimmereinsatz als maßgeschneiderter Auftrag für die maritime Sondertruppe angesehen werden kann, handelte es sich beim zweiten Unternehmen eher um eine untypische Aufgabe. Dieser Auftrag wäre von einer regulären Infanterie-Einheit mit Unterstützung schwerer Waffen, oder aber von einem *Ranger*-Verband der *Army* mit wesentlich besserer Aussicht auf Erfolg durchzuführen gewesen. Zunächst aber galt die Devise: *»Dabei sein ist alles«*, und die Kampfschwimmer bereiteten sich sorgfältig auf den Sondereinsatz vor. Die ausgearbeiteten Operationspläne wurden mehrfach verworfen, und immer wieder mußten sich die Soldaten auf gänzlich neue Ausgangslagen vorbereiten.

Wenige Stunden vor Angriffsbeginn flogen die SEALs vom *Team 4,* aus ihrem Stützpunkt in der Karibik kommend, mit dem Flugzeug ein, und befanden sich kurze Zeit später bereits in ihren Booten in Bereitstellung. Um Mitternacht wurde der Einsatzplan erneut geändert und der Angriff verschoben. Ziel der Aktion war es nun, den Hangar auf dem Flugplatz Paitilla zu stürmen, und das Düsenflugzeug des Präsidenten durch Zerstörung wichtiger Betriebssysteme flugunfähig zu machen. Auf diese Weise sollte ihm die Flucht auf dem Luftweg verwehrt werden. Kurze Zeit später überschlugen sich die Ereignisse. Überall im Stadtgebiet von Panama City und in den Vororten entwickelten sich heftige Feuergefechte. Nach einem aufgefangenen Funkspruch sollte sich Noriega bereits auf der Flucht in Richtung Flugplatz befinden. Daraufhin herrschte große Aufregung bei den wartenden SEALs. Die Boote erreichten nach wenigen Minuten den Strand nahe des Flughafens, dem eigentlichen Angriffsziel. Größte Eile war geboten, um die Flucht zu verhindern;

eine an sich erforderliche Aufklärung unterblieb. Die Männer des Spitzenzuges, gegliedert in die Gruppen *»Golf 1«* und *»Golf 2«*, hasteten etwa einen Kilometer in Richtung der Flughafengebäude und Hangars. In einer Entfernung von etwa 200 Metern folgten die Züge *Bravo* und *Delta*, die in Schützenkette vorgingen. Als die ersten Männer bis zum Hangar mit der Maschine des Präsidenten vorgedrungen waren, konnte von Überraschung nicht mehr die Rede sein. Der Gefechtslärm hatte die Wachmannschaften bereits alarmiert und diese besetzten ihre Verteidigungsstellungen. Die beiden Spitzengruppen der SEALs machten sich zum Sturmangriff fertig. Während eine Gruppe sicherte und Feuerschutz gab, setzte der Rest des *Golf*-Zuges zum Sturmangriff an. In der Dunkelheit des Hangars schalteten die SEALs ihre Nachtsichtbrillen ein und erkannten plötzlich, daß sie von gegnerischen Kräften in sicheren Stellungen erwartet wurden. Sie steckten nun offensichtlich in der Falle und eröffneten sofort aus allen Rohren das Feuer; es zeigte jedoch keine Wirkung gegen den gut verschanzten Gegner. Nun deckte dieser die Angreifer mit einem verheerenden Feuer aus Schnellfeuer- und Maschinenwaffen ein. Der Zugführer meldete erste Verluste und verlangte Feuerunterstützung von der Deckungsgruppe. Diese schoß nun Sperrfeuer und forderte gleichzeitig bei den nachfolgenden Zügen Verstärkung an. Mehrere Männer versuchten, in der dunklen Halle den Verletzten zu helfen. Dabei stießen sie zu ihrem Erschrecken nur noch auf Tote und Verwundete. Lediglich der Zugführer blieb wie durch ein Wunder unverletzt, die restlichen acht Mann der Sturmgruppe waren gefallen oder kampfunfähig. Nun begann man die Verwundeten zu bergen und aus der Feuerzone in Deckung zu bringen – bei Dunkelheit eine äußerst schwierige Arbeit. Die Ausfälle mehrten sich, und der *Bravo*-Zug stürmte heran, um die Reste des Spitzenzuges zu verstärken. Mit ihren leichten Infanteriewaffen vermochte die Truppe keine Entscheidung zu erzwingen. Gewehrgranaten wurden eingesetzt, die Verluste nahmen weiter zu. Die Überlebenden der SEALs igelten sich schließlich ein, nahmen die Gefallenen und Verwundeten in die Mitte des Verteidigungsringes, und machten sich abwehrbereit. Im Verlaufe der Nacht warteten die SEALs vergeblich auf den versprochenen Entsatz. Es war ihnen auch nicht möglich, Funkverbindung mit Kampfflugzeugen aufzunehmen. Selbst die dringend erforderliche Evakuierung der Verwundeten durch Rettungshubschrauber verzögerte sich dermaßen, daß ein weiterer Verwundeter unnötig sterben mußte.

In der Morgendämmerung stellte sich heraus, daß die Verteidiger sich abgesetzt und ihre Toten und Verwundeten mitgenommen hatten. Mehr als 36 Stunden harrten die SEALs auf dem Rollfeld des Flugplatzes aus, bis schließlich mehrere *Ranger*-Kompanien mit Hubschraubern zur Ablösung eintrafen.

Vier Tote und neun Verwundete waren das traurige Ergebnis eines Gefechtseinsatzes, der unter keinem besonders guten Stern stand. Später gab es viele Schuldzuweisungen und falsche Darstellungen, aber die Verluste standen in keinem vernünftigen Verhältnis zu Aufwand und Erfolg. Experten kritisierten vor allem die Größenordnung des Angriffsziels der Aktion. Im Grunde handelte es sich um einen ganz gewöhnlichen Infanterie-Einsatz, der mit den zur Verfügung stehenden Kräften und Waffen problemlos abgelaufen wäre. Eine Spezialeinheit aber operiert gewöhnlich in kleinsten taktischen Einheiten in Stärke einer Gruppe, höchstens eines Zuges, unter größtmöglicher Ausnutzung des Überraschungsmoments. Der Einsatz von drei Schützen-Zügen einer hochspezialisierten Kampfschwimmer-Einheit gegen ein verteidigtes und gut befestigtes Angriffsziel an Land ergibt jedoch keinen Sinn. Letztendlich handelte es sich bei dieser überflüssigen Aktion lediglich um eine Verschwendung wertvoller Ressourcen, die anderweitig mehr Nutzen gebracht hätten. Die Diskussion über das verlustreiche Unternehmen beschäftigte Führung und Truppe über eine langen Zeitraum und hält noch heute an.

Die mehr als 40 an die beteiligten SEALs verliehenen Tapferkeitsauszeichnungen waren nicht mehr als ein schwacher Trost und kaum als Entschädigung für die erlittenen Verluste anzusehen.

Angehörige des *SEAL Team 6* beteiligten sich gemeinsam mit anderen Spezialeinheiten an der Jagd auf Noriega. Das *Team 2* suchte mehrere Inseln nach versprengten gegnerischen Soldaten ab, wurde dabei aber in keine weiteren Gefechte verwickelt.

Nach dem – insgesamt betrachtet – erfolgreichen mittelamerikanischen Abenteuer gingen auch die SEALs wieder zur Tagesordnung über und bereiteten sich auf neue Aufgaben vor, die nicht lange auf sich warten ließen.

Die Piraten sind zurückgekehrt

Gefährliche Seeräuber und schreckliche Piraten kannte man in den letzten Jahrzehnten allenfalls aus Abenteuerbüchern und aus Filmen – grausige Erinnerungen an längst vergangene Zeiten.

Seit etwa 1985 sind aber einige der menschenleeren Wasserwüsten, aber auch Küstengewässer sowie gewisse Meerengen wieder von solchen Verbrechern bedroht. Besonders in den südostasiatischen Gewässern, aber auch vor der Küste Brasiliens, haben die Fälle von Piraterie stark zugenommen. Eine britische Versicherungsgesellschaft registrierte 1992 150 derartige Vorkommnisse, die Dunkelziffer dürfte aber weit höher liegen. So sollen allein im Großraum der philippinischen Inseln 300 Menschen getötet worden sein.

Natürlich fahren die modernen Piraten heute nicht mehr mit Totenkopf-Flagge als Freibeuter auf Segelschiffen, sondern bedienen sich hochmoderner, schneller und wendiger Rennboote. Unbemerkt nähern sie sich besonders in der Dunkelheit *Container*-Schiffen oder Tankern, machen die Boote am Schiffsrumpf fest und entern an Tauen und Strickleitern das Schiff. Die wenigen und militärisch kaum geschulten Besatzungsmitglieder sind den Räubern praktisch schutzlos ausgeliefert. Verteidigung ist kaum möglich und würde nur zur Eskalation führen. Oft eröffnen die Piraten ohne Vorwarnung aus Maschinenwaffen das Feuer, schüchtern die Mannschaft ein, und bemächtigen sich mit Vorliebe der Schiffskasse. Die Zahlmeister führen größere Geldbeträge mit, da sie zur Abgeltung verschiedener Dienstleistungen in fremden Häfen bar bezahlen müssen. Nach den nur wenige Minuten dauernden, blitzartigen Überfällen verlassen die Seeräuber mit der Beute das Schiff und ziehen sich in ihre sicheren Verstecke auf einer der zahllosen Inseln in den teilweise unzugänglichen Küstenregionen zurück. Besonders gefährdet sind aber auch private Yachten, die leicht zum Ziel derartiger Angriffe werden.

Zum Schutz der Schiffahrt denken die Betroffenen an eine Luftüberwachung durch Militärflugzeuge und vermehrte See-Patrouillen – bislang jedoch mit wenig Nachdruck. Vielmehr gibt es Hinweise darauf, daß die Piraten von gewissen politischen und militärischen Kreisen gedeckt, manchmal sogar unterstützt werden. Erheblich mehr Aussicht auf Erfolg gegen diese Plage hätten sicher verdeckt durchgeführte Erkundungen und Überraschungsschläge gegen Piratennester im Küstenbereich oder auf Inseln. Hierfür wären die SEALs als maritime Kommandotruppe vorzüglich geeignet. Gemeinsam mit den Streitkräften umliegender Staaten könnte so der Spuk schnell beendet werden. Unter Umständen wäre ein Einsatz von SEALs als Angehörige der Schiffsbesatzung an Bord besonders gefährdeter Schiffe sinnvoll. Bekanntlich sind die meisten Verbrecher feige und machen schnell einen Rückzieher, wenn sie einem schmerzhaften Gegendruck ausgesetzt sind. Hierfür müßte aber zunächst die politische Großwetterlage stimmen, derzeit sind hierfür keine Anzeichen erkennbar.

Desert Shield/Desert Storm

Schon während des Ersten Golfkrieges zwischen dem Irak und dem Iran, der 1988 endete, engagierten sich die sieben führenden westlichen Industrienationen militärisch in der Golfregion. Der Iran versuchte mit allen Kräften, die Ausfuhr von Öl aus dem Irak durch Angriffe zu unterbinden oder zu stören. Im sogenannten »Tankerkrieg« griffen die iranischen Pasdaran mit ihren Schnellbooten in den internationalen Gewässern schließlich wahllos jeden Öltanker an. Einige Patrouillenboote »Spectre« Mk 3 standen zur Jagd auf die iranischen Boote bereit. Neben US-Flotteneinheiten traten auch mehrere SEAL-Züge in Aktion. Die Stützpunkte der Iraner befanden sich auf kleinen Inseln und verlassenen Ölplattformen. Von dort aus griffen sie Handelsschiffe und Tanker überraschend an, und zogen sich beim Auftreten westlicher Kriegsschiffe wieder zurück. Nachdem die Angriffe überhand nahmen und die Aufklärung die Schlupfwinkel ausgemacht hatte, schlugen die Seestreitkräfte der USA zu. Von Kriegsschiffen aus starteten Kampfflugzeuge und Hubschrauber und belegten die Piratennester mit Feuer, unterstützt von der Schiffsartillerie. Die Schlußphase lag dann in den Händen der SEALs, die von Sturmbooten oder von Hubschraubern aus die sturmreif geschossenen Plattformen enterten, noch vorhandenen Widerstand niederkämpften, und dann die Stützpunkte gründlich durchsuchten. Um eine künftige Nutzung zu verhindern, vernichteten sie dann die Anlagen durch Sprengung. Hubschrauber vom Heeresflieger-Regiment der Special Forces erwischten den iranischen Minenleger beim heimlichen Verlegen von Seeminen in internationalen Gewässern und griffen ihn mit Bordwaffen an. Anschließend enterten SEALs das Schiff im Handstreich aus der Luft und nahmen es in Besitz. Durch diese Aktion war es erstmal möglich, der Öffentlichkeit die iranische Aggression nachzuweisen. Auch das Auslegen von Treibminen in den internationalen Gewässern des Golfs gehörte zum makabren Spiel der Revolutionsgarden. 1988 wurde die amerikanische Fregatte SAMUEL ROBERTSON von einer Mine schwer beschädigt. Zur Vergeltung stürmten SEALs im Rahmen der Operation »Praying Mantis« (Gottesanbeterin) mehrere Ölplattformen und zerstörten sie. Nach schweren Verlusten stellte der Iran schließlich die Kampfhandlungen ein und der Handelsverkehr in der Golfregion verlief einige Zeit ohne Behinderung.

In den Nachtstunden des 23. Februar 1991 war es endlich soweit: Zwei *Fountain 33 Speedboats* verließen den Marinestützpunkt Ras al Mishab in Saudiarabien. An Bord befanden sich unter dem Kommando eines jungen Offiziers sechs SEALs. Ihr Ziel war die von den Truppen des Iraks besetzte und angeblich durchgehend schwer befestigte Küste Kuwaits. Mit hoher Geschwindigkeit von über 70 km/h rasten die Boote auf den Wellen dahin. Die Männer bemühten sich, nicht an die von Seeminen drohenden Gefahren zu denken. Jederzeit bestand die Möglichkeit eines solchen tödlichen Kontaktes. Aber das Glück war auf ihrer Seite, und um 22.00 Uhr stoppten die Besatzungen die Maschinen der Boote. Mit zwei Schlauchbooten näherten sich die Kampfschwimmer vorsichtig dem Ufer und stellten in knapp 500 Meter Entfernung die Außenbord-Motoren ab. Nun begann der gefährlichste Teil ihrer Arbeit. Die restliche Strecke wurde in altbewährter Weise schwimmend im nassen Element zurückgelegt. Die Schwimmer führten eine Anzahl von Markierungsbojen mit sich sowie vorbereitete 10 Kg-Ladungen des knetbaren Sprengstoffs *C-4,* versehen mit wasserdichten Zeitzündern. Mit Nachtsichtgeräten beobachteten sie den Strand, konnten aber keinen Gegner feststellen. Schnell waren die Sprengladungen abgelegt und die Schwimmer machten sich unbehelligt auf den Rückweg zu den Schlauchbooten. Sie waren froh das kalte Wasser verlassen zu können. Obwohl sie mit Schutzanzügen und wärmender Zusatzausrüstung ausgestattet waren, froren sie dennoch – im Winter 1990/1991 herrschte in der Golfregion die seit Jahrzehnten kälteste Witterung. In den drei Booten warteten jeweils ein Funker, ein Steuermann und Maschinist, der die Motoren leise laufen ließ und das Boot jederzeit starten lassen konnte, sowie einige erfahrene Unterführer, die im Krisenfall die erforderlichen Not-Maßnahmen organisieren sollten. Sie legten ihre Waffen ab – Maschinenpistolen MP 5 und Sturmgewehre M-16 mit angesetzten Granatgeräten, die sie für alle Fälle mitgeführt, glücklicherweise aber nicht benötigt hatten. Ohne besondere Vorkommnisse kehrten die Kampfschwimmer zu den beiden Mutterbooten zurück, die in einer Entfernung von 10 Kilometern vor der Küste lagen. Zeitgleich näherten sich zwei weitere Patrouillenboote bis auf drei Kilometer der Strandzone, und begannen eine halbe Stunde nach Mitternacht die gegnerischen Stellungen mit einem heftigen Dauerfeuer aus Maschinenkanonen und leichten Granat-Maschinenwaffen zu belegen. In kurzen Zeitabständen wurden kleine Sprengladungen zur Detonation gebracht und nun erwachten die überraschten Besatzungen der Bunker und Geschützstellungen entlang der Küste. Der Gefechtslärm deutete ihrer Meinung nach auf den Beginn der erwarteten Invasion hin, und im Wasser entdeckten die Posten zwei Reihen von Bojen, die vermutlich eine Gasse für die anrückenden Landungstruppen markieren sollten. Das Durcheinander steigerte sich noch, als kurze Zeit später die Detonation der von den SEALs im seichten Küstenwasser deponierten *C-4* Ladungen über Zeitzünder ausgelöst wurde. Die Feuerbälle der gewaltigen Detonationen tauchten den Küstenstreifen für Momente in taghelles Licht, und die irakischen Soldaten begannen auf das Meer hinauszuschießen. Die Meldung über den Angriff von See her erreichte per Funk in wenigen Minuten das irakische Oberkommando und sofort setzten sich wesentliche Teile zweier Divisionen zur Verstärkung der Abwehr in Richtung Küste in Bewegung. Erst vier Stunden später begann mit der Räumung der Minenfelder an der Grenze zu Kuwait der Vorstoß der alliierten Verbände und damit der lang erwartete Landkrieg. So blieb den Irakern genügend Zeit, einen Teil ihrer Truppen von Westen nach Osten zu verschieben. Genau diese Reaktion erwartete General Schwarzkopf und sein Stab. In einer Blitzaktion gruppierte er seine Panzerverbände um und verschob sie nach Westen. In einer gewaltigen Zangenbewegung drangen dann die Verbände in den nahezu unverteidigten westlichen Irak ein und stellten einige Tage später die Reste der angeschlagenen Armee zum kurzen Endkampf.

Die Kampfschwimmer in ihren Booten hörten nur noch aus sicherer Entfernung die zeitlich verzögerten Explosionen ihrer Sprengladungen. Ohne Probleme fuhren sie in Richtung Süden zum Stützpunkt Ras al Mishab zurück und meldeten dem Kommandeur die erfolgreiche Ausführung ihres Auftrages, der vernehmlich aufgeatmet haben soll, bevor er die Erfolgsmeldung unverzüglich an das Oberkommando weiterleitete.

An Bord der US-Kriegsflotte im Golf hielten sich 17 000 *Marines* für eine Angriffslandung bereit, und die irakische Führung rechnete jederzeit mit deren Landung. So wurden erhebliche Kräfte an der Küste gebunden. Die Alliierten taten alles, um die Iraker in dieser Annahme zu bestärken, und führten wiederholt kleinere Scheinmanöver durch. Bereits einen Monat vor Beginn des Landkrieges näherten sich Schwimmer der Küste und erkundeten geeignete Stellen für Landeaktionen. Sie stellten fest, daß die Küste stark verteidigt und vermint war. Ein Landeunternehmen wäre mit erheblichen Verlusten verbunden gewesen. So faßte man den Entschluß, die gegnerischen Kräfte dazu zu zwingen, die Küste auf ihrer gesamten Länge zu überwachen und sie so zu binden.

Der Kampfschwimmereinsatz an der Golfküste ist geradezu ein Musterbeispiel für die sinnvolle Verwendung von Spezialeinheiten im allgemeinen und von SEALs im besonderen. Er wurde von wenigen Männern ausgeführt, die für genau eine solche Aktion jahrelang ausgebildet worden waren und ihr Handwerk gründlich beherrschten. Alle Aktionen erfolgten heimlich und vom Gegner unbemerkt. Bekanntlich ist das Einfachste oft das Beste, und die Planung barg keine unkalkulierbaren Risiken in sich. Alles wurde professionell vorbereitet. Materialausfälle traten nicht ein; Boote, Fernmeldemittel und die Ausrüstung der Schwimmer entsprachen in vollem Umfang den Erwartungen und erfüllten ihren Zweck.

Nach der Rückkehr zur Basis meldete der verantwortliche junge *Lieutenant* Dietz mit dem Codewort *»Pamela«* den erfolgreichen Abschluß des Täuschmanövers. *Commander* Smith, der Chef der SEALs auf dem arabischen Kriegsschauplatz, funkte zurück: *»Bravo Zulu«*. Dann, im Klartext, folgenden Glückwunsch: »*Ihre Mission war ein voller Erfolg. CENTCOM teilte mir mit, daß Teile* *von zwei irakischen Divisionen nach Ihrer Operation in den Küstenbereich verlegt wurden. Genau diese Reaktion hatten wir erwartet. Hervorragende Arbeit, machen Sie weiter so, und geben sie mein Lob an Ihre Männer weiter«.*

Als am 2. August 1990 starke irakische Verbände das benachbarte Kuwait überfielen und in kurzer Zeit niederrangen, horchte die Weltöffentlichkeit auf und forderte Gegenmaßnahmen. Trotz einiger Vorwarnungen hatte kaum jemand mit einer derart dreisten Aggression gerechnet. Unter Führung der USA zögerte die Freie Welt nicht lange und bot dem irakischen Diktator energisch die Stirn. Eine Koalition aus vielen Streitkräften unterschiedlichster Herkunft entstand und bemühte sich zunächst um den Schutz Saudi Arabiens vor einem drohenden weiteren Angriff. Zu einem späteren Zeitpunkt stand die Befreiung Kuwaits auf dem Programm. Innerhalb von wenigen Tagen setzten die USA ihre ersten Einheiten in Marsch und Teile der *82nd Airborne Division* der *Army* flogen als Schnelle Eingreiftruppe nach Saudi Arabien. Ebenfalls auf dem Luftweg folgten *Marines* und weitere Verbände sämtlicher Teilstreitkräfte. Kurze Zeit nach der Ankunft verlegten die Verbände nach Norden und sicherten provisorisch die kuwaitische Grenze. Dort standen überlegene gepanzerte und mechanisierte Divisionen des Irak und bedrohten massiv das Nachbarland. Ein frühzeitiger weiterer Vorstoß nach Süden hätte die verhältnismäßig schwachen amerikanischen und saudiarabischen Kräfte in schwere Bedrängnis gebracht, blieb aber aus. Die eingeflogenen Fallschirmjäger und Marineinfanteristen verfügten nur über leichte Waffen und waren völlig auf die Unterstützung durch Kampfhubschrauber und die Fliegerstaffeln der *Air Force* und der *Navy* angewiesen. Bodengestützte schwere Waffen und Panzer standen in diesem frühen Stadium nur in geringer Menge zur Verfügung.

Zu den ersten Soldaten der westlichen Allianz gehörten auch verschiedene Verbände der *Special Operations Forces.* Schon bald befanden sich *»Green Berets«, Rangers,* Experten für psychologische Kampfführung und die entsprechenden fliegenden Verbände in der Golfregion. Im Golfkrieg, an dem sich rund eine halbe Million Amerikaner und zahlreiche Verbündete beteiligten, konnten die *Special Operations Forces* erstmals problemlos und effektiv in einen großen konventionellen Krieg integriert werden. Die bei früheren Einsätzen aufgetretenen Spannungen und Fehlplanungen blieben während des Golfkrieges aus. Mehrere waghalsige Sonderunternehmen ermöglichten Überraschungsschläge gegen die irakischen Truppen, und vor allem die gute Zusammenarbeit mit den verbündeten arabischen Soldaten wäre ohne die landes- und sprachkundigen *Teams* der *Special Forces* nicht möglich gewesen.

Auch die SEALs stellten ihren Anteil an der gewaltigsten Militäroperation seit der Beendigung des II. Weltkrieges. Innerhalb von wenigen Tagen nach Kriegsausbruch trafen die ersten der etwa 100 SEALs an Bord von Großraumtransportern der *Air Force* ein und bezogen einen Stützpunkt an der Küste südlich der Stadt Dhahran. *Captain* Raymond Smith, heute *Rear Admiral,* übernahm das Kommando und errichtete die *Naval Special Warfare Task Group Central* mit der *Group One,* einer provisorischen Einheit, deren Personalbestand niemals wesentlich mehr als 250 SEALs, Bootsbesatzungen und Angehörige rückwärtiger Dienste umfaßte.

Insgesamt befanden sich lediglich vier reinrassige SEAL-Züge von *Team 2* und *Team 5* im Land – Einsatzstärke etwa 60 Mann. Der Rest verteilte sich auf die Bootsgruppe mit *Highspeed*-Booten und Schlauchbooten, sowie ein *Team* mit den speziellen Mini-Unterseebooten, die allerdings wegen der speziellen Wasserverhältnisse kaum eingesetzt wurden. Hinzu kamen drei Teileinheiten mit den gerade neu in Dienst gestellten *Fast Attack Vehicles* für Landeinsätze. Für funktionierende Fernmeldeverbindungen stand das *Mobile Communications Support Team* bereit.

Schon kurz nach ihrer Ankunft übernahmen die SEALs Überwachungsaufgaben und patroullierten gemeinsam mit saudischen Soldaten an der Nordgrenze des Landes bis sie von *»Green Berets«* der *5th Special Forces Group* abgelöst wurden. Zusätzlich begleiteten vier weitere Züge im Rahmen ihrer klassischen Verwendung die Kriegschiffe der *US Navy* im Golf und den umliegenden Gewässern.

Eine Anzahl von Kampfschwimmern fahren regelmäßig mit den US-Flottenverbänden mit, die auf allen Weltmeeren kreuzen und im Konfliktfall mit den angegliederten Verbänden der *Marines* in wenigen Tagen mit kombinierten Kampfgruppen an Land intervenieren können. Für die Dauer solcher Verwendungen übernimmt die *Navy* das Kommando und teilt die Schwimmer der amphibischen Gruppe des entsprechenden Flottenverbandes zu. Im Verlauf dieser Tätigkeit unterstehen sie nicht der Zuständigkeit des *Special Operations Command.*

Diese »Blauwasser«-SEALs waren während der verschiedenen Phasen des Golfkrieges jedoch keineswegs arbeitslos sondern übernahmen eine Fülle wichtiger Aufgaben. Sie beteiligten sich in ihren Patrouillenbooten an der Überwachung des Schiffsverkehrs und hielten die schwache irakische Marine im Auge. In den winzigen Schlauchbooten näherten sie sich unbemerkt der feindbesetzten Küste, beobachteten, erkundeten und klärten auf.

Der UN-Sicherheitsrat hatte gegen alle Schiffe mit Ziel Irak und Kuwait ein Embargo verhängt, und verdächtige Schiffe im Kriegsgebiet wurden aufgebracht und kontrolliert. An den Prisenkommandos beteiligten sich auch SEALs und gingen mit den *Boarding Teams* an Bord verdächtiger Schiffe. Dabei näherten sie sich den Schiffen entweder mit Booten und enterten auf, oder sie seilten sich von Hubschraubern auf das Deck ab.

Besonders in den Nachtstunden unternahmen die *Teams »Mike«, »Sierra«* und *»Kilo«* Patrouillen in Küstennähe, um die Infiltration irakischer Sondereinheiten zu verhindern und um aufzuklären. Mehr als ein Dutzend gefährlicher Aufklärungseinsätze in der Tiefe des Raums führten die SEALs bereits vor Beginn des Landkrieges erfolgreich durch. Mit großen Gefahren verbunden war ihre Beteiligung am Minenräumdienst. Dabei sprangen sie aus Hubschraubern in das Wasser und brachten die Sprengladungen an den Objekten an. Bei knapp 100 Hubschraubereinsätzen konnten mindestens 25 Seeminen zerstört werden. Auch mehrere *SDV-Transporter MK 9* fanden bei der Minenjagd Verwendung. Ursprünglich waren auch große Landungsunternehmen vorgesehen, und so übernahmen die SEALs zahlreiche Minenräumeinsätze. Nicht zu vergessen ist ihre Teilnahme an den Rettungseinsätzen für notgewasserte Flugzeug-Besatzungen. Ständig standen Hubschrauber mit Rettungsmannschaften – zu denen auch Kampfschwimmer gehörten – bereit, um sofortige Hilfe zu leisten. Bei diesen Aktionen konnten Piloten in kürzester Zeit aus den Fluten gerettet werden. Aber nicht nur das Wasser bildete die Operationsbasis der Kampfschwimmer. Die Züge vom *Team 5* operierten mit den *Desert Fast Vehicles* – auch bekannt als »Dünen-Buggies« – über große Entfernungen im Landesinneren, und wurden bei den Aktionen zur Ausschaltung der irakischen *SCUD* Raketen-Stellungen und zur Langstreckenaufklärung eingesetzt. Die schnellen Fahrzeuge mit ihrer wirkungsvollen Bewaffnung, mit Nachtsichtgeräten und Satelliten-Navigationssystemen (*GPS – Global Positioning System*), erwiesen sich hierbei als bestens geeignet.

Zunehmend kam es zu offensiven Operationen. Während eines Nachteinsatzes griffen alliierte Schiffe das rund 60 Kilometer vor der kuwaitischen Küste gelegene Ölfeld von Dorrah an. Die vom Irak besetzten Ölplattformen wurden militärisch genutzt und bedeuteten eine ernste Gefahr für den See- und Luftverkehr im gesamten dortigen Raum. Unterstützt von Kampfhubschraubern wurden die künstlichen Inseln sturmreif geschossen. Anschließend besetzten die SEALs nach einem heftigen Feuergefecht die vom Gegner besetzten Ölplattformen, um sie anschließend zu sprengen. Ende Januar 1991 kam es zu einem Schlagabtausch um die Insel Quaruh, die von den SEALs ohne eigene Verluste erobert werden konnte. Hierbei wurde erstmals besetztes saudiarabisches Territorium zurückerobert. Fünf Tage danach erkundeten SEALs in Sturmbooten und *SDVs* die stark befestigte Insel Umm-Al-Maradim, die anschließend von den *Marines* besetzt wurde. Ein Teil der maritimen Spezialeinheiten arbeitete als Ausbilder und Berater mit den arabischen Verbündeten zusammen und half bei der Koordinierung von Einsätzen. Andere bemannten Beobachtungsposten entlang der Küste nahe der kuwaitischen Grenze.

Als irakische Kampfpanzer Ende Januar 1991, vor Beginn der alliierten Landoffensive, überraschend nach Süden vorstießen und die saudische Stadt Khafji angriffen, ging es einem Viermann-Trupp der SEALs beinahe an den Kragen. Ihre Stellung lag mitten in der Angriffsschneise und die Panzer näherten sich bedrohlich. Zunächst hielten die SEALs das Feuer zurück, um ihre Stellung nicht zu verraten. Da sie über keine Panzerabwehrwaffen verfügten, setzten sich die SEALs mit ihrem Geländefahrzeug in südlicher Richtung ab und erreichten ohne Verluste die Operationsbasis. Sie zogen sich als Letzte zurück und nutzten dabei die Verwirrung beim Gegner aus, der von Erdkampf-Flugzeugen angegriffen wurde und erhebliche Verluste erlitt. Nach heftigen Kämpfen warfen die Alliierten die irakischen Elitesoldaten wieder über die kuwaitische Grenze zurück. Erstmalig benutzten die landgebundenen Schwimmer die für Sondereinsätze neu entwickelten *Fast Attack Vehicles*. Diese dienten als fahrbarer Untersatz bei Aufklärungseinsätzen sowie für Transport und Versorgung.

Bereits nach wenigen Tagen endete der Landkrieg mit einem vollständigen Sieg der Amerikaner und ihrer Verbündeten. Die durch pausenlose Luftangriffe entnervten irakischen Soldaten leisteten kaum Widerstand und ergaben sich meist kampflos. Aus verschiedenen Richtungen kommend rückten die Panzerkolonnen in Kuwait ein. Selbst die gefürchteten »Republikanischen Garden« suchten ihr Heil in der Flucht. Ganz vorne mit dabei waren die SEALs und die *»Green Berets«* der

5th Special Forces Group bei der Einnahme von Kuwait City. Mit ihren *Desert Patrol Vehicles* bildeten sie die Spitze der Streitmacht, welche die US-Botschaft in der Hauptstadt befreite. In den folgenden turbulenten Tagen gewährleisteten sie die Sicherheit des zurückgekehrten Personals der amerikanischen Mission.

Mitte März 1991 kehrten die Kampfschwimmer nach über einem halben Jahr in der Wüste ohne Verluste in ihre Garnison an der amerikanischen Westküste zurück. Mit dem erfolgreichen Täuschungsmanöver kurz vor Beginn des Landkrieges demonstrierte die Sondertruppe ihre besonderen Fähigkeiten und leistete einen entscheidenden Beitrag zur schnellen Beendigung des Krieges und zur Niederlage der Aggressoren. Eingebunden in das Konzept der Gesamtplanung bewiesen die SEALs ihr professionelles Können und wurden auch entsprechend ihren Fähigkeiten und Einsatzgrundsätzen verwendet. Es zeigte sich erneut, daß eine maritime Spezialtruppe immer dann Erfolg hat und ohne wesentliche Verluste schwierigste Aufträge ausführen kann, wenn sie verdeckt und in kleinen Gruppen arbeitet. Im Gegensatz zu vorangegangenen Aktionen, bei denen den Froschmännern unzumutbare Aufgaben übertragen worden waren, verlief der Einsatz am Golf erfolgreich. In 270 Einsätzen gab es nicht einen Gefallenen. Sicher hat man bei den verantwortlichen Stellen aus dieser Erfahrung gelernt und die Konsequenzen für die Zukunft gezogen.

Soll Saddam Hussein beseitigt werden?

Im Verlauf des Golfkrieges wurde mehrfach die Forderung erhoben, den für den Überfall auf Kuwait politisch verantwortlichen Diktator gefangenzunehmen oder zu töten. Selbst Präsident Bush äußerte derartige Gedanken.

Anschläge auf das Leben bedeutender Führer terroristischer Gruppen oder despotischer Staatsoberhäupter spielen in den Planspielen und Analysen von Geheimdiensten und Sondereinsatzeinheiten immer wieder eine Rolle. So gab es auch während des Golfkrieges entsprechende Pläne, die allerdings nicht ausgeführt wurden. Es wurde sogar vorgeschlagen, das im Antiterrorkampf geschulte Team 6 mit der Liquidierung von Saddam Hussein zu beauftragen. Die Existenz dieses Plans wurde im Jahr 1993 mehrfach bestätigt. Die Umsetzung eines solchen Gedankens stößt allerdings auf viele rechtliche, politische und moralische Bedenken und Widerstände.

Nach der dunklen Epoche des Vietnam-Krieges und den Skandalen, die Präsident Nixon sein Amt kosteten, erging von höchster Stelle ein förmliches Verbot, das politisch legalisierte Auftragsmorde untersagte. Dieses Verbot gilt auch für die Geheimdienste und die Spezialeinheiten, die sich selbst strikt daran halten.

Der Versuch einer Ausschaltung des irakischen Staatsoberhauptes wäre mit an Sicherheit grenzender Wahrscheinlichkeit fehlgeschlagen. Der auf- ➢

wendige Personenschutz und die dauernde Verlegung des Aufenthaltortes hätte selbst den durchtriebensten Experten diese Aufgabe praktisch unmöglich gemacht. Nicht zuletzt spielten auch politische Gründe eine gewichtige Rolle: Ein zusammenbrechender Irak hätte die Stabilität im Nahen Osten nachhaltig negativ beeinflußt und zu neuen Problemen und Konflikten geführt. Die strategische Balance wäre grundlegend verändert worden und andere Staaten hätten versucht, eine Vormachtstellung zu erlangen.

Soldaten gegen den Hunger

Am 9. Dezember 1992 war es soweit, ein Einsatz in Afrika stand auf dem Programm. In der rabenschwarzen Nacht landete eine Kampfgruppe der »Ledernacken« nahe der somalischen Hauptstadt Mogadischu. Sie kamen von einem Flottenverband, der bereits seit Tagen vor der ostafrikanischen Küste kreuzte. Die Marines bildeten die Vorhut eines großen Truppenkontingents der Amerikaner sowie weiterer Verbände, die im Auftrag der Vereinten Nationen in Afrika vor allem den Hunger der notleidenden Bevölkerung beseitigen sollten. Die Marineinfanterie besetzte Hafen und Flugplatz und schuf so die Voraussetzungen für den Einsatz weiterer Verbände.

Im Rahmen der Operation »Neue Hoffnung« erreichten umfangreiche Lieferungen mit Hilfsgütern die hungernde Bevölkerung des vom Bürgerkrieg geplagten Landes. Die humanitäre Hilfe rettete vielen Einheimischen das Leben, nachdem bereits 300 000 Menschen umgekommen waren.

Seit Tagen operierte bereits ein amerikanischer Flottenverband mit vier Kriegsschiffen vor der somalischen Küste. Für die *Marines* handelte es sich dabei um nichts Neues. Derartige Unternehmen gehören fast zu ihrem täglichen Brot und so warteten sie gelassen auf den Befehl, mit Hubschraubern, Amphibienfahrzeugen und Landungsbooten die Küste zu erreichen und mit 1800 Mann in das Landesinnere vorzustoßen.

Für eine kleine Gruppe ausgesuchter Seeleute wurde es allerdings schon vor der Landung ernst. Ein Dutzend SEALs begleitete wie üblich auch diese amphibische Kampfgruppe der *Navy*. Obwohl aller Voraussicht nach nicht mit einem bewaffneten Widerstand an der Küste zu rechnen war, Überraschungen aber niemals vollkommen auszuschließen sind, empfehlen sich immer vorsorgliche Sicherheitsmaßnahmen.

So verlief auch die Landung in Somalia fast wie ein Manöver, exakt nach den verbindlichen Dienstvorschriften. Diese bestimmen, daß eine genaue Stranderkundung in Echtzeit durchzuführen und die Strandzone zu sichern ist. Nur so ist die Aktion gegen unerwartet auftauchende Störungen einigermaßen risikofrei abgesichert.

Als die zwölf Kampfschwimmer die letzten Meter zum Strand watend zrückgelegt hatten, sahen sie sich einer recht ungewöhnlichen, aber friedlichen Streitmacht gegenüber. Plötzlich erhellte grelles Scheinwerferlicht das Dunkel der Nacht, ein wahres Blitzlichtgewitter ging über die sichtlich verdutzten SEALs nieder und machte den Einsatz der vorsorglich mitgeführten Nachtsichtgeräte überflüssig. An die 300 Journalisten, überwiegend aus den USA, empfingen ihre Jungs während der besten Sendezeit in der Heimat. Dort wurde die zum Medienrummel aufgebauschte Aktion umgehend *live* auf allen Kanälen weiter verbreitet. Anstelle von Feindfeuer erwartete die SEALs ein herzliches Willkommen in Somalia, von Berichterstattern, die längst vor Ort waren und sich mit ihren technischen Stäben in den wenigen Hotels der Hauptstadt einquartiert hatten. Die überraschten Kampfschwimmer standen vor laufenden Kameras. Einige reagierten sichtlich verärgert, andere blieben ruhig und gelassen, führten unbeirrt die Stranderkundung durch und trafen die erfoderlichen Sicherheitsmaßnahmen. Sie gruben sich mit ihren Maschinenwaffen und Panzerfäusten ein, beobachteten und sicherten. Für kurze Zeit flackerten die Bilder der getarnten Gesichter unter den typischen Feldhüten und Stirnbändern über die Bildschirme in aller Welt. Ärgerlich reagierte dabei einer der SEALs auf das aufdringliche Verhalten eines der Journalisten: *»Hände hoch und drei Schritte zurück!«* Damit schaffte sich der bedrängte Aufklärer Luft. Der Reporter gehorchte aufs Wort! Aber in den folgenden Minuten entwickelte sich die Situation recht unbehaglich für das *Team*. Einzelne Kampf- und Beobachtungsstände wurden von einer halben Hundertschaft Journalisten regelrecht belagert. Ein nie völlig auszuschließender Beschuß hätte dabei eine erhebliche Gefahr bedeutet.

Kurze Zeit später gingen die ersten *Marines* an Land und verstärkten den Landekopf. Auf dem Weg in das Landesinnere stießen die US-Truppen auf keinen organisierten bewaffneten Widerstand, es fielen lediglich einige ungezielte Schüsse.

Die SEALs hatten ihren Auftrag ausgeführt und kehrten auf die Schiffe zurück. Für die hilfsbereiten Soldaten an Land begann eine Erfahrung besonderer Art. Aus der ursprünglichen rein humanitären Angelegenheit entwickelte sich ein blutiger Kleinkrieg, den eine große Zahl hilfsbereiter Soldaten vieler Nationen mit ihrem Leben bezahlten.

Wie so oft in der Vergangenheit standen die Sondereinsatzverbände der *US Navy* für schwierige Aufträge im Auftrag des *Special Operations Command* und der Flotte bereit, um ihren Auftrag – von der Öffentlichkeit nahezu unbemerkt – bestmöglich auszuführen.

Nach dem einleitenden Nachteinsatz zur Unterstützung der Landung der *Marines* übernahmen SEALs und Experten aus dem Bereich *Naval Special Warfare* weitere Aufgaben in Afrika. Bei ihren Einsätzen stützten sie sich dabei auf Flugzeugträger und Landungsschiffe vor der Küste sowie auf Stützpunkte auf dem Festland. Ihrem Auftrag entsprechend standen sie dabei unter UN-Kommando oder wurden von der *US Joint Special Operations Task Force* geführt. Bootsbesatzungen und *SEAL*-Züge beteiligten sich an den humanitären Hilfsmaßnahmen, nahmen an verschiedenen UN-Missionen teil, führten Aufträge zur Spezialaufklärung durch und gerieten bei mehr als 60 Kampfeinsätzen vielfach unter feindlichen Beschuß.

Es gelang den US-Truppenkontingenten im Auftrag der UNO zunächst den Hunger zu besiegen. Zuvor waren täglich 2000 Menschen an Unterernährung gestorben. Als aber das Oberkommando der UNO recht unbeholfen versuchte, Einfluß auf die chaotische politische Lage am Horn von Afrika zu nehmen, wurde aus der »Operation Hoffnung« schnell eine *»Mission Impossible«*. Die der weitgehend militärisch und politisch inkompetenten Führung der Vereinten Nationen ausgelieferten amerikanischen Soldaten ließen sich auf eine aussichtslose Verfolgungsjagd auf den dominierenden Clan-Führer Aidid ein, die sich bald von einer Farce zur Tragödie entwickelte. Zur glücklosen *Task Force Ranger,* die sich aus Angehörigen der *Delta Force,* des 75. *Ranger*-Regiments und aus *»Green Berets«* rekrutierte, gehörten auch SEALs.

Wie in der Vergangenheit bereits mehrfach geschehen, mußten Soldaten amerikanischer Sondereinsatzverbände wieder einmal in einer völlig verfahrenen Situation den Kopf hinhalten. Vor allem die benötigten schweren Waffen fehlten. Über die Hintergründe gibt es frustrierende Spekulationen, und kurze Zeit darauf mußte der US-Verteidigungsminister seinen Hut nehmen. Erst als die Leichen gefallener *Rangers* und weiterer Angehöriger der Spezialeinheiten vom Pöbel, der erst kürzlich dem Hungertod entgangen war, durch die Straßen von Mogadischu geschleift wurden, wachten einige Politiker auf.

Nach fünfzehn Monaten entbehrungsreichen Dienstes in Afrika wurden die amerikanischen Truppen aus Somalia abgezogen. Die so idealistisch begonnene Operation forderte 39 Tote und fast 200 Verwundete. Verbittert und enttäuscht verschwanden die Soldaten, unter ihnen auch eine ganze Anzahl SEALs.

Die Clan-Führer gingen gestärkt aus der mißglückten Intervention hervor. Heute herrschen erneut Chaos und extremes Elend in der Region, und wieder verhungern Menschen.

Am Rande sei noch erwähnt, daß bereits 1991 SEALs in Mogadischu weilten. Im Januar mußte die US-Botschaft nach zahlreichen Übergriffen um Hilfe bitten. Rund 300 Diplomaten und Ausländer aus mehr als 30 Staaten konnten sich auf dem Botschaftsgelände kaum noch halten. Hilfe sollte vom amerikanischen Hubschrauberträger GUAM kommen. Allerdings war das Schiff mehr als 800 Kilometer von der Küste Somalias entfernt. Ein Rettungskommando aus 60 *Marines* und SEALs machte sich an Bord zweier Transport-Hubschrauber auf den Flug Richtung Mogadischu. Dabei mußten die Helikopter mehrfach in der Luft betankt werden. In der Nacht gelang es ihnen problemlos, auf dem Botschaftsgelände zu landen und mit der Evakuierung zu beginnen. Während die *Marines* die Rettungsaktion nach allen Seiten absicherten, übernahmen die SEALs die Organisation des Abtransportes und gewährleisteten die persönliche Sicherheit der Diplomaten. In kurzer Zeit flogen die Hubschrauber einen Teil der Zivilisten aus. Zwischenzeitlich näherte sich das Kriegsschiff und schickte weitere zehn Hubschrauber los, welche die restlichen Menschen und die Rettungsmannschaft aufnahmen.

US Naval *Special Warfare*

Seit Jahren verfügen die Streitkräfte der USA über Sondereinsatzverbände in beachtlicher Zahl. Die Navy stellt dazu mit hochqualifizierten maritimen Special Warfare Groups ihr Kontingent. Zahlenmäßig bilden die Kampfschwimmer zwar das Schlußlicht, aber Fachleute bezeichnen die Nachfolger der Froschmänner als die beste Sondereinsatztruppe innerhalb der Streitkräfte der USA – klein, aber besonders leistungsstark!

Eingebunden in die Teilstreitkräfte-übergreifenden *Special Operations Forces* dienen die SEALs und die angegliederten Formationen der amerikanischen Sicherheitspolitik als wichtiges Werkzeug. Zu ihren grundlegenden Aufgaben gehören die Erhaltung und Wiederherstellung des Friedens, die Durchsetzung und Wahrung amerikanischer Interessen im nationalen und internationalen Bereich, sowie die Teilnahme an kriegerischen Aktionen aller Größenordnungen. Erst wenn alle Bemühungen zur Friedenserhaltung scheitern, sieht die US-Doktrin einen militärischen Einsatz vor.

Seit wenigen Jahren gibt es ein einheitliches Oberkommando für die Sondereinsatzkräfte der *US Navy*. In der Vergangenheit standen nur schwache Kräfte zur Verfügung, die direkt den verschiedenen Flottenkommandos und räumlich begrenzt operierenden Flotten-Verbänden zugewiesen waren. Erst im letzten Jahrzehnt ergab sich eine kräftige Aufwertung, einhergehend mit erheblichen personellen und materiellen Verstärkungen sowie der Schaffung einer straffen Organisation.

Im Jahr 1986 wurde – nicht zuletzt aufgrund erheblicher Pannen bei der mißglückten Geiselbefreiung im Iran und bei der Landung auf der Karibikinsel Grenada – von der Regierung Reagan das *Goldwater – Nichols Department of Defense Reorganization*-Gesetz durchgedrückt. Es brachte die Vereinigung sämtlicher Sondereinsatzverbände unter einem gemeinsamen Oberkommando, dem *Special Operations Command* auf dem MacDill Luftwaffenstützpunkt in Tampa, Florida. Als am 16. April 1987 der integrierte Stab seine Arbeit aufnahm, gab es keine vergleichbare Kommandostruktur auf Seiten der *Navy*. So erging gleichzeitig die Weisung zur Aufstellung des ersten *Naval Special Warfare Command* in der Geschichte der Seestreitkräfte der USA. Unter dem Oberbefehl von *Rear Admiral* Irve C. LeMoyne entstand an der amphibischen Basis der Marine in Coronado das neue Hauptquartier. Der Marine-Befehlshaber hat dabei eine Doppelfunktion. Er ist an die Weisungen des Oberkommandos in Tampa gebunden, dem er truppendienstlich unterstellt ist. Für den administrativen Bereich bleiben aber die Seestreitkräfte zuständig. Das gesamte Personal sämtlicher Laufbahnen rekrutiert sich aus Angehörigen der Teilstreitkraft *Navy*.

Am 1. März 1988 übernahm das *Naval Special Warfare Command* die Kontrolle über alle in den USA stationierten maritimen Sondereinsatzkräfte. Der Kommandeur untersteht direkt dem Chef des Gemeinsamen Oberkommandos in Tampa und vertritt die *NAVY* als ranghöchster Mitarbeiter des Oberbefehlshabers. In der Praxis ergeben sich sowohl Unterstellungen unter das Gemeinsame Oberkommando, als auch unmittelbar unter die Seestreitkräfte. Das *Naval Special Warfare Command* in Coronado hat eine Personalstärke von knapp 5000 Köpfen, die Reservisten mit eingeschlossen. Im *Naval Warfare Center* in Coronado erfolgt die Aus- und Fortbildung. Nicht nur die berüchtigte Grundausbildung, sondern insgesamt 19 spezielle Ausbildungsabschnitte sind dort zu absolvieren. Sie reichen von der Geräte-Instandsetzung bis zur taktischen Gefechtsausbildung. Die Lehrgangsteilnehmer lernen beispielsweise, mit den speziellen *SEAL*-Transportmitteln, den *Swimmer Delivery Vehicles (SDV)* umzugehen, und werden dabei über die Gefahren, die in den weiten Wasserwüsten der Ozeane lauern, aufgeklärt. Der jährlich viermal stattfindende *Master Diving Course* dauert zwei Wochen und vermittelt das Fachwissen zum Tauchlehrer.

Eine eigene Lehrgruppe trägt die Verantwortung über die vielfältigen Weiterentwicklungen und Forschungsvorhaben bei der Bewaffnung, der technischen Ausstattung und der Fortentwicklung des Materials sowie die Überprüfung und Anpassung der besonderen Kampf- und Einsatzgrundsätze. Standort ist Dam Neck im Bundesstaat Virginia.

Die eigentlich tragenden Säulen der maritimen Sonderkampfführung sind die beiden *Naval Special Warfare Groups* . An der Westküste in Coronado ist die *Gruppe 1* beheimatet, die *Gruppe 2* hat ihren Standort in Little Creek, Virginia, an der Ostküste der USA. Jede Gruppe ist verantwortlich für die Ausbildung und den Einsatz einer Reihe von Einheiten. Es gibt eine grobe Arbeitsteilung für den pazifischen und fernöstlichen Raum (Gruppe 1) und den atlantischen, europäischen und karibischen Raum (Gruppe 2).

Wie ein Netz überziehen mehrere regionale US-Oberkommandos die Erde und sind für genau umrissene strategische Großräume zuständig. Auch die Strukturen der Sondereinsatzverbände sind ihnen angeglichen und gliedern sich nach neuester Einteilung gegenwärtig in folgende *Theater Special Operations Commands* auf:

Command South – Mittel- und Südamerika. Ihm unterstehen eine Kompanie der *Special Forces* mit Heeresfliegern, eine Unterstützungs- und Versorgungseinheit, sowie die *Naval Special Warfare Unit 4* mit speziellen Ausbildungseinrichtungen und Schiffen.

Das *Special Operations Command Europe* führt vom Standort Stuttgart-Vaihingen aus ein Bataillon der *10th Special Forces Group (Airborne)*, eine *Special Operations Group* der *Air Force* sowie zwei *Naval Warfare Units*. Europa, Teile von Afrika und Asien bilden das Operationsgebiet dieser Sondertruppen.

Standort des *Special Operations Command Pacific*, das in weiten Teilen Asiens und des Pazifik operiert, ist Camp Smith auf Hawaii. Die *Army* ist mit einem Bataillon der *1st Special Forces Group (Airborne)* vertreten; von der *Air Force* kommt eine *Special Operations Group*, und die *Navy* stellt eine *Naval Special Warfare Task Unit*.

Auch Südkorea ist Sitz eines regionalen Kommandos, dem jedoch keine Spezialeinheit der *Navy*, sondern lediglich ein verstärktes *Detachment* der *»Green Berets«* unterstellt ist.

Daneben sind die Kommandos *Central* und *Atlantic* zu erwähnen. Sie verfügen über keine organischen Kampfschwimmereinheiten, erhalten diese aber bei Bedarf zugeteilt.

Den Schwerpunkt der Gruppen bilden jeweils die *SEAL Teams*, unterstützt von den Boots-Flottillen mit mehreren Boots-Einheiten, den *SEAL Delivery Vehicle Teams* und den *Naval Special Warfare Units*, vervollständigt durch verschiedene, über die gesamten USA verteilten Reserve-Einheiten.

Zur *Naval Special Warfare Group 1* in Coronado zählen die *SEAL Teams 1, 3* und *5*, alle mit Heimatstandort Coronado. Hinzu kommt das *SEAL Delivery Vehicle Team 1* am gleichen Ort. Die *Special Boat*-Flottille setzt sich aus der *Special Boat Unit 11* in Vallejo, Kalifornien, der *Einheit 12* in Coronado, und der *Einheit 13* (Reserve) in San Diego zusammen. Ein *SEAL-Detachment* befindet sich in Kodiak, Alaska, ein *Detachment* des *SEAL Delivery Teams 1* auf Hawaii. Die Pazifikinsel Guam ist nun die Heimat der *Naval Special Warfare Unit 1*, die bis vor wenigen Jahren auf den Philippinen stationiert war.

Die *Naval Special Warfare Group 2* in Little Creek, Virginia, führt die *SEAL Teams 2, 4* und *8* am gleichen Ort, unterstützt vom *SEAL Delivery Vehicle Team 2* und der *Flottille 2* mit den *Einheiten 20* in Little Creek, *22* (Reserve) in New Orleans und *24* (Reserve) in Norfolk, Virginia, sowie der *Einheit 26* in Little Creek.

Den beiden *Special Warfare Groups* ist jeweils eine Hubschrauberstaffel der *Navy*-Reserve unterstellt.

Weltweit verstreut sind die vier vorgeschobenen, selbständigen *Naval Special Warfare Units*, die jeweils einem der sechs regionalen Oberkommandos (mit Einsatzstäben für Sonder-Operationen) der US-Streitkräfte zuarbeiten. Die *Einheit 2* liegt in Machrihanish, Schottland, die *Einheit 3* hält sich in Puerto Rico auf, und die *Einheit 8* befindet sich bis zum Abzug der US-Truppen aus Panama auf dem Stützpunkt Rodman. Daneben sind noch kleinere Einheiten in Sigonella auf Sizilien sowie im spanischen Rota stationiert.

Tatsächlich befindet sich aber nur ein Bruchteil der Soldaten in den Heimat-Standorten. Etwa die Hälfte der SEALs ist den aktiven Flotten zugeteilt und kreuzt mit diesen im Mittelmeer, im Indischen Ozean, oder im Atlantik. Jede der die Flotten begleitenden *Amphibious Readiness Groups* besteht aus einem *SEAL*-Zug und einer Bootsgruppe; im Pazifik sind es die Züge *»Alpha«* und *»Bravo«*, im Mittelmeer übernimmt ein *Strike Platoon* (Einsatz-Zug) diese Aufgabe. Andere Züge befinden sich auf Lehrgängen, schicken mobile Beratergruppen in Länder der Dritten Welt, oder beteiligen sich an weltweiten verdeckten und offenen Aktionen. Glaubt man den maritimen Sonderkriegern, so befinden sie sich immer in Bewegung. Entweder sind sie gerade im Auslandseinsatz, bereiten sich darauf vor, oder kehren eben zurück. Interessant und typisch für Sondereinsatztruppen ist der Umstand, daß es kaum zu Einsätzen in größerem als dem Zugrahmen kommt. Der geschlossene Einsatz eines kompletten *SEAL Teams* ist nicht üblich.

Den Sondereinheiten der *US Navy* sind auch die *Inshore Undersea Warfare Groups* zuzurechnen, die für die Sicherheit der Marine-Einrichtungen verantwortlich sind und Angriffe gegen diese abwehren. Zur Verteidigung und Sicherung von

Häfen, Dockanlagen oder Liegeplätzen bedienen sie sich modernster Defensiv-Techniken. Hierzu zählen Radargeräte, Gefechtsfeld-Überwachungssysteme und das *Mobile Inshore Detection and Surveillance System* für Aufklärung und Überwachung im Küstenbereich und an Landungsstränden.

Immer größere Bedeutung erlangen die *Mobile Training Teams,* die Spezialeinheiten befreundeter und verbündeter Staaten ausbilden, eine Fülle weiterer Aufgaben zur Entwicklung und Stabilisierung übernehmen, sowie sensible Nachrichten und Informationen beschaffen.

Eine Ausnahme bildet das bereits erwähnte *SEAL Team 6,* die für den maritimen Bereich zuständige Antiterror-Einheit. Sie folgt nicht der üblichen Kommandostruktur, sondern ist dem *Joint Special Operations Command* und damit dem Vereinigten Generalstab der USA unmittelbar unterstellt, untersteht aber administrativ der *Navy.*

Die SEAL Teams

Die eigentlichen Leistungsträger, rund 1200 bis 1400 SEALs, sind in den sechs Teams organisiert, die eine Vielzahl von Aufgaben übernehmen. Ein Team weist eine durchschnittliche Personalstärke von 30 Offizieren und 160 bis 180 Unteroffizieren und Mannschaften auf – etwa einem Bataillon des Heeres vergleichbar. Zehn Züge (Platoons) zu jeweils 16 Mann bilden das Rückgrat dieser Formation. Um eine größtmögliche Selbständigkeit und Unabhängigkeit zu erreichen, gehören entsprechende Teileinheiten für Führung und Versorgung dazu. Der Kommandeur, gewöhnlich im Rang eines Lieutenant Commander oder Commander stützt sich neben seinem Stellvertreter auf einen kleinen Stab mit Offizieren für das Fernmeldewesen, für Ausbildung, Nachrichten und Einsatzplanung. Weiterhin sind Teileinheiten für Verwaltung, Verpflegung und Sanitätsdienst sowie Instandsetzung in Stärke von etwa 20 Mann vorhanden, die in der Regel keine Kampfschwimmer-Ausbildung absolviert haben. Obwohl seit Jahren die ehemaligen UDT-Schwimmer als reguläre SEALs operieren, hat sich in der vorherigen praktischen Aufgabenstellung kaum etwas geändert. So führen die ehemaligen UDTs weiterhin die klassischen Tauch-, Aufklärungs- und Sprengeinsätze zur Unterstützung amphibischer Landungen sowie Arbeiten an Bord der Flotten-Schiffseinheiten durch; Funktionswechsel in andere Bereiche sind aber üblich. Verbindungs-Offiziere für die Zusammenarbeit mit Unterseebooten und Flugzeugen ergänzen das Team. Neben dem für Terrorismusbekämpfung zuständigen Team 6 ist auch das 1988 neu aufgestellte Team 8 speziell für Sonderaufträge geschult. Schwerpunkte bilden dabei das Entern und Durchsuchen von Schiffen auf hoher See sowie ähnliche Sondereinsätze.

Die 60 Züge beherrschen eine Reihe von Infiltrationstechniken, die einen hohen Ausbildungsstand erfordern. Sie operieren von großen und kleinen Unterseebooten aus sowie von Überwasserschiffen aller Art. Ein Großteil des Personals hat sich neben der automatischen Fallschirmsprungtechnik auf das *HALO* und *HAHO* Verfahren spezialisiert. Strandaufklärung und Vermessung, Beseitigung von Hinder-

Während einer Übung nahe Coronado an der Westküste der USA waten diese SEALs an Land. Sie tragen Neopren-Naßtauchanzüge, Halbmasken und das von der deutschen Firma Dräger entwickelte Schwimmtauchgerät LAR V mit blasenlosem, geschlossenem Sauerstoff-Kreislauf, das knapp dreistündige Tauchgänge ermöglicht. Bewaffnet sind sie mit Maschinenpistolen MP 5 von Heckler & Koch in spezieller Navy-Ausführung.

nissen, Sammeln von Nachrichten, Zielansprache und Funktionen als Vorgeschobene Beobachter für schwere Waffen und Flugzeuge der Kriegsmarine gehören zu den vielfältigen Aufgaben. Bei Einsätzen an Land beherrschen sie neben den üblichen infanteristischen Kampfweisen auch die Aufklärung in der Tiefe des Raumes, das Legen eines Hinterhaltes, sowie vielseitige Techniken und Taktiken des Kleinkrieges und der Bekämpfung von Guerillas. Im Mittelpunkt stehen Einsätze von See her, beispielsweise gegen Hafenanlagen, sowie entlang von Strömen und Flüssen, die oftmals bis weit in das Landesinnere hineinführen. Der Schwerpunkt des Einsatzraums liegt gewöhnlich bis zu fünfzehn Kilometer im Landesinneren – eine Umsetzung der Erfahrungen aus dem Vietnam-Krieg.

Die Züge weisen eine an der Praxis ausgerichtete Unterteilung auf; sie setzen sich aus jeweils zwei achtköpfigen Gruppen zusammen. Als Gruppenführer sind jüngere Offiziere eingeteilt. Der Zugführer ist gleichzeitig Gruppenführer der Ersten Gruppe, sein Stellvertreter ist für die zweite Gruppe verantwortlich. Die Gruppe unterteilt sich weiter in zwei Halbgruppen zu vier Mann, die wiederum zwei Zweimann-Trupps bilden. In jeder Gruppe befinden sich erfahrene Fachleute, meist Unterführer mit langen Dienstzeiten und langjähriger praktischer Erfahrung. Hierzu zählen Feuerwerker und Sprengmeister, Sanitäter, Funker und Spezialisten für leichte und für schwere Waffen. Je nach den Erfordernissen des Auftrages sind spezielle Gliederungen vorgesehen. So beispielsweise der Dreimann-Trupp bei Kommando-Unternehmen auf dem Festland. Bei Unterwassereinsätzen erfolgt grundsätzlich eine paarweise Zusammenarbeit, was schon aus Sicherheitsgründen erforderlich ist. Nicht besonders sinnvoll scheint eine Zusammenfassung von mehreren Zügen zu einer Kampfgruppe. Dadurch vermindert sich die Fähigkeit zum verdeckten, überraschenden Einsatz. Gleichzeitig besteht die Gefahr einer mißbräuchlichen Verwendung im Rahmen konventioneller Stoßtrupp-Unternehmen, die nicht in den Aufgabenbereich der SEALs gehören, und für die sie sich nicht eignen.

Swimmer Delivery Vehicle Teams

Die beiden Teams mit ihren speziellen Unterwasser-Fahrzeugen sind die streng gehütete, eigentliche Geheimwaffe der heutigen Froschmänner. Sie dienen der verdeckten, manchmal auch der »grauen« oder »schwarzen« subversiven Kampfführung. Informationen über diese Schwimmer-Transportmittel und Sonderwaffen-Träger sind nicht nur bei der US Navy, sondern bei den meisten Seestreitkräften schwer zu erlangen. Diese Kleinkampfmittel kamen zwar bereits in der Vergangenheit wiederholt zum Einsatz, aber erst seit 1983 gehören sie offiziell zum Inventar der SEALs. Ursprünglich rekrutierte sich das Personal der SDV-Teams – kleinen, eigenständigen Einheiten – nahezu ausschließlich aus ehemaligen Angehörigen der 1983 in die Sondertruppe übernommenen UDTs.

Grundsätzlich ist zu unterscheiden zwischen den sogenannten »nassen« Unterwasser-Fahrzeugen und den »trockenen« Kleinst-U-Booten, die mit einer Taucherschleuse ausgestattet sind.

In diesen Fahrzeugen erreichen die Besatzungen den Einsatzraum, in dem sie Aufklärungs- und Erkundungs-Einsätze, aber auch offensive Gefechtseinsätze und Sabotage-Unternehmen durchführen. Da auch geübte Schwimmer und Taucher nur relativ kurze Strecken aus eigener Kraft zurücklegen können, sind derartige Transportmittel unentbehrlich.

Jedes *Team* setzt sich aus drei bis fünf Unterwasser-Fahrzeug-Zügen zu jeweils 14 Mann sowie zwei Zügen (24 Mann) für die Bedienung der wasserdichten Schutzbehälter an Deck der Mutterschiffe zusammen. Zwei Offiziere befehligen die achtköpfigen Bootstrupps der beiden verwendeten Fahrzeug-Typen mit der Bezeichnung *Mark 8* und *Mark 9*. Sie werden von zwei Mechanikern und zwei Elektrikern unterstützt, die für Wartung und Instandsetzung zuständig sind. Die beiden an der Ost- beziehungsweise an der Westküste der USA stationierten Einheiten umfassen durchschnittlich 25 Offiziere und 160 Unteroffiziere und Mannschaften. Die weltweit dislozierten selbständigen *Detachments* bestehen meist aus fünf Offizieren und 35 Mann.

Die *SDV*-Besatzungen bilden die Elite der SEALs und erhalten die bestmögliche technische und logistische Ausbildung und Unterstützung. Sie müssen wie alle SEALs die harte Grundausbildung erfolgreich hinter sich bringen und besuchen dann in Coronado einen zwölfwöchigen Speziallehrgang. Dort lernen sie das tech-

Die körperlichen Strapazen einer der unter wirklichkeitsnahen Bedingungen abgehaltenen Übungen in den Wäldern nahe Fort Hill im US-Bundesstaat Virginia stehen diesem jungen SEAL deutlich ins Gesicht geschrieben.

nische *Know How* und die komplizierte Elektronik zu beherrschen, bereiten sich auf Über- und Unterwasserfahrten vor, und befassen sich gründlich mit den Kampf- und Sabotagetechniken. Nach einer umfassenden Erprobung unter harten Einsatzbedingungen erfolgt die Versetzung zu einem der *Teams* und die praktische Weiterbildung.

Special Boat Squadrons

Erstmalig während des Vietnam-Krieges machten eigenständige Bootseinheiten im Mekong-Delta auf sich aufmerksam. Die modernen Special Boat Squadrons sehen in diesen ihren Ursprung und haben deren Tradition übernommen.

Eine Vielzahl spezieller Schnellboote, Sturmboote, Patrouillenboote und Schlauchboote stehen den SEALs als Transportmittel und Waffenplattformen zur Verfügung. Sie überwachen und operieren in Küstengewässern, dienen der unbemerkten Infiltration und Exfiltration von Kommandotrupps, patrouillieren auf Flüssen, fangen gegnerische Boote ab oder fahren Scheinangriffe zur Täuschung oder Ablenkung eines Gegners. Am häufigsten kommen dabei das Patrouillenboot *Mark III* sowie ein leichtes Boot mit Fiberglas-Rumpf mit der Bezeichnung

»Seafox« zum Einsatz, das Platz für zehn SEALs bietet. Das *»Seafox«*-Boot läuft bis zu 30 Knoten (ca. 55 km/h), ist aufgrund seiner Bauweise kaum durch Radar erfaßbar, und auch bei schwerer See hochseetüchtig. In jüngster Zeit wurde eine Anzahl neuentwickelter und größerer Bootstypen beschafft, deren Einführung noch nicht abgeschlossen ist. Diese Boote, die ebenfalls hochseetüchtig sind, verfügen über einen großen Aktionsradius.

Die Mehrzahl der Boots-Geschwader gehört den Reservestreitkräften an. Gewöhnlich hat einer der Schiffsverbände aktiven Status, zwei weitere werden von Teilzeit-Soldaten der Streitkräfte-Reserven bemannt. Jedes der Geschwader setzt sich aus 50 Offizieren und 350 Unteroffizieren und Mannschaften zusammen. Im Gegensatz zu den anderen maritimen Sondereinsatzkräften handelt es sich bei den Besatzungen nicht um ausgebildete Kampfschwimmer, sondern um Seeleute der *Navy*.

Naval Special Warfare Units

Bei ihren weltweiten Einsätzen können die verschiedenen Kampfformationen der SEALs auf ein kleines, aber weitverzweigtes und gut funktionierendes Netz versierter Unterstützungseinheiten zurückgreifen. Sie ermöglichen die logistische, technische und administrative Versorgung der im Ausland operierenden Spezialstreitkräfte der US Navy. Eng ist die Zusammenarbeit mit den Sondereinsatz-Stäben bei den verschiedenen regionalen Oberkommandos, so beispielsweise beim European Command, dessen Befehlsbereich sich über ganz Europa, das nördliche Afrika und auf Teile des Nahen Ostens erstreckt.

Kalte Füße beim SEAL Team 2

Wie die meisten Spezialeinheiten der US-Streitkräfte sind auch die SEAL Teams auf einen regionalen Einsatzschwerpunkt fixiert, sprechen die dortige Sprache, und sind mit den kulturellen und gesellschaftlichen Besonderheiten sowie den geographischen und klimatischen Verhältnissen vertraut. So fühlt sich beispielsweise das Team 4 in der Karibik zuhause und kennt sich in Lateinamerika gut aus. Die Teams an der Westküste der USA zieht es eher in den pazifischen Raum und den Fernen Osten. Diese Aufteilung gilt auch für die Begleitung von Flotten- und Landungsverbänden. Aufgrund des geringen Personalbestandes sind jedoch Abweichungen hiervon oder Abkommandierungen jederzeit möglich.

Das *SEAL Team 2* ist zwar an der nordamerikanischen Atlantikküste stationiert, die meisten der Kampfschwimmer befinden sich jedoch ständig im Ausland. Das *Team 2* ist die Keimzelle der maritimen Sondereinsatzverbände in Europa und den umliegenden Räumen. Während des »Kalten Krieges« sollte das *Team* vor allem gegen die mit Raketen bestückten Atom-U-Boote der Sowjets in deren Stützpunkten nördlich des Polarkreises eingesetzt werden. Für die verdeckte Annäherung waren *SDV*-Transporter eingeplant. Art und Umfang der mitgeführten Waffen und Kampfmittel unterliegen noch heute der Geheimhaltung.

Seit Beendigung des »Kalten Krieges« haben sich Änderungen in der Auftragslage ergeben, die zu einer Vermehrung der Aufgaben geführt haben. Wer zu diesen Kampfschwimmern versetzt wird, darf sich weder vor Kälte, noch vor widriger Witterung fürchten. Auf dem Ausbildungsprogramm steht an erster Stelle ein umfangreiches Winterkampf-Training. Mehr als zwei Monate im Jahr werden gewöhnlich beim *Detachment Kodiak* sowie auf der Halbinsel Seward im Süden von Alaska zugebracht. Dort erfolgt in Kälte und Nässe eine wirklichkeitsnahe Ausbildung, unterbrochen von Übungen im Landesinneren, wo extremste Kältegrade herrschen.

Bis vor wenigen Jahren galt insbesondere das nördliche Norwegen als voraussichtliches Einsatzgebiet. Von der Basis in Schottland aus wurde laufend ein Zug zur Gebirgs- und Winterkampfausbildung nach Skandinavien abkommandiert. Durch den ständigen Wechsel lernten so nach und nach alle Teileinheiten die Besonderheiten arktischer Kälte und den Kampf und das Überleben im winterlichen Gebirge kennen. Eine enge Zusammenarbeit entwickelte sich im Rahmen von Austauschprojekten mit Kampfschwimmereinheiten der NATO-Verbündeten, besonders auch mit der Kampfschwimmer-Kompanie (KSK) der Bundesmarine in Eckernförde. Heute stehen vier Schwerpunkte im Mittelpunkt der Ausbildung:

- Landkampf, besonders Gebirgs- und Winterkampf,
- Kampfschwimmertaktik/Tauchen, gemeinsam mit NATO-Verbündeten,
- Orts- und Häuserkampf,
- amphibische Operationen.

Zusammen mit dem *Team 8* stellt diese Einheit den *SEAL*-Anteil für die im Mittelmeer kreuzende 6. Flotte. Rund 70 Mann beteiligen sich jährlich an Speziallehrgängen der *Army* in Fort Campbell und in Fort Chaffee. Wechselweise wird Personal für die Basis in Schottland abgestellt. Besonders aktuell ist heute der Einsatz zur Bekämpfung des internationalen Drogenhandels. Um die Fremdsprachenqualifikation – einer der wenigen Schwachpunkte der Kampfschwimmer – zu verbessern, nehmen viele Seeleute an Sprachkursen zur Erlernung der wichtigsten europäischen Sprachen teil und lernen die Grundzüge der deutschen, französischen und spanischen Sprache.

Naval Special Warfare Unit 2

Ein kleiner Stützpunkt auf dem Gelände des Flugplatzes Machrihanish der Royal Air Force (RAF), nahe der schottischen Kleinstadt Campbeltown im Nordosten der britischen Insel, beherbergt die Naval Special Warfare Unit 2 (NSWU 2). Seit gut einem Jahrzehnt verfügen die zwischen Nordkap und Äquator operierenden SEALs damit über eine landgestützte Basis innerhalb des europäischen Befehlsbereichs. Schwerpunktmäßig unterstützt die NSWU 2 die Aktivitäten der US- und der NATO-Flotten in Nordeuropa. Im Jahr 1989 wurde sie der Naval Special Warfare Group 2 bzw. dem amerikanischen Kommando für Sondereinsätze in Europa unterstellt.

Das Personal besteht aus SEALs mit Erfahrungen in der maritimen Sonderkampfführung sowie aus Seeleuten, die für die Bereiche Nachrichtendienst, Verwaltung, Logistik und Technik zuständig sind. Gegenwärtig gehören acht Offiziere und 27 Unteroffiziere und Mannschaften zu dieser Einheit. Das *SEAL Team 2* verlegt im sechsmonatigen Wechsel jeweils einen *SEAL*-Zug sowie eine Bootsgruppe der *Einheit 20* nach Schottland. Untergebracht sind die Matrosen in neuen, modernen Unterkünften mit großzügigen Freizeitanlagen. Für die im halbjährlichen Turnus anwesenden Gäste gilt ein umfangreiches Weiterbildungs- und Trainingsprogramm. Besonders intensiv gepflegt wird der Austausch mit Kampfschwimmereinheiten befreundeter und verbündeter Staaten sowie den *»Green Berets«* vom 1. Bataillon der *10th Special Forces Group (Airborne)* in Böblingen bei Stuttgart. Jährlich finden mehrere gemeinsame Manöver und Gefechtsübungen statt.

Bedingt durch die jüngsten weltpolitischen Veränderungen ergaben sich für die von Schottland aus betreuten SEALs neue Einsatzschwerpunkte. Während in der Vergangenheit Nordnorwegen im Mittelpunkt stand, hat sich nun der Operationsbereich erweitert und weit nach Süden verlagert. Kampfeinsätze und spezielle Aufklärungsunternehmen sind bei der heutigen instabilen Lage jederzeit möglich. So erfolgten allein zwischen November 1992 und Frühjahr 1993 kurzfristig vier Alarmierungen bzw. Verlegungen. Am wahrscheinlichsten dürften künftig Aktionen zur Evakuierung und Befreiung von Zivilpersonen (z.B. Botschaftspersonal) sowie zum Schutz gefährdeter oder gefangener Angehöriger der US-Streitkräfte aus Krisenregionen sein. Allein an der afrikanischen Westküste zwischen Marokko und Südafrika liegen 16 der 20 Hauptstädte, die eine diplomatische Vertretung der USA beherbergen, in Küstennähe. Zwei weitere Regierungssitze liegen am Kongo-Fluß. Gerade dort, aber auch rund um das Mittelmeer, sind jederzeit Staatsstreiche und Unruhen möglich, die Leben und Eigentum von Ausländern bedrohen und Rettungsaktionen, notfalls mit Waffengewalt, erforderlich machen können. Neuerdings ist eine Verstärkung durch einen weiteren *SEAL*-Zug geplant.

Heute stellen die Sondereinheiten der US-Streitkräfte in Europa und den angrenzenden Staaten trotz ihrer zahlenmäßigen Schwäche einen äußerst wichtigen Bestandteil der Präsenz der USA dar. Die Bedeutung der noch im Ausland stationierten Sondereinsatzkräfte hat gerade im Hinblick auf die Verringerung der amerikanischen Truppenstärke in Europa auf 100 000 Mann deutlich zugenommen. Die Streitkräfte der USA müssen nun lernen, weniger in Mannschaftsstärken, sondern auf der Grundlage der noch verbliebenen Kapazitäten zu denken und zu planen. Ein entscheidender Vorteil von Sondereinsatzverbänden ist deren Fähigkeit, im Falle von Notständen und Krisen sehr schnell, flexibel und effektiv nahezu an jedem Ort reagieren und operieren zu können.

Ein zusätzliches Tätigkeitsfeld ergibt sich aufgrund der Unterstützung notleidender afrikanischer Staaten und Krisenregionen durch die USA. Weiterhin gilt es, die Erhaltung der Umwelt zu fördern, und auch die Fischerei in Küstengewässern zu schützen. Dafür eignen sich insbesondere die neu eingeführten modernen Patrouillenboote der SEALs.

Seit Jahrzehnten kreuzt im Mittelmeer als stabilisierender militärischer Faktor die mächtige 6. US-Flotte. Ihr Kommandeur muß der Möglichkeit eines überraschenden Ausbruches von Feindseligkeiten und kriegerischen Akten in seinem Befehlsbereich stets ins Auge blicken, und jederzeit mit dem Befehl zu einer bewaffneten Intervention aus Washington rechnen. Das Rückgrat der Flotte bilden die Flugzeugträger-Kampfgruppen mit modernsten Schiffen und Kampfflugzeugen. Sie verleihen der Flotte eine enorme Schlagkraft. Um einen oder mehrere der riesigen Träger, deren Besatzung der Einwohnerzahl einer mittleren Kleinstadt entspricht, gruppieren sich weitere Kampf- und Versorgungsschiffe. Neuerdings verstärken *Strike Platoons* der SEALs auch diese offensiven Kampfgruppen. Die Züge sind seit 1992 unmittelbar den Flottenverbänden unterstellt und erhielten eine Reihe zusätzlicher Aufgaben:

- Such- und Rettungsmaßnahmen unter Gefechtsbedingungen,
- Entern, Durchsuchen und Besetzen verdächtiger Schiffe,
- Evakuierungsmaßnahmen im zivilen Bereich,
- Unterstützung der Marineflieger durch Einsatz von Beobachtern auf dem Festland.

Zur Wahrnehmung dieser Aufgaben wurde die Zusammenarbeit mit Hubschraubern und U-Booten für Transport und Infiltration verstärkt. Für weiträumige Einsätze stehen Flugzeuge bereit, die in der Lage sind, die SEALs an Bord der Flugzeugträger aufnehmen und – gegebenenfalls samt Bootsausstattung – im Einsatzraum abzusetzen. Im Landeinsatz operieren die Züge als vorgeschobene Beobachter. Unter Einsatz modernster Laser-Geräte markieren sie dabei Ziele für See- und Luft-gestützte Flugkörper. Rettung und Bergung abgeschossener oder notgelandeter Flugzeugbesatzungen stehen ebenfalls auf dem Programm der maritimen Sondereinsatztruppe. Unabhängig davon gehören der amphibischen Gruppe einer Flotte wie bisher die klassischen »Blauwasser«-SEALs an und stehen für die üblichen Einsätze im Rahmen eines amphibischen Landungsunternehmens bereit.

Einsatzgrundsätze

Das Einsatzspektrum der Sondereinsatztruppen der US Navy ist außerordentlich breit und beschränkt sich keinesfalls auf die Kampfschwimmertaktik. Die SEALs sind nicht nur Unterwasserspezialisten für Sabotage an Schiffen und Hafenanlagen oder ausschließlich amphibische Aufklärer, sondern decken ein mannigfaltiges Aufgabenspektrum ab, welches sich ständig erweitert. Durch die realitätsnahe Ausbildung und die Ausstattung mit modernem Gerät ist ihre Effektivität als sehr hoch einzuschätzen. Grundsätzlich ist die triphibische Sondertruppe für fast alle Bereiche zuständig, die dem Special Operations Command übertragen wurden. Es kommen aber noch die Marine-typischen Aufgaben hinzu, bedingt durch den Einsatz in Gewässern und im küstennahen Bereich. Die vorherrschenden Schwerpunkte umfassen die sehr komplexe und komplizierte Unkonventionelle Kampfführung, Militärberatung und humanitäre Hilfen, Kommandoeinsätze, Spezialaufklärung und Terrorismusbekämpfung. Heute konzentrieren sich die SEALs auf folgende Aufgaben:

Kampfaufträge in Form von Unterwasserangriffen auf ankernde Schiffe oder Boote mit dem Ziel der Zerstörung oder Lähmung. Angriffsziele sind auch Hafenanlagen, Docks, Schleusen und Brücken. Die Kampfschwimmer gelangen dabei mit Hilfe von Überwasserfahrzeugen (Zuwassergehen von Bord) oder Unterseebooten (Austauchen durch ein Torpedorohr oder spezielle Schleusen-Anlagen) in die Nähe des Angriffsobjekts. Weitere Verbringungstechniken sind der Fallschirmabsprung über See oder der Transport mit Hubschraubern (Flachwassersprung) sowie die Verwendung der speziellen Unterwasserfahrzeuge *SDV*.

Umgekehrt liegt aber auch der Schutz eigener Kriegsschiffe und wichtiger Anlagen in den Händen der Kampfschwimmer. So wird die Unterwassersicherung gegen feindliche Kampfschwimmer von SEALs wahrgenommen.

Im Rahmen amphibischer Operationen stehen nach wie vor die Aufklärung und die Beseitigung von Hindernissen im Mittelpunkt. Vor Beginn eines Landeunternehmens ist zu erkunden, ob die Unterwasser- und Strandverhältnisse eine Anlandung zulassen oder nicht. Nach der Aufklärung des Vorstrandes erfolgen die Erkundungen weiter landeinwärts bis hinein in das Küstenhinterland. Das Suchen von Unterwasserhindernissen am Strand und deren Räumung durch Sprengen gehören zu den alltäglichen Aufgaben der Froschmänner. Die Schwimmer klären aber auch unabhängig von Landeunternehmen Schiffsbewegungen, Küstenanlagen oder Hafenbelegungen auf und liefern wichtige Daten für die Führung. Kombinierte Kommandounternehmen See/Land sind eine besondere Spezialität der SEALs. Sie richten sich gegen Hafen- und Küstenanlagen, Gefechtsstände, Radarstationen, Fernmeldezentren oder Flugabwehrstellungen. Weiter landeinwärts gelten Flugfelder, Brücken oder Verkehrsknotenpunkte als lohnende Ziele. Die SEALs erreichen bei den kombinierten Kommandounternehmen Wasser/Land, Land/Wasser die Objekte in der letzten Phase meist zu Fuß. Es ist aber auch eine Verbringung mit Fahrzeugen oder Flugzeugen/Hubschraubern in den Einsatzraum möglich. Nach Erfüllung des Auftrages schlagen sich die Kampfschwimmer zur Küste durch und werden an einem vorher bestimmten Punkt von einem Schiff oder Unterseeboot erwartet und aufgenommen – wenn alles läuft wie geplant! Falls es die Luftlage erlaubt, ist eine Rückführung mit dem Hubschrauber ideal. Bestehen nur geringe Chancen, unentdeckt auszusickern, wird ein Versteck bezogen und das Vorrücken eigener Kräfte oder ein günstiger Zeitpunkt für den Rückzug abgewartet. Fast alle Unternehmen laufen in der Dunkelheit ab, oder werden aus Tarnungsgründen bei extrem schlechter Witterung durchgeführt. Moderne Nachtsichtgeräte und weitere Hilfsmittel dienen den Spezialeinheiten bei der Orientierung und Fixierung auf die Ziele. So vermindern sich die Gefahren des Entdecktwerdens und die damit verbundenen persönlichen Risiken.

Neben diesen Einsatzschwerpunkten sind den maritimen Spezialstreitkräften noch eine Fülle weiterer Aufgaben übertragen. Sie bilden Prisenkommandos und entern zur Durchsuchung verdächtige und feindliche Schiffe. Dabei seilen sie sich in Sekundenschnelle von Hubschraubern ab, nähern sich ihren Objekten mit Hochgeschwindigkeitsbooten oder springen bei Bedarf mit dem Fallschirm ab. In der Embargo-Kontrolle gehen die SEALs auch an Bord verdächtiger Handelsschiffe und durchsuchen sie nach kriegswichtigen Gütern. Die Sicherung von Ölplattformen, Schiffen und Einrichtungen gegen Terroranschläge oder gegen mittelbare

Bedrohungen bei kriegerischen Handlungen Dritter, zählen zu den neuen Aufgabenschwerpunkten, die zunehmend auch Evakuierungen von Zivilisten aus Krisenregionen einschließen.

Aktionen zur Ablenkung und Täuschung des Gegners sowie das Ein- und Ausschleusen von Agenten, Guerillas oder wichtigen Einzelpersonen (z.B. übergelaufene hochrangige Politiker, Wissenschaftler aus dem gegnerischen Lager) gehören in die Kategorie der verdeckten und geheimen Aktionen. Der Geheimschutz gilt besonders für die Terrorismusbekämpfung durch die Angehörigen des *SEAL Teams 6*.

Seit einigen Jahren beteiligen sich SEALs und Bootseinheiten an der Bekämpfung des internationalen Drogenhandels, der in Mittel- und Südamerika seine Hochburgen hat. Rettungs- und Bergungseinsätze aller Art und unter schwierigsten Bedingungen laufen sowohl in militärischen, als auch zivilen Bereichen oft unter Mitwirkung der SEALs ab. Die Teilnahme an Militärhilfemaßnahmen im befreundeten Ausland und an humanitären Aktionen erfordert ein großes Spezialwissen und mitunter ein hohes Maß an Sensibilität und an persönlichem Einfühlungsvermögen.

Die geopolitische Entwicklung angesichts einer vollkommen veränderten Bedrohungslage hat den vermehrten Einsatz seegestützter maritimer Sondereinheiten zur Folge. In zunehmendem Maße haben heute SEALs, *Rangers* und *Special Forces* ihre Operationsbasis auf Flugzeugträgern, und erreichen mittels Hubschraubern ihre Einsatzräume oder Zwischenziele, wie beispielsweise vorgeschobene Unterseeboote.

SEALs arbeiten aber auch im militärisch-konventionellen Bereich als Vorgeschobene Beobachter und sorgen mit elektronischen Orientierungshilfen für die Leitung von Kampfflugzeugen und Fernlenkwaffen über feindbesetzten Gebieten. Hierbei benutzen sie modernstes Gerät und passen ihre Kenntnisse ständig der stürmischen technischen Entwicklung an. Hin und wieder sind die Kampfschwimmer im Objektschutz oder als *Bodyguards* im Personenschutz zu finden. Nicht selten entstehen gefährliche Sicherheitslücken bei der Bewachung wichtiger Objekte und Einrichtungen der US-Streitkräfte. Die Überprüfung der Sicherheitsmaßnahmen zum Schutz vor Spionage und Sabotage legt man gerne in die Hände der Spezialeinheiten, denen es oft problemlos gelingt, selbst scharfe Absicherungen zu durchdringen und dadurch Schwachpunkte aufzuzeigen. An derartigen Aktionen, besonders im Verantwortungsbereich der *US Navy,* haben sich mehrfach Experten der SEALs mit großem Erfolg beteiligt. Weniger glorreich sind die Kompetenzüberschreitungen im Verlauf einiger dieser Aktionen. Im Verbund mit internen Intrigen entwickelte sich daraus eine recht belastende Situation mit erheblichen negativen Folgen für die Beteiligten.

In der täglichen Einsatzpraxis ergeben sich aber immer wieder gänzlich neue Anforderungen an die Vielseitigkeit und Improvisationskunst der maritimen Einzelkämpfer, die man wegen ihrer Flexibilität zunehmend als »Krisenfeuerwehr« einsetzt.

Die harte *Ausbildung* *der* **SEALs**

Eine einsame Stelle, irgendwo an der kalifornischen Küste... Die recht merkwürdig anmutende Gruppe von etwa 20 total verdrecktenMännern kauert regungslos bis zu den Hüften im kalten Wasser. An den wenigen vom Schmutz verschont gebliebenen Stellen schimmert das dunkle Grün militärischer Drillichanzüge durch. Auch die Kopfbedeckungen erinnern entfernt an Soldaten. Der Gesichtsausdruck dieser wunderlichen Zeitgenossen spiegelt Erschöpfung wider. Längst sind die grünen und schwarzen Tarnfarben verschmiert und verleihen ihnen ein graues, maskenhaftes Aussehen. Einige Gesichter sind verschwollen und aufgedunsen. Unter den Augen liegen tiefe schwarze Ränder und die Wangen sind eingefallen. Die mutlosen und erschöpften jungen Männer im Schlamm ähneln grauen Gespenstern. Der unbedarfte Zuschauer sieht sich in vergangene Zeiten zurückversetzt. Handelt es sich hier vielleicht um eine Strafeinheit, die Deserteuren, Dieben und anderen Verbrechern in Uniform wieder auf die Sprünge helfen soll?

Tatsächlich aber fällt der Blick hier nicht auf irgendeinen Abschaum der Gesellschaft, vielmehr handelt es sich um Anwärter auf den künftigen Status einer Elite innerhalb der allgemein angesehenen *US Navy.*

Die Männer haben einiges hinter sich; ihr Leben lang werden sie die letzten Tage nicht vergessen. In den zurückliegenden fünf Tagen durften sie lediglich insgesamt vier Stunden schlafen. Rund um die Uhr standen sie täglich fast pausenlos im harten Dienst. Der Schlafentzug hat sie mehr fertig gemacht, als die vielen anderen enormen Kraftanstrengungen und die gezielten Schikanen. Der Wehrbeauftragte der Bundeswehr würde angesichts der Jammergestalten vermutlich umgehend die Ausbilder ablösen lassen und ein gerichtliches Verfahren gegen sie anstrengen. Den zukünftigen SEALs aber sind derartige Überlegungen fremd. Sie haben sich bewußt

Treibende Kraft. Während einer Übung im Juli 1992 brausen SEALs an Bord eines Schlauchboots aus dem Hafenbecken von Coronado hinaus auf die offene See. Der Außenbordmotor mit einer Leistung von 115 PS verleiht dem Boot eine Höchstgeschwindigkeit von 18 Knoten (etwa 32 Km/h).

»Nicht zur Strafe, nur zur Übung ...« schleppt ein Angehöriger des SEAL Team 5 den zentnerschweren Außenbordmotor eines Schlauchbootes.

für die wohl härteste Ausbildung innerhalb der gesamten Streitkräfte der USA entschieden – aufgrund freier Willensentscheidung, ohne Druck und Zwang. Sie haben den festen Willen, weiterzumachen und das alles durchzustehen.

Noch immer harren die jungen Lehrgangsteilnehmer bewegungslos im Wasser aus und warten auf die nächste Einlage. Sie zittern vor Kälte. Vor ihnen steht am trockenen Ufer ihr Ausbilder, drahtig und durchtrainiert, in unmilitärisch kurzen Hosen, und läßt den Nachwuchs nicht aus den Augen. Die kleinste Unregelmäßigkeit wird gnadenlos geahndet. Der Strafen-Katalog ist reich an anstrengenden gymnastischen Übungen, die lediglich vordergründig der Kräftigung der Muskeln und der Verbesserung der Kondition dienen sollen, in erster Linie aber die Fähigkeit zu äußerster Willensanstrengung fördern und der Einhaltung einer eisernen Disziplin dienen.

Ein scharfes Kommando ertönt: *»Singt das Lied 'Gilligans Island'!«* Etwas kläglich, aber mit der ganzen noch verbliebenen Kraft ihrer Lungen, versuchen die Männer, fehlerfrei die Strophen des Hausliedes der SEALs abzusingen. Dann kehrt wieder Totenstille ein. Der Ausbilder nimmt Haltung an und läßt seine gefürchtete Stimme erschallen: *»BUD/S Klasse 140 hat die Höllenwoche bestanden!«*

Erschöpft, aber glücklich fallen sich die Männer in die Arme. Manche weinen, andere sind ganz aus dem Häuschen. Nur langsam weicht die Anspannung der vergangenen Tage, und die Erschöpfung wird für einige Minuten von einem unbeschreiblichen Glücksgefühl überlagert. Es ist vollbracht!

Froschmänner – Fallschirmspringer – Kommandos

Die Sondereinsatzverbände der US Navy als Teil der US Special Operations Forces sollen unter Einsatz geringer Mittel größtmögliche Erfolge in schwierigen Situationen erzielen. Der Dienst bei den SEALs bedeutet eine ständige Herausforderung und verlangt ein besonderes Maß an Mut, Motivation, Disziplin und Leistungswillen. Kameradschaft und die Fähigkeit zu selbständigem Handeln treten hinzu. Eigeninitiative, Selbstvertrauen und geistige Beweglichkeit sind in dieser Elitetruppe erforderlich. Selbstverständlich ist ein Höchstmaß an körperlichem Leistungsvermögen. Nur ein gesunder, belastbarer Körper hält das harte Training und die überdurchschnittlich hohen Belastungen auf Dauer aus. Die Kampfschwimmerausbildung gilt heute als das härteste Training der gesamten Streitkräfte der USA. Die außergewöhnlich hohen Anforderungen sind aber keinesfalls übertrieben oder willkürlich, sondern eine Vorbereitung auf die Härte des Dienstes. Vor allem aber dienen die manchmal ausgesprochen strenge Personalauswahl und die Grundausbildung letzthin dem Schutz des Anwärters selbst. Die Gefahren des Wassers – und ganz besonders des Tauchens – sind sehr groß. Jedes Versagen, jede kleine Schwäche und Nachlässigkeit, können katastrophale Folgen haben, die nicht nur das Leben und die Gesundheit des Einzelnen, sondern auch das der Kameraden im Team bedrohen. Wasser ist gnadenlos! Wer völlig erschöpft über keine körperlichen Kräfte mehr verfügt, droht zu ertrinken; es gibt keine Alternative. Tauchfehler haben gravierende Auswirkungen auf Leben und Gesundheit. Bei einem Landeinsatz eröffnen sich selbst in sehr gefährlichen Situationen eher Auswege und Fluchtmöglichkeiten als im Wasser. So wäre also mit einer Verringerung der Anforderungen niemanden gedient, am wenigsten den Soldaten mit gesundheitlichen Defiziten und persönlichen Problemen selbst. An die Öffentlichkeit dringen gelegentlich recht abenteuerliche Informationen über die Ausbildung der legendären Froschmänner. Das ist zum Teil Folge der scharfen Sicherheitsbestimmungen. Andererseits gibt es im Verhältnis zu anderen Gruppierungen einfach nur sehr wenige ausgebildete Kampfschwimmer, die in der Regel ganz bescheiden ihren schwierigen Dienst verrichten, und keinen Drang nach Ruhm und öffentlicher Anerkennung verspüren. Um so leichter bilden sich wilde Gerüchte über die geheimen Unterwasser-Krieger der USA, die zeitweise den Ruf hatten, gefährliche Killer zu sein. Gleichzeitig wurden sie aber auch als todesverachtende und furchtlose Helden glorifiziert. Fälschlicherweise entstand so der Eindruck, alle SEALs seien Einzelkämpfer mit einer Vorliebe für Selbstmordkommandos, bevorzugten das risikoreiche Abenteuer, mordeten und sabotierten in verwegenen »Nacht und Nebel-Aktionen«.

Die Wirklichkeit jedoch ist pragmatischer als manche Medien etwas einseitig und oberflächlich zu vermitteln suchen. Der Zwang zur Arbeit im *Team* und die Mehrfachverwendungen verlangen das genaue Gegenteil – professionelle Disziplin in der kleinen Kampfgemeinschaft. Gerade weil die Kampfschwimmer in der Ausbildung und im Einsatz enorm hohen Gefahren und Risiken ausgesetzt sind, tun sie

Während der sogenannten »hell week« (Höllenwoche), die den Höhepunkt des Basic Underwater Demolition/SEAL-Lehrgangs – kurz BUD/S – darstellt, erhalten die Lehrgangsteilnehmer häufig Gelegenheit zu einem kostenlosen Schlammbad.

alles erdenkliche, um diese durch vernünftiges und überlegtes Handeln zu minimieren. Nur im *Team* haben sie eine gute Chance, die schwierigen Aufträge zu erfüllen und zu überleben. Für exzentrische Einzelgänger und Möchtegern-Helden findet sich absolut kein Platz. Jeder Auftrag wird in der Gruppe mit großer Sorgfalt geplant und besprochen. Vermeidbare Risiken und Gefahren versucht man zu vermeiden und zu reduzieren. Ein egozentrischer Einzelgänger, der sich mit Ruhm bekleckern möchte, würde durch sein Verhalten nur die Aktion gefährden und das Leben und die Gesundheit seiner Kameraden unnötig aufs Spiel setzen. Solche »Helden« sind bei den SEALs nicht gefragt. Zusammenarbeit ist der Schlüssel zum Erfolg. Wer sich nicht einfügt verschwindet spätestens im Laufe der »Höllenwoche« aus den Reihen der Bewerber.

Natürlich können nur harte Burschen den erforderlichen hohen Leistungsstandard erreichen. Das Ergebnis der Ausbildung sind aggressive Kämpfer, die ihre gefährlichen Aufträge auch unter rücksichtsloser Anwendung von Gewalt erfüllen. Zaudern oder Mangel an Entschlußkraft kann tödlich sein! Die meisten Aktionen sind auch heute geheim und nur wenig davon dringt an die Öffentlichkeit. Für die SEALs verwischen sich die Grenzen zwischen Krieg und Frieden, und ständig schrillen die Alarmglocken. So werden die SEALs bevorzugt für Kommandoeinsätze mit der Waffe herangezogen und sind seltener bei Entwicklungshilfe- oder Berater-Einsätzen im Rahmen der vorbeugenden Konfliktverhinderung anzutreffen, als beispielsweise die *Teams* der *Army Special Forces*.

Das Überwinden von Gelände-Hindernissen unter erschwerten Bedingungen ist selbstverständlicher Bestandteil der Ausbildung.

Ein weiterer lebenswichtiger Faktor ist die ständige Fort- und Weiterbildung. Niemand kann sich nach beendeter Ausbildung auf seinen Lorbeeren ausruhen. Die hohen fachlichen und körperlichen Anforderungen verlangen eine ständige Weiterentwicklung; Perfektion ist gefragt. Dies bedeutet fortwährendes Üben, Üben, Üben.

Vor allem die Zusammenarbeit im *Team* oder mit dem Tauchpartner muß laufend erprobt, verbessert und verfeinert werden. Ebenso müssen die technische Fortentwicklung beim Material und die Erfahrungen der Einsatzpraxis durch praktische Verbesserungsvorschläge umgesetzt werden. Ein guter *SEAL* darf sich also mit seinem Leistungsstand nie völlig zufrieden geben, er steigert und verbessert ihn ständig. So hat also auch bei den maritimen Sondereinsatztruppen »Rambo« als gewalttätiger Einzelkämpfer heute keine Chance. Er würde die hohen Anforderungen keinesfalls erfüllen und wäre nicht in der Lage, sich als moderner Unterwasserkämpfer zu qualifizieren. Dieser Grundsatz gilt gleichermaßen für die übrigen Formationen der Spezialstreitkräfte in der *Army,* der *Air Force* und auch bei den *Marines,* die gleichfalls gegen ihr latent vorhandenes »Killer-Image« ankämpfen.

Auswahl und Auslese

Trotz der außerordentlich hohen physischen und psychischen Anforderungen haben keineswegs nur Supermänner und Sportkanonen eine Chance, Mitglied der illustren Elite-Einheit der US Navy zu werden. Jeder gesunde junge Mann kann es schaffen. Allerdings muß er über einen eisernen Durchhaltewillen und eine hohe Motivation verfügen. Von dem Bewerber wird eine robuste Gesundheit verlangt. Es dürfen keine Einschränkungen der körperlichen Leistungsfähigkeit bestehen, und er muß ein guter Schwimmer und Sportler sein. Vor der Freiwilligenmeldung muß man sich im klaren sein, daß erhebliche persönliche Belastungen, Einschränkungen sowie überdurchschnittlich hohe Gefahren in Kauf zu nehmen sind.

Der Nachwuchs rekrutiert sich aus Angehörigen der *US Navy,* die bereits die Grundausbildung hinter sich und eine Spezialausbildung durchlaufen haben. Dabei steht auch Seeleuten mit längeren Vordienstzeiten die Möglichkeit der Freiwilligenmeldung offen. Die besten Chancen haben Matrosen mit einer Vorausbildung, die bei den SEALs nutzbar ist. Waffenfachleute, Fernmelder, Sanitäter und Sprengtechniker sind besonders willkommen. Wie allgemein bei Sondereinsatzverbänden üblich, unterscheidet sich die Ausbildung der Offiziere kaum von der anderer Laufbahngruppen. Die Grundausbildung und daran anschließende weiterführende Lehrgänge werden gemeinsam absolviert. Nur die persönliche Leistung zählt, nicht die Schulbildung oder irgendwelches Statusdenken. Obwohl Frauen heute in nahezu allen Bereichen der US-Streitkräfte anzutreffen sind, bleibt ihnen eine Laufbahn bei den SEALs verwehrt – oder erspart! Da reine Kampfverwendungen überwiegen, können dort nach den derzeit geltenden Regeln keine Frauen aufgenommen werden, jedoch ist dies im technischen und im Verwaltungsbereich möglich.

In den 70er Jahren wurde vorübergehend von der vorherigen und heutigen Regel abgewichen. Freiwillige konnten direkt aus dem Zivilleben als Rekruten eintreten. Die so gewonnenen Erfahrungen erwiesen sich aber als nicht sehr positiv, und so griff man später wieder auf Bewerber mit Vordienstzeiten zurück. Für die Dauer ihrer Verwendung tragen die SEALs die Dienstgradbezeichnung ihrer vorherigen Verwendung. Nach einer Reihe von Jahren erfolgt meist die Rückversetzung in die frühere oder in eine neue Funktion – bei Offizieren häufiger als bei Mannschaften und Unteroffizieren. Seit der Vergrößerung der Truppe nach 1983 sind aber derartige Umbesetzungen seltener geworden und erfahrenes Personal steht länger zur Verfügung.

Die Zugehörigkeit zur *Navy* zeigt sich in der Uniform. Während die SEALs bei der Ausbildung und im Einsatz zwar die jeweils am besten geeignete Bekleidung und Ausrüstung verwenden, wobei sie wenig Rücksicht auf Formalien und Traditionen nehmen, tragen sie ansonsten den Dienst- und Ausgehanzug der *US Navy.* Es gibt keine eigenen Dienstgradbezeichnungen und Laufbahnabzeichen. Lediglich das schwer erkämpfte *SEAL*-Tätigkeitsabzeichen hebt die Angehörigen dieser besonderen Truppe von den übrigen Marine-Angehörigen ab.

Im Verlauf des BUD/S-Lehrgangs lernen die angehenden SEALs die Tücken der verschiedenen Hindernisse einer Kampfbahn genauestens kennen.

Im Regelfall gilt für die Bewerber eine Höchstaltersgrenze von 28 Jahren. Ältere Männer haben kaum eine Chance, die hohen körperlichen Anforderungen der Ausbildung zu erfüllen. Die Aus- und Durchfallquote ist trotz aller Vorwarnungen enorm. Sie lag in der Vergangenheit bei bis zu 90 Prozent, trotz vorangegangener gründlicher medizinischer und sportlicher Prüfung.

Es ist unwirtschaftlich, eine große Anzahl von Bewerbern zur Teilnahme an einer Ausbildung zuzulassen, die früher oder später doch abgebrochen wird. Das belastet die Schulungskapazitäten, die Einheiten, und nicht zuletzt die Betroffenen selbst, erheblich. So gibt es seit einigen Jahren ein neues Auswahlverfahren, das grundsätzlich auch bei den *»Green Berets«* und anderen Sondereinheiten angewendet wird. Bevor ein künftiger Kampfschwimmer zum *Basic Underwater Demolition/SEAL (BUD/S)* Lehrgang abkommandiert wird, muß er einen siebenwöchigen Auswahl- und Vorbereitungslehrgang absolvieren, bei dem vor allem die körperliche Kondition verbessert und überprüft wird. Nur wer dieses Training schafft, erhält sein *Ticket* für die eigentliche Ausbildung, die sich in drei Abschnitte gliedert und ein volles Jahr in Anspruch nimmt. Wer das Jahr übersteht und dann in eine reguläre Einheit übernommen wird, ist für sein weiteres Leben geprägt. Er hat an Selbstvertrauen, Selbstdisziplin und Durchhaltevermögen gewonnen und tritt den Anforderungen und Prüfungen des Lebens mit Gelassenheit entgegen.

Hohe Einstellungsvoraussetzungen

Vor einer Annahme haben die Bewerber eine Anzahl nicht gerade einfacher persönlicher und laufbahnrechtlicher Hürden unter schwierigen Bedingungen zu nehmen.

Grundvoraussetzungen:
- männliches Geschlecht
- Höchstalter 28 Jahre
- keine erheblichen Vorstrafen, keine Drogenabhängigkeit
- taucherärztliche und psychologische Untersuchung
- Volle Sehschärfe (geringfügige Korrekturen sind zulässig)
- keine Farbenblindheit
- Bestehen einer sportlichen Eignungsprüfung
- 500 Meter Schwimmen (unter 12,3 Minuten)
- Pause (10 Minuten)
- 42 Liegestütze (in 2 Minuten)
- Pause (2 Minuten)
- 50 maliges Aufrichten aus der Rückenlage (in 2 Minuten)
- Pause (2 Minuten)
- acht Klimmzüge (ohne Zeitbegrenzung)
- Pause (10 Minuten)
- 1,5 Meilen (ca. 2,4 km) Lauf (unter 11,3 Minuten – in Kampfanzug und Stiefeln)

Die verschiedenen Sportprüfungen erscheinen für sich allein betrachtet nicht allzu schwierig. Allerdings ist die sich aus den einzelnen Übungen ergebende Gesamtbelastung außerordentlich hoch und trennt schnell die Spreu vom Weizen.

Bei einem Intelligenztest müssen mindestens 104 Punkte erreicht werden. Wer die Einstellungsprüfung und die Vorbereitungsphase erfolgreich hinter sich gebracht hat, darf sich an der Schule in Coronado zum ersten Teil der Grundausbildung melden und erlebt einen eisenharten Drill. Heute dauert sie neun Wochen, während des Vietnam-Krieges war sie zeitweise auf nur vier Wochen reduziert.

In dieser Zeit wird ein besonderes Augenmerk auf die weitere Förderung und Steigerung der körperlichen Leistungsfähigkeit gelegt. Im Mittelpunkt der Ausbildung stehen tägliche Schwimmübungen über eine Strecke von drei Kilometern in der Brandung sowie ein Dauerlauf von sechs Kilometern. Schon bald wirkt sich die Dauerbelastung auf die Lehrgangsteilnehmer und ihr körperliches Leistungsvermögen recht schmerzhaft aus. Da sich der Körper der meist sehr jungen Rekruten oft noch in der Entwicklung befindet, ist als Folge der fortwährenden Belastungen die Gefahr winziger Knochenrisse gegeben, die sehr schmerzhaft sein können. Die Laufstrecken führen entweder über besonders harten Boden, oder aber über weichen Sand. Beides ist gleichermaßen strapaziös. Dauernde Nässe erhöht die Anfälligkeit für Erkältungs- und Infektionskrankheiten. In dieser Phase versuchen aber die meisten Bewerber, trotz aller Widrigkeiten durchzuhalten. Wer es gesundheitlich nicht schafft wird nicht zurückversetzt, sondern steigt an der gleichen Stelle in den nächsten Lehrgang ein und hat somit eine neue, faire Chance. Zur fast täglichen Pflicht zählt die Überwindung der Hindernisbahn – wenn der Ausbilder es für richtig hält gleich mehrfach. In früheren Jahren mußten die drei Kilometer im Meer mit Flossen in 70 Minuten geschwommen werden. Zusätzlich gab es noch einen 20 Kilometer-Lauf, der in 110 Minuten – selbstverständlich im Kampfanzug und mit

Wettrennen, bei denen die siebenköpfigen Boots-Trupps ihr Schlauchboot im kräftezehrenden Dauerlauf über den weichen Sandstrand schleppen müssen, fördern den Mannschaftsgeist und stärken das Zusammengehörigkeitsgefühl.

Stiefeln – zu absolvieren war. Heute sind die körperlichen Anforderungen etwas herabgesetzt worden.

Zwei Stunden Gymnastik- und Lockerungsübungen stehen täglich auf dem Dienstplan. Intensiv wird der Umgang und das Paddeln mit Schlauchbooten geübt. Hier stärken die siebenköpfigen Bootstrupps im Wettbewerb ihr Mannschafts- und Zusammengehörigkeitsgefühl. Streng ist zwangsläufig auch die formale militärische Disziplin, und jeder Morgen beginnt mit einem gründlichen Appell. Den Adleraugen der Ausbilder bleibt nicht die kleinste Nachlässigkeit verborgen. Wer auffällt, muß für seine Sünden gleich an Ort und Stelle büßen – in voller Kleidung wird er in das Wasser gejagt und macht eingehende Bekanntschaft mit Sand, Schlamm und Schmutz. Beim nächsten Appell strahlt der Rekrut dann meist förmlich vor Sauberkeit. Er möchte die schmerzhafte Erfahrung nicht unbedingt noch einmal machen. Fehlleistungen und Schwächen werden mit zusätzlichen Sportübungen geahndet, die an den Kräften zehren und die Kondition fördern. Die Ausbilder sind Alleinherrscher, und wer nicht spurt, kann bald die vielen Liegestütze, Klimmzüge und die unzähligen Kilometer im »Entengang« nicht mehr zählen. Die kurzen Abende werden mit Reinigungsarbeiten verbracht, dann sinken die künftigen Kampfschwimmer in einen bleiernen Schlaf. Besonders die Hindernisbahn hat es in sich. Hier gilt es, an Tauen schwierige Hindernisse zu überwinden, darunter ein Seilnetz, ähnlich den Kletternetzen an den Bordwänden der Landungsschiffe. Mit diesen Übungen und einer intensiven Gymnastik sollen besonders die Muskeln der Arme und des Oberkörpers trainiert werden, die bei jüngeren Männern manchmal noch etwas unterentwickelt sind.

Die ersten fünf Wochen erscheinen aber im Vergleich zu der nun folgenden »Höllenwoche« geradezu als harmlos. Ausbildungsziel ist es, die Männer nach einer ausreichenden Vorbereitungszeit bewußt bis an die Grenzen ihres Leistungsvermögens – und darüber hinaus – zu fordern. Während fünfeinhalb Tagen sind die Rekruten einer Dauerbelastung ausgesetzt, die ihnen keine Zeit für Ruhe und Entspannung läßt. An manchen Tagen sind nur 20 Minuten Schlaf möglich. Die Ausbilder lassen sich alles Erdenkliche einfallen, um den Nachwuchs ununterbrochen unter Druck zu setzen. Dabei befinden sie sich in ständiger Bewegung und es gibt so gut wie keine Ruhepausen. Oftmals wird während der Nacht mit den Schlauchbooten im Meer gepaddelt. Dann erfolgt nach kurzer Vorbereitung ein scharfer Appell, und anschließend stehen sportliche Übungen auf dem Dienstplan. Verpflegung gibt es nur während der kurzen Pausen, oft erst nach Mitternacht. Immer wieder wird geschwommen, und wenn irgendetwas nicht perfekt klappt, finden sich die Männer kriechend im Schlamm wieder. Über Strickleitern sind Hindernisse zu überwinden, und wenn ein besonders schmutziges Schlammloch auftaucht, müssen sich die Soldaten auf Zuruf hineinwerfen. All das dient der Gewöhnung an das nasse Element und soll die letzten Hemmungen vor der Nässe, Schlamm und Schmutz abbauen. Beliebt sind Gefechtsübungen unter Beschuß mit scharfer Munition und unter Einsatz von Sprengmitteln. Die Rekruten kriechen unter Wasser durch Betonröhren und lernen dabei, ihre Platzangst zu überwinden. In niedrigster Gangart kriechen sie unter Drahtsperren hindurch und werden dabei mit Gefechtsmunition aus Maschinenwaffen überschossen. Rings um die anfangs noch etwas verängstigten Männer krepieren Sprengkörper und vermitteln annähernd einen Eindruck dessen, was ihnen einmal in bei einem Gefechtseinsatz blühen kann.

Während der Ausbildung tragen die »Eleven« Kampfanzug und Kampfstiefel, und müssen mit einer unförmigen Schwimmweste fertig werden. Dabei sind Schwimmflossen und Paddel – ihr wichtigstes Handwerkszeug – ständig »am Mann«. Immer wieder landen sie auf Befehl oder auf die unverkennbaren Gesten ihrer Ausbilder im Wasser. Dort finden sie dann auch endlich einmal für wenige Minuten Ruhe. Neben der körperlichen Dauerbelastung erweist sich aber der Schlafentzug als das größte Problem.

Gegen Ende der »Höllenwoche« sind viele der Lehrgangsteilnehmer ausgeschieden; erschöpft und frustriert haben sie aufgegeben. Andere müssen wegen gesundheitlicher Schäden zurücktreten und den nächsten Lehrgang abwarten. Wer die Dauerbelastung der ersten vier Tage ausgehalten hat, schafft es meist, bis zum Schluß durchzuhalten. Viele Soldaten haben nach der brutalen Erfahrung der Motivationswoche endgültig die Schmerzgrenze überwunden und manche wirken teilnahmslos und ausgebrannt. Andere halluzinieren und sehen sich plötzlich im Wasser von Schlangen oder anderen Tieren umgeben, geraten in Panik, oder bewegen sich apathisch wie lebende Leichname.

Besonders gefürchtet ist ein recht spektakulärer Test. Dabei werden die Schwimmer mit gefesselten Armen und Beinen ins Wasser geworfen und begeben sich in Rückenlage. Dabei geraten Körper und Kopf größtenteils unter Wasser. Wenn sich Gesicht und Mund kurzzeitig über der Wasseroberfläche befinden, wird

Rollkur. Aussetzen von Kampfschwimmern in den Gewässern der Jungferninseln, östlich von Puerto Rico, während einer Übung gegen Ende der 80er Jahre. Das hierbei angewandte, während des II. Weltkriegs entwickelte Verfahren hat sich seitdem kaum gewandelt. Noch während der erste Schwimmer sich auf ein Handzeichen über Bord rollt, rücken bereits zwei weitere nach, um den Vorgang zu beschleunigen.

Luft geholt. Bei dieser Übung kommt es darauf an, die Nerven zu bewahren. Wer durchdreht und in Panik gerät wird zwar von den aufmerksam beobachtenden Rettungsschwimmern sofort geborgen, muß aber die Ausbildung abbrechen.

Aber nicht nur die körperlichen Anforderungen sind fast unmenschlich. Die Ausbilder üben fortlaufend psychischen Druck auf ihre »Opfer« aus. Dabei stellen sie psychische Belastbarkeit des Nachwuchses mit scheinbar unsinnigen Schikanen auf die Probe, die aber im Hinblick auf den eigentlichen Zweck des Lehrganges durchaus ihren Sinn haben. Nach fünfeinhalb Tagen ist schließlich all das überstanden. Die künftigen SEALs haben zudem gelernt, daß ihre tatsächliche persönliche Leistungsfähigkeit bis zu zehnmal höher ist, als von ihnen selbst eingeschätzt.

Die verbliebenen Angehörigen der an Zahl geschrumpften Lehrgänge erholen sich nun einige Tage bei relativ leichtem Dienst und bereiten sich auf die nun anschließende Spezialausbildung vor. Wer die »Höllenwoche« nicht schafft, kehrt zu seinem Stammtruppenteil zurück. Nachteile oder gar Rügen hat er deshalb nicht zu befürchten. In früheren Jahren war es einfach, einen Rückzieher zu machen und abzubrechen. Wer nicht mehr wollte oder konnte warf seine Kopfbedeckung auf den Boden und erklärte seinem Ausbilder: *»Ich höre auf!«*

Es gab auch zeitweise die eher romantische Möglichkeit an einer im Hof der Ausbildungsstätte vorhandenen Schiffsglocke zu läuten, die selbst bei Außenübungen mitgeführt wurde und hiermit das Aufgeben zu verkünden.

Seit einigen Jahren hat sich diese Praxis jedoch gewandelt. Die erheblichen Verstärkungen der Sondereinsatzkräfte erforderten einen kräftigen Personalschub. Den Versuchen, die Substanz der Lehrgänge insgesamt zu reduzieren und wesentliche Erleichterungen durchzusetzen, brachten die erfahrenen Ausbilder und Veteranen heftigen Widerstand entgegen. Es wurden zwar einige Abstriche gemacht, insgesamt aber wurde an den sehr hohen Anforderungen festgehalten. Da neuerdings bereits ein Auswahllehrgang vorgeschaltet ist, stehen nun mehr Teilnehmer den Lehrgang bis zum Ende durch und qualifizieren sich. In Situationen von übermäßigem Streß besteht immer die Gefahr, aus einer augenblicklichen Laune heraus oder bei Erreichen eines momentanen Tiefpunkts aufzugeben. Später wird dann ein solch spontaner Entschluß oftmals bereut. So erhalten heute mögliche »Abbrecher« eine neuerliche Chance zu einem weiteren Verbleiben, um den Lehrgang schließlich doch noch erfolgreich beenden zu können. Sie werden vor einen Ausschuß erfahrener Ausbilder und Offiziere geladen und ermuntert, es noch einmal zu versuchen und die Ausbildung fortzusetzen. Stammpersonal und Ausbilder begründen ihre Zweifel an dieser Praxis mit der Gefährdung der Kameraden und des gesamten Auftrages, wenn es Versagern oder nicht voll tauglichem Nachwuchs gelingt, in eines der operativen *Teams* aufgenommen zu werden.

In den letzten drei Wochen des ersten Abschnittes geht es etwas ruhiger zu. Die Lehrgangsteilnehmer erlernen die Grundlagen der Strandvermessung und weiterer amphibischer Erkundungstätigkeiten. Hierunter fällt auch die Anfertigung von Skizzen, das Auswerten von Luftbildern, die Messung von Strömungsverhältnissen sowie Tiefenmessungen. Gleichzeitig erfolgt eine intensive Waffenausbildung, ohne dabei die täglichen Übungen zur Körperertüchtigung zu vernachlässigen. Nun scheiden nur noch verhältnismäßig wenige Teilnehmer aus. Meist scheitern diese Männer an der Nichterfüllung der intellektuellen Anforderungen, die im Laufe der Ausbildung spürbar zunehmen, und Tauchphysik und mathematisches Grundwissen einschließen.

Zum Ende des ersten Ausbildungsabschnitts ist folgender Test zu bestehen:

- Schwimmen über eine Strecke von jeweils 0,5 Meilen (ca. 750 m) und 1 Meile (ca. 1600 m), jeweils sowohl im Schwimmbecken, als auch in Küstengewässern, jeweils mit und ohne Schwimmflossen – sechs Wiederholungen (jeweils unter 50 bzw. unter 70 Minuten)
- Schwimmen im offenen Meer über je eine Strecke von 1,5 Meilen (ca. 2400 m) und 2 Meilen (ca. 3200 m) mit Schwimmflossen (unter 75 bzw. unter 95 Minuten)
- Überwinden der Hindernisbahn (unter 15 Minuten)
- Lauf über 2 Meilen (unter 16 Minuten)
- Lauf über 4 Meilen (unter 32 Minuten)

Der zweite Abschnitt des Lehrgangs dauert sieben Wochen und vermittelt das für militärische Unterwassereinsätze erforderliche Wissen, in erster Linie Kenntnisse im Tauchen. Dort lernen die Soldaten den Umgang mit den speziellen Tauchgeräten. Für das Auftauchtraining dient ein 16 Meter-Tauchturm. Die Lehrgangsteilnehmer steigen darin ganz langsam nach oben und lassen dabei die Atemluft entweichen. Während dieser Geduld- und Mutprobe ist äußerste Ruhe und Konzentration geboten, Anzeichen einer Panik dürfen nicht sichtbar werden. Manchmal ist bereits nach wenigen Metern der Vorrat an Atemluft erschöpft und der Taucher gerät in eine heikle Situation. In diesem Fall ziehen ihn die Ausbilder wieder nach unten und geben ihm Gelegenheit, einen erneuten Versuch zu wagen. Erst nach diesen gründlichen Vorübungen wird die Ausbildung im Meer unter sehr realistischen Einsatzbedingungen fortgesetzt. Im weiteren Verlauf qualifizieren sich die künftigen SEALs als Taucher und lernen, weite Strecken unter Wasser unbemerkt zurückzulegen. Die begleitende theoretische Ausbildung vermittelt umfangreiches Wissen, so in der Tauchmedizin, in Navigation und in der Berechnung von Meeresströmungen. Daneben erfolgt eine Schulung in der Handhabung tragbarer Sonargeräte und Unterwasser-Fernmeldemittel.

Am Ende der Phase 2 beherrscht der Nachwuchs je ein Schwimmtauchgerät mit offenem und geschlossenem Atemkreislauf und ist in der Lage, einfache Tauchaufträge zu erfüllen sowie große Strecken unter schwierigen Bedingungen im Meer zurückzulegen.

In einer Zwischenprüfung sind folgende Leistungen zu erbringen:

- Überwinden der Hindernisbahn (unter 11 Minuten)
- Lauf über 4 Meilen (unter 31 Minuten)
- Schwimmen über 2 Meilen (ca. 3200 m) auf dem offenen Meer mit Flossen (unter 75 Minuten)
- Schwimmen über 5,5 Meilen (ca. 8800 m) auf dem offenen Meer mit Flossen (ohne Zeitbegrenzung)

Nicht weniger fordernd ist die dritte Phase, mit Schwerpunkten im Sprengen, in der Aufklärung und im Kampf an Land. Sie dauert neun Wochen und ist weitgehend infanteristisch geprägt. Geländekunde und Geländebeurteilung, Gefechtsausbildung, Waffenausbildung, Seilarbeit, Spähtrupptaktiken, Orientieren und Zurechtfinden im Gelände sowie Sprengen sind die wesentlichsten Inhalte. Die meisten Übungen finden während der Nachtstunden unter wirklichkeitsnahen Bedingungen statt. Noch aber lernen die Marinesoldaten hier weniger offensive, sondern befassen sich schwerpunktmäßig mit Defensivtaktiken. Es ist für sie wichtig, einem überlegenen Gegner auszuweichen, um unbemerkt ihren Auftrag erfüllen zu können. Von der Waffe soll nur im Notfall und nur zur Verteidigung Gebrauch gemacht werden.

Später folgen Einweisungen in weitere infanteristische Gefechtstaktiken und Techniken von Sondereinsatztruppen. Neben der Infanterieausbildung erfolgt eine intensive Schulung an zahlreichen Handwaffen und infanteristischen Unterstützungswaffen. Die Anwärter erlernen die Handhabung in- und ausländischer Waffen aller Art, einschließlich deren Wartung und Pflege. Dabei lernen sie die Vor- und Nachteile der Waffen beim Schießen mit Gefechtsmunition kennen.

Die letzten fünf Wochen verbringen die künftigen *Commandos* weitgehend isoliert auf der Insel San Clemente, etwa 100 Kilometer von San Diego entfernt. Dort wird das erworbene infanteristische Wissen weiter verfeinert. Auf der Übungsinsel steht der praktische Dienst im Vordergrund. Schwerpunktmäßig lernen die Soldaten den Umgang mit Spreng- und Zündmitteln herkömmlicher und unkonventioneller Art. Mehrfach erfolgt eine Überprüfung des Ausbildungsstandes durch tagelange realistische Gefechtsübungen. Trotz des häufigen Aufenthaltes auf den Schieß- und Sprengplätzen wird aber die Schwimm- und Tauchausbildung nicht vernachlässigt. Immer wieder kehren die Lehrgangsteilnehmer in das nasse Element zurück und vervollständigen ihre Kenntnisse unter Anleitung der erfahrenen Ausbilder.

Mittlerweile hat die Zahl der Lehrgangsteilnehmer noch etwas abgenommen und der verbliebene harte Kern freut sich, in den zurückliegenden sechs harten Monaten durchgehalten und die schwere Zeit glücklich hinter sich gebracht zu haben.

Die Anforderungen der Abschlußprüfung am Ende der dritten Phase haben nochmals erheblich zugenommen:

- Überwinden der Hindernisbahn (unter 10 Minuten)
- Lauf über 4 Meilen (unter 30 Minuten)
- Lauf über 14 Meilen (unter 110 Minuten)
- Schwimmen über 2 Meilen auf dem offenen Meer mit Flossen (unter 70 Minuten)

Nach erfolgreicher Beendigung der Grundausbildung für den Dienst bei der Sondereinsatztruppe setzen die Bewerber ihr Training an der Luftlandeschule der *US Army* fort. Am Standort der Infanterieschule in Fort Benning, Georgia, werden ständig Fallschirmspringer-Lehrgänge für Angehörige sämtlicher Teilstreitkräfte abgehalten. Der Springerlehrgang wird allgemein gefürchtet und verlangt ein hohes Maß an Leistungswillen und körperlicher Belastbarkeit. Schenkt man den hochmotivierten SEALs Glauben, so ist dieser Ausbildungsabschnitt unter der Obhut der *Army* eher ein Erholungsurlaub. Verglichen mit den Strapazen der zurückliegenden sechs Monate haben sie ein Höchstmaß an Belastbarkeit und Ausdauer erreicht. Die auch nicht unbedingt gemütliche Ausbildung zum Fallschirmspringer bereitet den Kampfschwimmern daher gewöhnlich keinerlei Schwierigkeiten.

Eine eigene Luftlandeschule wäre für die *Navy* unwirtschaftlich, da die Zahl der anstehenden Lehrgangsteilnehmer einen derartigen Aufwand nicht rechtfertigt.

Insgesamt erreichen jährlich etwa 60 von rund 300 Bewerbern das Ausbildungsziel. Dabei zählt die Weiterverpflichtungsrate zu einer der höchsten in den Streitkräften der USA, eine Erscheinung die auch auf alle weiteren Sondereinheiten zutrifft. Rein äußerlich handelt es sich bei den Absolventen der harten Ausbildung weder um Muskelpakete, noch um martialisch anmutende Supermänner, sondern um eher unauffällige Typen von durchschnittlicher Größe mit normalem Gewicht. Untersuchungen haben ergeben, daß weniger Körperkraft und sportliche Begabung, sondern eher die innere Einstellung, Willenskraft und Durchhaltevermögen maßgebend sind für das Erreichen des Ausbildunsziels.

Nach dem Erwerb des Fallschirmspringer-Abzeichens dürfen die Anwärter die Stätte ihrer Leiden und Entbehrungen an der kalifornischen Westküste mit einem Gefühl von Stolz und Zufriedenheit verlassen. Sie haben nicht nur für die künftige militärische Laufbahn, sondern vor allem für das Leben viel gelernt, und kennen nun ihre Möglichkeiten und Grenzen. Nun folgt die Versetzung zu einem der *SEAL Teams* oder einer anderen Einheit der Spezialstreitkräfte der *Navy*. Die Männer gelten aber weiterhin als Anwärter und dürfen auch das begehrte Tätigkeitsabzeichen der SEALs noch nicht tragen. Im folgenden halben Jahr der praktischen Bewährung erfolgt die Vollausbildung bei den jeweiligen *Teams*. Dort wird der junge Nachwuchs unter den kritischen Augen erfahrener Kameraden in die praktische Arbeit eingeführt. Selbst in der Schlußphase scheidet noch der eine oder andere aus. Gesundheitliche Gründe, Unfälle, aber auch das Scheitern an den fachspezifischen und intellektuellen Anforderungen können dies erforderlich machen. Erst nach weiteren sechs Monaten bei einem *SEAL Team*, einem *SDV Team* oder einem Bootsgeschwader ist die Vollausbildung beendet und der geplagte Anwärter gehört nun der Elite der *US Navy* als vollwertiges Mitglied an. Als äußerlich erkennbaren Nachweis darf er sich das begehrte Tätigkeitsabzeichen der maritimen Sondertruppe an den Uniformrock heften – ein denkwürdiger Augenblick, für den er ein ganzes Jahr geopfert und unter kaum vorstellbaren Anstrengungen und Entbehrungen gelitten hat.

Mit ruhigen Zeiten kann der nunmehr vollwertige Kampfschwimmer bei einem der *SEAL Teams*, Bootsgeschwader oder *SDV Teams* aber nicht rechnen. Es gilt, laufend Neues hinzuzulernen, und eine große Zahl weiterführender Ausbildungsabschnitte sind an unterschiedlichen Schulungsstätten zu absolvieren. So muß für schwierigere Taucheinsätze die Qualifikation an Schulen der *Navy* erworben werden; aus den militärischen Fallschirmspringern werden Absetzer und Freifaller, und die Ausbildung an den Waffen und im infanteristischen Kampf wird weiter verfeinert und vertieft. Neben rein fachlichem Wissen werden Grundkenntnisse der psychologischen Kampfführung, in Fremdsprachen und Verhörtechniken sowie tauchermedizinische und gerätetechnische Fachkenntnisse vermittelt. Die erworbenen Kenntnisse müssen ständig neu erarbeitet und ergänzt werden. Nur so ist gewährleistet, daß die täglich abverlangten Leistungen erbracht werden. Dies gilt in besonderem Maße für die Erhaltung der körperlichen Leistungsfähigkeit, die durch regelmäßige Untersuchungen sorgfältig überprüft wird.

Ein Teil der Sondertruppe befindet sich an Bord von Kriegsschiffen weltweit in monatelangem Einsatz, andere operieren über lange Zeiträume von kleinen Stützpunkten aus im Ausland. Aber auch an die in den USA stationierten Männer kann stündlich ein schwieriger Auftrag herangetragen werden, der sie unter hohen Risiken bis an die Grenzen ihres Könnens und ihrer Leistungsfähigkeit in Anspruch nimmt. So gilt für die SEALs in unserer heutigen, unruhigen und unberechenbaren Welt mehr noch als in vergangenen Zeiten der Wahlspruch:

»Der einzig leichte Tag war der gestrige!«

»Budweiser«-Abzeichen an der Brust

Erst seit 1970 tragen die Absolventen der gnadenlosen Ausbildung in Coronado ein eigenes Tätigkeitsabzeichen – wie beispielsweise auch die Piloten der Marine oder die U-Bootsbesatzungen. Das Tragen dieses Abzeichens ist ausschließlich den Absolventen der BUD/S Ausbildung vorbehalten. (»Bud« ist in den USA die land-

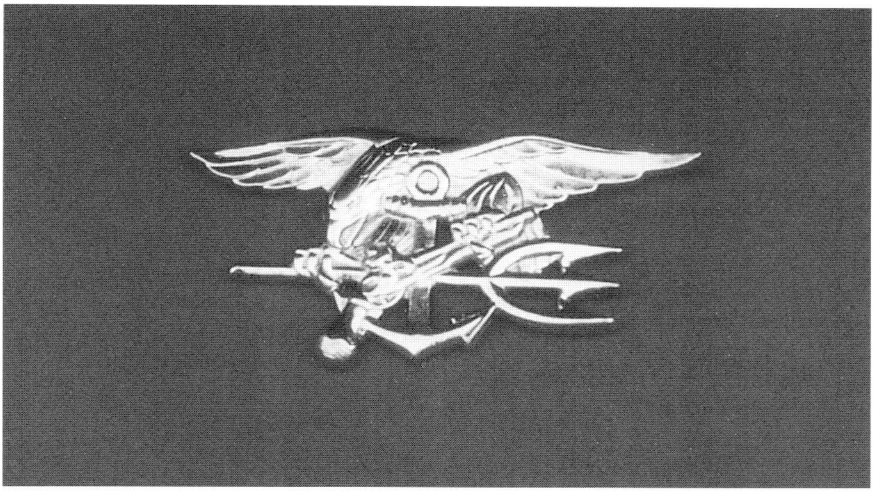

Das Tätigkeitsabzeichen der SEALs: Der »Trident«. Das vergoldete Metall-Abzeichen wird zum Dienst- oder Ausgehanzug auf der linken Brustseite getragen.

läufige Bezeichnung für das »Budweiser« Bier – ähnlich wie hierzulande »Bit« für »Bitburger«; die ähnliche Schreib- und Sprechweise von »BUD/S« und »Bud« führte zu der ironischen Bezeichnung »Budweiser-Abzeichen«; A.d.B.)

Es symbolisiert die drei Einsatzbereiche Wasser, Luft und Land, wie auch die Bezeichnung der Sondertruppe von diesen Elementen stammt. Die Zugehörigkeit zur Marine bringt ein Anker zum Ausdruck, ein Adler mit ausgebreiteten Schwingen symbolisiert die Fähigkeit zum Fallschirmabsprung und zum Einsatz aus der Luft, eine Harpune oder »Dreizack« (*Trident)* verweist auf die Tätigkeit unter Wasser, und eine Pistole soll die Eignung zur Durchführung von Kommandounternehmen an Land erkennen lassen.

Das Metall-Abzeichen wird am Rock des Dienst- und Ausgeh-Anzugs auf der linken Brustseite getragen. Keiner der Träger möchte es nach den Strapazen der Ausbildung und des täglichen Dienstes mehr missen.

Das UDT – SEAL-Museum

Die dem Andenken der Scout Swimmers,Froschmänner, Kampfschwimmer und SEALs gewidmete Erinnerungsstätte wurde vor einigen Jahren in Fort Pierce an der Atlantikküste Floridas von Veteranen vergangener Kriege eingerichtet. Sie befindet sich auf dem Gelände der dort 1943 errichteten ersten Ausbildungsstätte.

Das Fort wurde bereits im Jahr 1837 während des Krieges gegen die Seminolen-Indianer als Stützpunkt errichtet. Heute wird es von einem privaten Verein unter Leitung des pensionierten *Senior Chief Quartermaster* (Verwaltungsstabsoberfeldwebel) Jim Watson betreut. Watson gehörte seit 1958 zu den UDT-Kampfschwimmern und war nach seiner Ausbildung zum Taucher beim *Team 21.* 1962 zählte er zu den

Eingang zum UDT-SEAL-Museum in Fort Pierce im US-Bundesstaat Florida. Im Vordergrund die lebensnah gestaltete Statue eines Kampfschwimmers aus der Zeit des II. Weltkriegs, mit der den gefallenen Angehörigen der UDTs ein Denkmal gesetzt wurde.

ersten 25 Mann des neu gegründeten *SEAL Team 2*. Er absolvierte Lehrgänge als Absetzer, nahm am *Ranger*-Lehrgang der *Army* und am *Survival*-Lehrgang der *Marines* teil. Er befaßte sich mit den Taktiken des Dschungelkrieges und der Hubschrauber-Angriffslandung, hatte zeitweise mit Kernwaffen zu tun und besuchte Lehrgänge bei den »*Green Berets*«. In der Türkei beteiligte er sich als Angehöriger eines Berater-Teams am Aufbau einer Kampfschwimmertruppe der türkischen Marine. Im Rahmen eines Austausch-Programms konnte er 1967 die französischen Kampfschwimmer an deren Standort in Toulon besuchen. Anschließend diente Watson das erste Mal mit dem *Team 2* im Mekong-Delta in Vietnam, worauf zwei weitere Abkommandierungen nach Südostasien folgten. 1969 wurde Watson schwer verwundet und konnte erst nach 14monatiger Zwangspause den Dienst wieder aufnehmen. In elf heißen Missionen operierte er mit Geheimauftrag im vorgeblich neutralen Kambodscha. Seine Karriere bei der *Navy* beendete er als Nachwuchswerber. Zu seinen zahlreichen Auszeichnungen zählen vier *Bronce Stars*, das Verwundetenabzeichen sowie und eine Reihe hoher vietnamesischer Orden.

Im Museum sind zahlreiche Erinnerungsstücke ausgestellt, die seit der Zeit des II. Weltkriegs zusammengetragen wurden und die gesamte technische Entwicklung dokumentieren. Ausrüstungsgegenstände und Waffen, darunter viele erbeutete japanische und sowjetische Modelle, sind neben einer Vielzahl persönlicher Erinnerungsstücke zu sehen. In mehreren Dioramen sind Ereignisse vergangener Tage eindrücklich dargestellt. Manche Exponate erinnern an die schmerzlichen Opfer und Verluste.

Größere Ausstellungsstücke, wie beispielsweise Boote, befinden sich aus Platzgründen auf dem Freigelände rund um die Museumsgebäude. Den Eingang ziert die lebensgroße Statue eines der ersten Froschmänner in der damaligen Ausrüstung. Gleich daneben befindet sich eines der für den II. Weltkrieg typischen Strandhindernisse, weitere Nachahmungen sind östlich des Museums zu finden. Besonders interessant sind die verschiedenen Modelle der Kleinst-U-Boote, Sturm- und Landungsboote und SDVs früherer Kriege.

Das UDT – SEAL-Museum befindet sich in Fort Pierce, Florida 34949, North Hutchinson Island, und kann gegen ein geringes Eintrittsgeld besucht werden.

Wasser – *das beherrschende* Element

Die Nacht ist stürmisch und rabenschwarz, das eiskalte Wasser schlägt hohe Wellen. Keine leichten Bedingungen für eine mehrstündige Tauchübung, nicht einmal für begeisterte und sportlich geübte Taucher und Schwimmer. Soeben ist der Körper eines jungen Mannes auf die Wasseroberfläche geklatscht, und mit einigen geübten, raschen Schwimmbewegungen taucht er in die bedrohlich wirkende Dunkelheit des unergründlichen Meeres ab. Selbst die grellen Leuchtziffern des Unterwasserkompasses sind nur schwach zu erkennen. Ein einsamer Einzelkämpfer, allein in den tintenschwarzen Fluten des Ozeans, der mit der Angst und Einsamkeit kämpft und vielleicht nie wieder zurückkehrt. Doch ein plötzliches leichtes Zupfen am Arm erinnert ihn daran, daß er doch nicht verlassen ist. Sein dive buddy (Tauchpartner) ist dicht neben ihm und wird in den nächsten drei Stunden nicht mehr von der Seite weichen. Die beiden Kampfschwimmer der US Navy sind durch eine kurze Leine miteinander verbunden und arbeiten gemeinsam als Paar. Zusammen schwimmen sie weiter zum vorgegebenen Einsatzziel und führen den Trainings-Auftrag, einen simulierten Sabotageakt gegen einen Tanker, wie geplant im vorgegebenen Zeitrahmen im Schutze der Nacht aus. Es bleibt noch Zeit, während der Dunkelheit unbemerkt zum vereinbarten Aufnahmeort zurückzukehren.

Während der gesamten Aktion sind die Schwimmer voneinander abhängig. So ist es üblich, daß sich nur Schwimmer-Paare, die gut aufeinander eingespielt sind, gemeinsam den Gefahren und Härten aussetzen. Auch in anderen Situationen praktizieren die SEALs die Arbeitsteilung im Team. Jeder gibt buchstäblich sein Leben in die Hand seines Kameraden, was natürlich das Zusammengehörigkeitsgefühl stärkt.

Als das eben beschriebene Taucher-Paar einige Tage zuvor das Anbringen von *Limpet*-Minen an einem Schiffsrumpf übte, bekam eines der Tauchgeräte ein Leck. Kommen die darin enthaltenen Chemikalien mit Wasser in Berührung, entsteht eine

Während der Ausbildung im sogenannten Combat Training Tank, mit der die Teilnehmer des BUD/S-Lehrgangs auf Notfälle unter Wasser vorbereitet werden sollen, versorgen sich zwei Mann aus derselben Flasche mit Atemluft.

gefährliche chemische Verbindung, die lebensgefährliche Verbrennungen der Atemorgane hervorruft, wenn sie eingeatmet wird.

Einer der Schwimmer konnte seinen Kameraden, dessen Gerät defekt geworden war, gerade noch rechtzeitig an die Wasseroberfläche bringen. Trotz der Panne entschlossen sich die beiden, den Auftrag auszuführen. In der Zwischenzeit war das Paar ganz in die Nähe des Zielobjekts gelangt. So wäre es durchaus dem einen der beiden möglich gewesen, die Mine im Alleingang anzubringen, während der Schwimmer mit dem ausgefallenen Gerät an einem Pier zurückblieb. Ein eherner Grundsatz besagt jedoch, daß unter keinen Umständen ein Tauchgang ohne Partner durchgeführt werden darf. So wurde der Einsatz trotz guter Erfolgsaussichten vorzeitig abgebrochen.

Eine effektive Zusammenarbeit erfordert ständiges gemeinsames Üben. Wird ein neues Paar zusammengestellt, schwimmen die beiden viele Bahnen, zählen dabei genau ihre Schwimmbewegungen und stoppen die Zeit. Die Durchschnittswerte auf 100 Meter liegen bei den geübten Schwimmern zwischen zwei Minuten, 50 Sekunden und drei Minuten, zehn Sekunden. Bevor eine Übung anläuft, erfolgt die genaue Vorausplanung der vorgesehenen Route unter Wasser. Dabei wird sogar ausgerechnet, wieviele Schwimmbewegungen erforderlich sind, um den Zielpunkt zu erreichen. Diese Praxis ist besonders bei der Annäherung an große Schiffe sinnvoll, da deren Metallmasse den zur Orientierung mitgeführten Kompaß außer Betrieb setzen kann. Mit der exakten Vorbestimmung ist ein genaues navigieren auch ohne Hilfsmittel möglich. Das Paar teilt sich auch sonst die Arbeit. So führt ein Schwimmer Kompaß, Uhr und Tiefenmesser mit und ist verantwortlich für die Orientierung. Der andere beobachtet aufmerksam die Umgebung und zählt die Schwimmbewegungen. Auch die gegenseitige Verständigung durch Zeichen und mittels anderer Techniken muß genauestens abgestimmt sein und erfordert ein intensives Training.

Den Schwerpunkt des täglichen Dienstes bilden die Schwimmübungen mit und ohne Flossen sowie das Tauchtraining. Einen gleichhohen Stellenwert genießt eine intensive Sicherheitsschulung, die auf die besonderen tauchspezifischen Gefahren für Leib und Leben abstellt. Der kleinste Fehler, eine unbedeutend erscheinende Nachlässigkeit, können hier schnell zum Tod oder zu schweren Verletzungen führen. Allein das Schwimmen im dunklen, verschmutzten Wasser erfordert äußerste Konzentration. Die Gefahr, sich an scharfkantigen Gegenständen unter Wasser zu verletzen, ist erheblich.

Aber auch die Gefährdung durch die moderne Überwachungstechnik des Gegners stellt eine immer größer werdende Gefahrenquelle dar. Elektronische Ortungs- und Sonargeräte haben einen außerordentlich hohen technischen Stand erreicht. Zur tödlichen Falle können locker gespannte Netze aus Bandstacheldraht werden. Nicht wenige Schwimmer und Taucher haben sich auch in Fischernetzen verfangen und ertranken qualvoll. Jederzeit ist auch damit zu rechnen, daß Angriffsobjekte durch Sprengfallen gesichert sind. Es besteht die Gefahr, in den Sog rotierender Schiffsschrauben zu geraten. Zudem gibt es Sonargeräte, deren außerordentlich hohe Töne einen Schwimmer gefährden. Wachmannschaften auf den Schiffen und in den Hafenanlagen achten sorgfältig auf jede verdächtige Bewegung im Wasser und werfen oftmals gezielt Handgranaten.

Nicht weniger gering sind die an Land drohenden Gefahren. Heutzutage steht eine Vielzahl modernster Überwachungsgeräte zur Verfügung. Bewegungsmelder, Wärmebildgeräte, Restlichtaufheller, Bodensensoren (Geophone), Selbstschußanlagen und Stacheldraht mit Faseroptik erschweren eine unbemerkte Annäherung – bei jedem Wetter, auch während der Dunkelheit. Auch klassische Kampfmittel wie Schützenminen und Sprengfallen bedeuten eine erhebliche Gefahr; ebenso scharfe Wachhunde. Größere Flächen können mit hochbrisanten, flüssigen chemischen Kampfmitteln, wie beispielsweise *Astrolite* verseucht werden, die bei Berührung eines Zünders oder durch Fernzündung detonieren.

Die medizinische Taucherverwendungsfähigkeit wird laufend überprüft. Ein vollkommen stabiler Kreislauf ist Grundvoraussetzung. Treten hier Probleme auf, besteht leicht die Gefahr eines *Blackout.* Hals, Nase und die Ohren müssen einwandfrei arbeiten, neben der selbstverständlichen Sauerstoffverträglichkeit und der besonderen psychischen und körperlichen Belastbarkeit. Diese Voraussetzungen sind unerläßlich für den Umgang mit dem Tauchgerät. Gibt es ärztlicherseits Zweifel an der vollen Verwendungsfähigkeit, ergeht zunächst ein Tauchverbot und es folgen weitere Untersuchungen. Gegebenenfalls erfolgt die Rückversetzung in eine Verwendung bei der Flotte oder an Land. Sehr eingehend und gründlich ist bei der Taucherausbildung die fachtheoretische Schulung. Darunter fallen Grund-

SEALs und philippinische Kampfschwimmer üben 1974 während der Operation »Pagasa III« gemeinsam in den Gewässern vor der Philippinen-Insel Panay.

kenntnisse der physikalischen Gesetze, Gerätekunde, Tauchphysik und Tauchphysiologie. Wichtig sind auch Kenntnisse hinsichtlich der Auswirkungen des Wasserdrucks auf den Organismus. Im Unterwassereinsatz droht allgemein die Gefahr von Abwehrmaßnahmen durch gegnerische Kampfschwimmer. Die Einsatzrealität läßt diese Bedrohung jedoch als eher gering erscheinen. Ähnlich verhält es sich bei ungewollten Begegnungen mit der ozeanischen Tier- und Pflanzenwelt, die zwar in Betracht gezogen werden müssen, bei realistischer Einschätzung insgesamt aber nur geringe Gefahren für die zweibeinigen Störenfriede im faszinierenden Reich der Meeres-Flora und -Fauna darstellen.

Von bösen und guten Meeresbewohnern

Taucher leben gefährlich und sind im Wasser vielfältigen Gefahren ausgesetzt. Diese reichen von Kälteschäden und Lungenrissen, über tückische Meeresströmungen bis hin zu der für Unkundige oder Leichtsinnige gefährlichen Vegetation auf dem Meeresboden. Bekanntlich ist der Meeresgrund keineswegs überall eben, sondern weist eine vielfältige Gestaltung und Gliederung auf. Gewaltige Gebirge erheben sich auch unter Wasser, geheimnisvolle Höhlen und tiefe Schluchten bergen bis heute unerforschte Geheimnisse in sich.

Die Arbeit an Korallenriffen ist allgemein beliebt. Nicht wenige SEALs sind als begeisterte Sporttaucher diesem Hobby verfallen und üben auch privat den schönen Sport aus. Korallenriffe zählen zu den artenreichsten Lebensräumen im Wasser, vergleichbar den artenreichen Regenwäldern. Tausende von bunten, oftmals meterhohen Schwämmen, romantische Gorgonien-Wälder und unendlich viele Fische unterschiedlichster Art üben einen faszinierenden Zauber aus.

Manche Taucher berichten über unliebsame Begegnungen mit angriffslustigen, gefährlichen Meeresbewohnern wie Raubfische oder Seeschlangen. Schlagzeilen wie »vom Hai verschluckt und ausgespuckt« sind geeignet, selbst einer unsensiblen Landratte das Gruseln zu lehren.

Im Jahre 1993 wurde nahe Fort Bragg an der Atlantikküste ein Sporttaucher von einem großen weißen Hai von hinten angegriffen, an die Wasseroberfläche gestoßen und mit dem Kopf voran bis zu den Schultern buchstäblich verschlungen. Als großes Glück mag aber die kaum zu glaubende Tatsache erscheinen, daß der Raubfisch sich nach kurzer Zeit wieder seiner Beute entledigte und das Opfer regelrecht ausspuckte. Fachleute nehmen an, daß sich das Tier bei der Jagd geirrt hat und eigentlich einen Seehund verspeisen wollte. Jedenfalls scheint ihm der Sporttaucher nicht geschmeckt zu haben.

Im Sommer desselben Jahres wurden vor der australischen Küste zwei Taucher ebenfalls von weißen Haien angegriffen und getötet. Insgesamt betrachtet sind derartige Angriffe jedoch äußerst selten und die Fische halten gewöhnlich einen respektvollen Sicherheitsabstand zu den Menschen ein. Kommen ihnen Taucher zu nahe, flüchten sie. Vermutlich werden sie von den merkwürdigen Bewegungen der Zweibeiner irritiert und betrachten sie nicht als Beute. Eher nähern sich die Haie Harpunenjägern, die frische Beute gemacht haben. Dabei interessiert sie allerdings nur die Beute, nicht der Jäger. Vereinzelt wurden schon Wellenreiter angegriffen. Es ist anzunehmen, daß sie deren Schatten irrtümlich für Meeressäugetiere gehalten haben.

Für den sehr seltenen Fall eines Angriffes gibt es einige Abwehrtechniken. Mehrere Schwimmer gemeinsam werden nicht angegriffen. Beim Auftreten der Räuber empfiehlt es sich, auffällige Bewegungen und Geräusche zu vermeiden und möglichst lautlos die Flucht zu ergreifen; spätestens dann, wenn der Hai beginnt, sein mögliches Opfer zu umkreisen. Nur zehn von insgesamt etwa 350 Haiarten können dem Menschen überhaupt gefährlich werden. Weltweit kommt es nicht zu mehr als einem Dutzend Angriffe pro Jahr. In der offiziellen Unfallstatistik der SEALs tauchen keine entsprechenden Verlustmeldungen auf. Dennoch weiß der eine oder andere Veteran von unliebsamen Begegnungen zu erzählen.

Im Gegensatz zu den Raubfischen handelt es sich bei den Delphinen um außerordentlich friedliche und besonders intelligente Tiere. Diese Meeressäugetiere aus der Familie der Zahnwahle verfügen über ein Gehirn, das 40 Prozent größer als das menschliche ist und doppelt soviele Windungen aufweist. Ihre Lern- und Merkfähigkeit sind phantastisch, und sie verfügen über einen »Wortschatz« von etwa 2000 Lauten, mit dem sie sich untereinander verständigen. Sehr ausgeprägt ist auch ihr Hörvermögen. Es reicht bis in den Ultraschall-Bereich, und eine Art Sonar-Anlage ermöglicht den Tieren Peilungen unter Wasser.

Seit den 60er Jahren tauchen in Presse und Literatur hin und wieder Berichte auf, die von Experimenten der *US Navy* mit Seelöwen, Delphinen und weiteren Walarten berichten. Unter strengster Geheimhaltung sollen damals diese Meeressäugetiere dazu abgerichtet worden sein, beispielsweise Übungstorpedos aus 250 Meter Tiefe zu bergen. Sie sollen aber auch in der Lage gewesen sein, gegnerische Kleinstunterseeboote, Kampfschwimmer und Schiffstaucher anzugreifen. In früheren Jahren gab es entsprechende Versuchsstätten in Florida und auf Hawaii. 1965 arbeiteten SEALs im *Sealab II,* einer Art Tauch-Laboratorium der *Navy* in 60 Meter Tiefe mit Delphinen zusammen. Die Tiere wurden dazu abgerichtet, vermißte Taucher zu suchen und zur Basis zurückzugeleiten. Ebenso beförderten sie Ausrüstungsgegenstände und Material von Begleitschiffen zu den in der Tiefe arbeitenden Tauchern. Während des Vietnam-Krieges operierten sogenannte »Kampfdelphine« von amerikanischen Schiffen aus in der Cam Ranh-Bucht gegen Taucher und Schwimmer aus dem kommunistischen Norden. Wie verlautet sollen sie mehrere der feindlichen Schwimmer getötet haben.

Ein deutscher Journalist wußte 1986 zu berichten, daß während des Tankerkrieges im Persischen Golf entsprechend trainierte Delphine aus den USA eingeflogen wurden und iranische Kampfschwimmer angriffen. Im Golf-Krieg schützten sie wichtige Kriegsschiffe gegen Unterwasserangriffe. Vermutlich waren sie darauf trainiert, feindlichen Froschmännern unter Wasser die Atemmaske und die Luftschläuche abzureißen. Es gab noch eine Anzahl ähnlicher Versuche, Delphine – beispielsweise zur Zusammenarbeit mit SEALs – abzurichten.

Die vielseitigen Tiere sollen auch Minen und Kampfstoffe geortet und aufgespürt haben. Hierzu kamen bereits auch schon Seelöwen zu Einsatz, die eigens hierfür mit entsprechenden Geräten ausgestattet wurden. Allerdings hat man bald die »Militarisierung« dieser anmutigen Tiere aufgrund ethischer Bedenken eingeschränkt. Nach erheblichen Protesten der Tierschutzverbände und nach dem Ende des Ost-West-Konfliktes ist davon auszugehen, daß solche Dinge nunmehr ein Ende gefunden haben. Die *US Navy* musterte 1994 die letzten 25 Großen Tümmler aus und suchte zahlungskräftige Käufer – der Verkaufspreis für eines der Tiere betrug 10 000 bis 25 000 Dollar. Die nicht verkauften Tiere blieben als »Pensionäre« bei der *Navy,* die sie trotz der erheblichen Beschneidungen der Haushaltsmittel bis zu deren Ende durchfütterte.

Die zunehmende Verunreinigung der Weltmeere ist eine der Ursachen für das vermehrte Auftreten weiterer Gefahrenquellen. Zudem müssen sich die Schwimmer vor giftigen Muscheln und Quallen schützen. Tödliche Gefahr geht auch vom Steinfisch aus. Er vergräbt sich im Schlick des Meeresbodens und macht sich damit nahezu unsichtbar. Gerade in den stark verunreinigten Gewässern von Hafenbecken ist er besonders häufig anzutreffen. Eine ungewollte Begegnung mit diesem Fisch führt in der Regel zum sofortigen Tod. Dagegen ist es zwar schmerzhaft, von bestimmten Aalen am Bein erwischt zu werden, jedoch nicht lebensgefährlich!

Die Kampfschwimmer sind hervorragende Taucher, die mit dem Umgang ihrer Geräte bestens vertraut sind. Ihr Aufgabenbereich unterscheidet sich allerdings von dem der Schiffstaucher der Marine. Ihr Einsatzraum ist auf relativ geringe Tiefenbereiche beschränkt. Für Tauchgänge in größeren Tiefen hingegen sind die Schifftaucher zuständig, die über die entsprechende Ausrüstung verfügen.

Die SEALs absolvieren eine gründliche Tauchausbildung nach neuesten Erkenntnissen. Sie nehmen häufig an Auffrischungs- und Weiterbildungs-Lehrgängen teil. Der Aufwand für eine gründliche Tauch- und Schwimmausbildung stellt alle anderen Ausbildungsgebiete weit in den Schatten. Fallschirmspringerausbildung, Überlebenstraining, Winterkampf-Ausbildung in der Arktis oder Spezialausbildung bei den *»Green Berets«* fordern zwar den ganzen Mann, werden aber von den SEALs in der Regel als eher harmlos im Vergleich zum Training im nassen Element empfunden. So werden die SEALs schon in der Grundausbildung und später dann auch im Rahmen der Weiterbildung in den Einsatzverbänden fortlaufend im Tauchen und Schwimmen geschult. Wie gefährlich der Aufenthalt unter Wasser für den Menschen sein kann, soll anhand einiger Beispiele aus der Praxis veranschaulicht werden.

Das Vordringen in die Tiefen des Meeres ist mit erheblichen Gefahren verbunden und erfordert eine gründliche Ausbildung und entsprechende Ausrüstung. Schon in geringen Tiefen herrscht ein hoher Druck. Kälte und eine fast undurchdringliche Finsternis kommen hinzu. Bereits in 30 Metern Tiefe wird der Taucher mit dem vierfachen des üblichen Drucks belastet und im Körper löst sich Atemgas. Im Blut bildet sich Stickstoff, der sich auf das Nervensystem auswirkt und zu einem

Das Schlauchboot ist ein wichtiges Einsatzmittel der SEALs. Soeben ist ein SEAL-Trupp zur Aufklärung eines Landekopfes mit dem von der Firma Zodiac entwickelten Combat Rubber Raiding Craft – CRRC gelandet. Die mitgeführten Waffen, darunter ein Maschinengewehr M-60 E3 und ein Sturmgewehr M-727 mit angesetztem Granatgerät M-203 im Kaliber 40 mm x 46, verleihen dem kleinen Trupp eine hohe Feuerkraft.

momentanen Glücksgefühl, dem gefährlichen Tiefenrausch, führen kann. Spätestens bei einer Tiefe von 100 Metern wird das Atmen unmöglich, weshalb sich auch geübte Taucher ohne Zusatzgerät nur in Tiefen bis zu 40 Metern wagen. Größere Tiefen sind ohne Druckanzug oder ohne Tauchboot nicht zu erreichen. Die Druckzunahme belastet beim Abtauchen besonders die Ohren, und der Überdruck wirkt sich auf den gesamten Körper aus. Der Taucher muß also mit großer Vorsicht langsam abtauchen und sich genau an die Vorschriften und Werte der Tauchtabellen halten. Umgekehrt darf er auch nicht zu schnell oder unkontrolliert auftauchen. Das sich im Blut befindliche Atemgas weicht bei reduziertem Druck langsam aus dem Körper. Bei einem zu raschen Druckabfall wird das Gas aus der Blutbahn ausgeschieden und es kann zu einer Embolie kommen. Die Folgen können sehr schmerzhaft, teilweise sogar tödlich sein, und gesundheitliche Spätfolgen sind zu erwarten. Nichts fürchten die Taucher mehr, als eine plötzlich eintretende Embolie.

Wer zu lange in großer Tiefe bleibt und anschließend zu schnell auftaucht, lebt gefährlich. Im Körpergewebe reichert sich in kurzer Zeit zuviel Stickstoff an. An der Wasseroberfläche perlt das Gas in kleinen Bläschen aus und belastet Blut, Gewebe und Gelenke. Die Folge kann die *Caisson*-Krankheit sein. Bei etwa 50 Prozent aller Tauchunfälle handelt es sich um solche Dekompressionskrankheiten. Um beim Auftauchen den überschüssigen Stickstoff abzusondern, wird in mehreren Dekompressionspausen das gefährliche Gas ausgeatmet. Kleine Tauch-*Computer* am Handgelenk helfen den Druck und die Tauchzeit zu bestimmen. Kürzlich wurde in der Schweiz ein neues Gerät entwickelt. Der *Aladin Air X* mißt automatisch die Tiefe, kontrolliert die Atmung, prüft den Inhalt der Atemluftbehälter sowie die Temperatur des Wassers. Die Auswertung dieser Daten ergibt den genauen Wert der Stickstoffanreicherung im Körper. Eine Anzeige, verbunden mit einem Warnsignal, informiert über die verbleibende Tauchzeit und die notwendigen Dekompressionspausen. Ein weiteres Messgerät kontrolliert die Druckverhältnisse in den Atemluftflaschen und übermittelt die Daten an den Computer.

Im Einsatz infiltrieren die Kampfschwimmer verdeckt und erreichen unbemerkt ihren Einsatzraum. Im Gegensatz zu den Helmtauchern mit ihrer sperrigen und schweren Ausrüstung zählen sie zu den frei schwimmenden Tauchern oder Unterwasserschwimmern.

Von großer Bedeutung sind die eigens auf den jeweiligen Auftrag abgestimmten Atemsysteme. Am häufigsten finden sogenannte geschlossene Sauerstoffkreislauf-Geräte Verwendung. In diesen wird durch einen Filter aus der Atemluft reiner Sauerstoff zurückgewonnen. So kann sich der Taucher über einen längeren Zeitraum unbemerkt unter Wasser aufhalten. Vor allem wird durch dieses Verfahren das verräterische Aufsteigen von Luftblasen vermieden, die dem Gegner die Anwesenheit und den Aufenthaltsort eines Kampfschwimmers signalisieren. Während diese Gefährdung im bewegten Meer nur minimal ist, besteht sie jedoch in Flüssen oder stehenden Gewässern mit unbewegter Wasseroberfläche. Dabei ist es von größter Wichtigkeit, daß die verwendeten Systeme einfach sind in der Bedienung, sicher und robust, um zu vermeiden, daß der Schwimmer wegen einer Störung vorzeitig zum Auftauchen gezwungen wird, wodurch der Einsatzerfolg gefährdet wäre.

Geschlossene Atemsysteme gibt es bereits seit mehr als 100 Jahren. Sie bestanden früher aus einer Gesichtsmaske und einem Atemschlauch, der die Verbindung zu einer Sauerstoff-Flasche herstellte und mit einem Filter versehen war. Von der Flasche gelangte der Sauerstoff in einen Atembeutel vor der Brust. Diese Geräte konnten nur knapp eine Stunde benutzt werden, und da reiner Sauerstoff ab einer Tiefe von zehn Metern zu Vergiftungen führen kann, ergaben sich entsprechende Einschränkungen im Einsatz. Sich selbst versorgende, geschlossene Atemsysteme existierten bereits im II. Weltkrieg. Allerdings bedienten sich damals lediglich die Kampfschwimmer des Geheimdienstes *OSS* derartiger Geräte. Bei den Schwimmern der *US Navy* fanden diese Atemsysteme erst in der Nachkriegszeit Verwendung.

Die Ausrüstung verdeckt operierender Kampfschwimmer muß unkompliziert und unanfällig sein gegen Störungen, da sie in kleinen Booten mitgeführt, mit dem Fallschirm abgeworfen, oder an Bord von U-Booten transportiert wird.

Bei den SEALs befinden sich gegenwärtig überwiegend drei Geräte mit geschlossenem sowie ein System mit offenem Kreislauf im Gebrauch. Für Sondereinsätze sind Schwimmtauchgeräte mit offenem Kreislauf wenig geeignet. Lediglich ein ganz geringer Teil des Atemvorrats kann wiederverwendet werden, der größte Teil der verbrauchten Luft wird unter Wasser ausgeatmet. Dabei entstehen Geräusche und verräterische Luftblasen, die vom Gegner leicht bemerkt werden können. Diese Geräte finden hauptsächlich während der Ausbildung und bei nicht verdeckten Einsätzen Verwendung. Bei diesen offenen *SCUBA*-Systemen wird die Luft aus einem Behälter ein- und dann unter Wasser ausgeatmet.

Befindet sich der Taucher in einem *SDV* Unterwasserfahrzeug, kann er die Atemluft einem darin verstauten Behälter entnehmen. Dies wird besonders bei der Annäherung an den Einsatzraum über große Entfernungen praktiziert. Bei Erreichen des Einsatzraums kommt ein Schwimmtauchgerät mit geschlossenem Kreislauf zum Einsatz. Die Verwendung dieses Gerätes unterliegt erheblichen Beschränkungen hinsichtlich der Dauer des Tauchgangs und der Wassertiefe. Zudem ist es empfindlich gegen starke Schwankungen der Wassertemperatur. Nach längeren Tauchgängen ist eine sorgfältige Dekompression zwingend vorgeschrieben.

Am häufigsten findet das von der Lübecker Firma Dräger entwickelte System *LAR V* Verwendung, das auch bei vielen anderen Kampfschwimmereinheiten einer Reihe von Staaten in Gebrauch ist. Alle wesentlichen Bestandteile dieses geschlossenen Systems, wie Filter, Druckventile, Atembeutel und Lungenautomat, sind in einem schützenden Behälter aus Kunststoff untergebracht. Direkt darunter befindet sich die Sauerstofflasche mit einem Volumen von 2,7 Liter. Der Filterbehälter mit dem Kohlendioxyd-Filterstoff enthält 1,5 Liter Atemkalk. Über einen Schlauch gelangt aus einem der Atemsäcke der eingeatmete, gereinigte Sauerstoff in die Lunge, die ausgeatmete Luft strömt über einen weiteren Schlauch in den Filter. Gesteuerte Ventile bewirken, daß der Sauerstoff in die vorgesehene Richtung geht. Das Gerät darf nur bis zu einer Wassertiefe von 10 Metern eingesetzt werden und ist etwas unhandlich. Es ermöglicht jedoch Tauchgänge von etwa drei bis vier Stunden Dauer.

Bei einem Gewicht von elf Kilogramm und einer Länge von 43 Zentimetern läßt sich das Gerät gut transportieren und auch bei einem Absprung mit dem Fallschirm mitführen.

Mit dem *Mk 15* steht ein weiteres geschlossenes Atemgerät zur Verfügung. Es arbeitet mit einer Mischung aus Sauerstoff und Luft und ermöglicht im Unterschied zu den reinen Sauerstoffgeräten eine größere Tauchtiefe und Tauchgänge von etwa sechs Stunden Dauer. Das Gewicht des Geräts liegt bei etwa 30 Kilogramm.

Tauchanzüge unterschiedlicher Art schützen die US-Kampfschwimmer bei ihrer gefährlichen Arbeit im Wasser. Die Trockentauchanzüge sind aus Kautschuk, Nylon oder Gummi hergestellt und werden in der Regel über dem Kampfanzug getragen. Häufig finden Naßtauchanzüge aus Neopren Verwendung. Im Einsatz werden meist Halbmasken getragen, die den Froschmann nicht daran hindern, im Uferbereich zu arbeiten. Fällt ein Atemgerät aus, können zwei Taucher im Wechsel mit einem Mundstück aus einem verbliebenen, intakten Gerät atmen. Dies ist bei einer Vollmaske nicht möglich, da bei dieser das Mundstück fest mit der Maske verbunden ist. Zu den vielen weiteren Ausrüstungsgegenständen gehören eine Taucheruhr, druckfeste Unterwasserlampen, Kompaß, Flossen und ein Tauchermesser. Zu den modernen technischen Errungenschaften zählen Tauch-*Computer* zur Speicherung wichtiger Daten, Tarierwesten zur Herstellung des Schwebezustandes sowie verschiedene digitale Anzeigegeräte.

Einsatz*taktik*

Amphibische Infiltration

Einen breiten Raum nehmen bei Ausbildung und Einsatz die Techniken der amphibischen Infiltration ein. Vor einer Landung ist die sorgfältige Erkundung des vorgesehenen Strandabschnittes erforderlich. Dabei sind Strömungs- und Gezeitenverhältnisse, Küstengliederung, Brandungs- und Wellenhöhe sowie künstliche und natürliche Hindernisse festzustellen, zu bewerten und die Ergebnisse an die Führung weiterzumelden. Grundsätzlich erfolgen derartige Einsätze sowohl in der Dunkelheit als auch bei extrem schlechten Witterungsverhältnissen. Die SEALs nähern sich der Küste in Schiffen lediglich auf eine Entfernung von höchstens zwanzig Kilometern, da ansonsten die Gefahr einer Erfassung durch das Küstenradar besteht. Als Transportmittel dienen Überwasserschiffe, aber auch Unterseeboote oder die SDVs. Vor allem letztere ermöglichen eine verdeckte Annäherung bis in unmittelbare Nähe des Einsatzraumes. Mit Schlauchbooten wird dann die restliche Strecke zurückgelegt. Erfordert die Lage die erstmalige Erkundung eines feindbesetzten Küstenabschnitts, schwimmt zunächst lediglich ein Teil der eingesetzten Kampfschwimmer voraus. Insbesondere bei Dunkelheit und bei starkem Seegang

Lieber Leser,

Ihre Meinung ist uns wichtig!
Nur durch Ihre Anregungen und Ihre Kritik können wir uns ständig verbessern. Bitte schreiben Sie uns doch auf dieser Antwortkarte, wie Ihnen das Buch gefallen hat.

Schreiben Sie uns und gewinnen Sie!

Unter den Einsendern werden jeden Monat 10 Büchergutscheine im Wert von jeweils 99 Mark verlost.

Autor und Titel des Buches:

Meine Meinung zu diesem Buch:

Ich habe dieses Buch gekauft bei

☐ Buchhandel ☐ Versandhandel ☐ Sonstigem Händler

Nur mit erheblicher gemeinsamer Kraftanstrengung wird es den sieben Männern eines Bootstrupps gelingen, mit ihrem Schlauchboot das offene Meer zu erreichen. Ein leichtes Boot im Gleichtakt durch die anrollenden Brandungswellen zu paddeln, setzt ständiges Üben voraus.

besteht dabei die Möglichkeit einer unbemerkten Annäherung. Allerdings müssen die Schwimmer Waffen und Ausrüstung in wasserdichten Behältern mitführen, was eine erhebliche körperliche Belastung bedeutet. Einschränkungen ergeben sich auch bei sehr schlechtem Wetter mit Wellenhöhen von mehr als eineinhalb Metern bei Windstärken von sechs und darüber.

Sofern es die Lage zuläßt, erfolgt die Anlandung mit kleineren Patrouillenbooten, Sturmbooten oder Schlauchbooten unmittelbar an der Küste. Nach vorheriger Aufklärung durch ein Schwimmerpaar folgen die Boote unter wechselseitiger Sicherung nach. Erweist sich die Küste jedoch als feindbesetzt, wird die Aktion gewöhnlich sofort abgebrochen und die Schwimmer kehren zu den Booten zurück, die dann den verabredeten Aufnahmepunkt ansteuern. Dort werden sie von wartenden Schiffen oder Hubschraubern aufgenommen, um anschließen eine Landung an anderer Stelle zu versuchen.

Bedeutsam ist die Zusammenarbeit mit konventionell und atomar angetriebenen Unterseebooten, die ein nahezu ideales Infiltrations- und Exfiltrationsmittel darstellen. Sie verbringen SEALs in deren Einsatzraum und nehmen sie wieder auf. Seit Jahrzehnten verfügt die *US Navy* über mehrere für derartige Einsätze umgerüstete U-Boote, deren Besatzungen entsprechend ausgebildet sind. Bereits während der Grundausbildung müssen sich die SEALs auf diese nicht unkomplizierten Verfahren vorbereiten. Ein Ausbildungsschwerpunkt liegt dabei auf dem Aus- und Einschleusen. Zur Vorbereitung der angehenden SEALs dienen dabei die Nachbildun-

Einsickern von See her. ***Sichernd, mit feuerbereitem Sturmgewehr M-727, geht ein soeben dem Wasser entstiegener Kampfschwimmer entlang der Uferzone vor.***

gen der engen Torpedorohre, in denen der Schwimmer nur über eine geringe Bewegungsfreiheit verfügt, und die durchaus Platzangst oder Panik auslösen können. Das Fluten dieser Rohre für das Austauchen des Schwimmers setzt bei diesem eine erhebliche Nervenstärke voraus.

Die Zusammenarbeit mit U-Booten und deren taktischer Einsatz erfordern eine gründliche Ausbildung aller Beteiligten. Aus Sicherheitsgründen müssen die Boote Distanz zur Küste halten und es ist gefährlich, in verhältnismäßig geringen Wassertiefen in Wartestellung auf dem Meeresboden zu verharren. In diesem Fall sind die U-Boote praktisch bewegungsunfähig. Damit bieten sie bei einer stets möglichen Entdeckung den gegnerischen Waffen ein leichtes Ziel. So ist es bei manchen U-Booten notwendig, auch während der Infiltration Fahrt beizubehalten, wodurch den Tauchern das Ausschleusen erschwert wird. Atomar angetriebene Boote sind wegen ihrer Einlaßventile auf eine Mindest-Wassertiefe angewiesen und daher nur bedingt geeignet. Problematisch erweist sich gewöhnlich der Platzmangel. In den meisten Schleusen findet nur ein Taucherpaar Platz. Praktisch unmöglich ist die Verwendung der bei der *US Navy* zahlreich vorhandenen atomgetriebenen Boote älterer Bauart, die weder über Ausstiegskammern noch über Raum für zusätzliches Personal und Material verfügen. Im getauchten oder halbgetauchten Zustand sind U-Boote jedoch bestens zum Schleppen von Schlauchbooten geeignet. Hierfür wird am Turm des U-Boots eine Leine befestigt, das dann zwei miteinander vertäute Schlauchboote in Schlepp nimmt. U-Boote dienen auch der Aufnahme oder der Evakuierung von Schwimmern. Der vereinbarte Treffpunkt kann über eine Sonar-Boje angepeilt werden, und die Schwimmer gelangen dann in umgekehrter Weise wie beim Ausstieg in das Bootsinnere.

In den 60er Jahren stellte die *US Navy* zwei ältere konventionelle Boote für ihre Spezialeinheiten bereit. Dabei handelte es sich um die dieselgetriebenen U-Boote WAHO und GRAYBACK. Die GRAYBACK wurde 1967 modernisiert und mit zusätzlichen technischen Anlagen versehen. Damit konnte das Boot den *SDVs* als »Mutterschiff« dienen. Das Boot befand sich über längere Zeiträume vor der vietnamesischen Küste im Kriegseinsatz und diente als Operationsbasis bei einer größeren Anzahl geheimer, gegen Nordvietnam gerichteter Operationen.

Heute befinden sich die U-Boote JOHN MARSHALL an der Atlantikküste und SAM HOUSTON im Pazifik im Dienst, hauptsächlich zur Unterstützung der *SDVs*.

Eine der Möglichkeiten, ein getauchtes U-Boot zu verlassen, besteht im Austauchen durch den Notausstieg. Der abgedichtete Schacht kann bei Bedarf geflutet werden und besteht aus einer unteren und einer oberen Luke, einer Seitentür, einem Wasserstandsanzeiger und mehreren Ventilen zur Steuerung der notwendigen Funktionen. Das zum Fluten benötigte Wasser kann sowohl Tanks als auch dem Meer entnommen werden.

Das Aussetzen von Kampfschwimmern aus einem U-Boote ist eine hochkomplizierte und nicht immer ungefährliche Angelegenheit. Überwasserschiffe oder

Im Verlauf einer Übung hat ein MATC (Mini-Armored Troop Carrier – leicht gepanzertes Mannschafts-Landungsboot) einen SEAL-Trupp angelandet. Drei Angehörige des Trupps, darunter der Funker, überwachen das Vorgehen ihrer Kameraden.

Patrouillenboote eignen sich ebenfalls zum Verbringen der Schwimmer in den Einsatzraum. Dies insbesondere dann, wenn der aufzuklärende Küstenabschnitt nicht mit modernsten technischen Überwachungsgeräten gesichert ist. Die Wahrscheinlichkeit einer vorzeitigen Entdeckung bei der Annäherung von See her ist vor allem in den weniger entwickelten Regionen der Erde sehr gering, und dort liegt nach Beendigung des Ost-West-Konflikts das Haupteinsatzgebiet der Sondereinsatzkräfte.

Überwasserschiffe und Schnellboote werden von den Kampfschwimmern gewöhnlich bereits auf hoher See verlassen. Sie steigen in die kleineren Schlauchboote, mit starken Außenbordmotoren ausgerüsteten Schlauchboote um, von denen aus sie sich der Küste – abhängig von der Lage – über Wasser oder unter Wasser schwimmend nähern.

Soll aus taktischen Gründen ein Verbringen der Schwimmer in unmittelbare Nähe der Küste erfolgen, laufen die Transportboote mit hoher Fahrt in den Einsatzraum, setzen dort die Schwimmer aus, und gewinnen dann die offene See. Die Aktion muß schnell ablaufen, möglichst in den Nachtstunden oder bei schlechter Witterung, um gegnerischen Abwehrmaßnahmen zuvorzukommen. Bei der eigens hierfür entwickelten Technik rollen sich die Kampfschwimmer bei voller Fahrt aus einem Beiboot ins Wasser.

Umgekehrt wird bei der Wiederaufnahme vorgegangen. Das Boot läuft auf die Schwimmer zu, die eine Schlinge erfassen und sich damit aus dem Wasser an Bord des Beibootes hieven. Besonders bei hohen Geschwindigkeiten sind diese Verfahren nicht ungefährlich und führen oftmals ungewollt zu schmerzhaften Prellungen.

Grundsätzlich schwimmen die Taucherpaare, über eine Leine miteinander verbunden, aus einer taktisch sinnvoll erscheinenden Entfernung an ihr Objekt heran. Soweit als möglich wird kräfteschonend geschwommen, vorzugsweise in Rückenlage. Aber die Schwimmer müssen jederzeit tauchbereit sein, um gegnerischen Schiffen oder Suchscheinwerfern ausweichen zu können. Der Aktionsradius hängt erheblich von den Wetterbedingungen und der Umwelt ab. Die Arktis stellt dabei andere Anforderungen als die Südsee. Rauhe, aber nicht zu schwere See und Neumond stellen ideale Bedingungen dar. Gefährlich sind glatte See, Vollmond und ein wolkenloser Himmel.

Rainbow Warrior

Die Umweltschutzorganisation Greenpeace rutscht oft durch spektakuläre Aktionen in die Schlagzeilen der Weltpresse. In ihren Reihen arbeiten eine Anzahl hervorragender Taucher und Experten für Unterwassereinsätze. Die Organisation scheut keine Probleme und Gefahren, wenn es um die Erreichung ihrer Ziele zur Rettung von Natur und Umwelt geht. Besonders der Schutz der heute immer stärker gefährdeten lebenswichtigen Ozeane sowie bedrohter Tierarten liegt den Frauen und Männern der Organisation am Herzen.

So protestierte Greenpeace immer wieder energisch gegen die französischen Atomversuche in der Südsee. Eine chaotische Aktion des französischen Geheimdienstes zeigte bei dieser Gelegenheit, wie gefährlich Unterwasserangriffe auf Schiffe sein können.

Im Juli 1985 lief das Greenpeace-Schiff RAINBOW WARRIOR aus mit Kurs auf das Atomversuchsgebiet, um durch seine dortige Anwesenheit die Versuche zu verhindern und um die Weltöffentlichkeit durch diese Form des Protestes aufzurütteln. Französische Geheimdienstler wollten dies unter allen Umständen verhindern und kamen auf die glorreiche Idee, das Schiff bei einer verdeckten Aktion zu versenken. Offensichtlich war eine Beteiligung der hervorragenden Kampfschwimmer der französischen Marine nicht gewünscht oder wurde von diesen abgelehnt. Die eingesetzten Operateure des Geheimdienstes, darunter eine Frau, planten eine Versenkung des Schiffes im neuseeländischen Hafen Auckland. Der Auftrag konnte nur teilweise ausgeführt werden. Das Schiff sank nicht, wurde aber schwer beschädigt. Bei der Aktion töteten die Saboteure aber den portugiesischen Fotografen Fernando Perreira. Die Sache wurde schnell bekannt, und unter dem Druck einer empörten Weltöffentlichkeit wurde der Verantwortliche, Alain Mafart, vor ein Gericht gestellt, das ihn zu einer zehnjährigen Haftstrafe verurteilte. Bereits nach einem Jahr wurde der hochdekorierte Geheimdienstoffizier jedoch wieder aus der Haft entlassen. Offensichtlich hat der verbrecherische Angriff auf ein friedliches Schiff, mitten im Frieden und in einem neutralen Staat, der Karriere des Mannes nicht geschadet, ja diese eher noch beflügelt. Alain Mafart wurde im Januar 1994 zur Beförderung in den Rang eines Oberst vorgeschlagen.

Stranderkundung

Während des II. Weltkriegs bildeten Aufklärer und Schwimmer die Spitze der amphibischen Landungsverbände und schufen die Voraussetzungen für eine sichere Anlandung von Truppen und Material.

Dieser Auftrag bildet auch noch in der Gegenwart einen Schwerpunkt der Arbeit der SEALs. Sie haben seit 1983 die Funktion der hierauf spezialisierten *UDTs* übernommen und sind noch heute für diesen Bereich zuständig. Dabei werden sie teilweise unterstützt von der vergleichsweise geringen Zahl der Aufklärer des *US Marine Corps*.

Grundvoraussetzung für die erfolgreiche Durchführung einer amphibischen Angriffslandung sind geeignete örtliche Verhältnisse. Sie müssen auch eine Landung gegen feindlichen Widerstand erlauben. Zunächst muß der Vorstrandbereich nach Unterwasser-Hindernissen abgesucht werden, die gegebenenfalls durch

Sprengung geräumt werden müssen. Die Erkundung endet jedoch nicht am Strand, sondern erstreckt sich auch auf das Hinterland. Stranderkundung und -vermessung erfordern besondere Kenntnisse und eine besondere Ausbildung der hierzu eingesetzten Kräfte. Je nach Lage erfolgt die Erkundung in mehreren Abschnitten und kann sich in Extremfällen über einige Tage hinziehen. So werden beispielsweise Unterwasser-Hindernisse zunächst erkundet. Erst nach Auswertung der Unterlagen erfolgt in der darauffolgenden Nacht die Räumung. Steht nur ein knapp bemessener Zeitraum zur Verfügung, teilen sich mehrere Trupps die notwendigen Arbeiten. Während ein Trupp sichert, vermißt ein anderer den Strand. Dabei wird meist von der Wasserlinie bis zur Fünf Meter-Linie vermessen. So lassen sich die für Landungsboote günstigsten Gradienten ermitteln. Die ermittelten Ergebnisse werden über Funk an den Landungsverband übermittelt. Sind Hindernisse vorhanden, bereiten besonders geschulte Feuerwerker diese zur Sprengung vor. Die Zündung der Ladungen erfolgt in der Regel aber erst unmittelbar vor Beginn der Landung. Vorher wurde der Meeresboden tauchend nach weiteren künstlichen und natürlichen Hindernissen abgesucht. Falls erforderlich werden Gassen für die Landungsboote und -fahrzeuge mit Bojen oder ähnlichen Hilfsmitteln gekennzeichnet.

Wichtig ist eine Aufklärung im Hinterland. Dabei werden Verlauf und Zustand der Zufahrtswege festgestellt sowie die Beschaffenheit des Untergrundes hinsichtlich Befahrbarkeit durch schwere Fahrzeuge und schweres Gerät. Dazu dient auch die Entnahme von Bodenproben. Ähnlich wie bei den *Scouts* vergangener Tage übernehmen mehrere schwerbewaffnete SEALs die Spitze und sichern das Ufer auf einer Breite von etwa einem Kilometer. Sie sind zwar mit Maschinenwaffen und leichten Panzerabwehrwaffen ausgestattet, sollen aber feindlichen Kräften nach Möglichkeit ausweichen und nur im Notfall von ihren Waffen Gebrauch machen. Bei überraschender Annäherung starker feindlicher Kräfte übernehmen sie die Sicherung des Rückzugs der eigenen Kräfte während der hierfür erforderlichen Evakuierungsmaßnahmen. Um einen Schußwaffeneinsatz ohne gleichzeitige Preisgabe der eigenen Stellung zu ermöglichen, sind die Sicherer oftmals mit schallgedämpften Waffen ausgerüstet. Diese sind heutzutage an die Stelle von Hieb- und Stichwaffen getreten, wenn es erforderlich wird, einen Gegner geräuschlos auszuschalten. Falls es die Lage zuläßt, werden Posten lediglich kampfunfähig gemacht und gefesselt.

Die Aufklärung im Hinterland schließt das Auffinden und Kennzeichnen geeigneter Hubschrauber-Landeplätze ein. Sämtliche hierfür erforderlichen Informationen sind in eigens vorbereitete Fragebögen einzutragen. Diese enthalten beispielsweise Fragen hinsichtlich Gezeiten, Windverhältnissen, Geländewinkeln und Neigungsverhältnissen, die genauestens zu ermitteln sind. Wenn die Peilungen für die Landungsboote stehen und alle Voraussetzungen erfüllt sind, wird über Funk »grünes Licht« gegeben. Bei kleineren Unternehmen, insbesondere verdeckter Art und in den Nachtstunden, kommen Blinksignalgeber und elektronische Geräte zum Einsatz.

Der Kräfteansatz richtet sich nach Art und Umfang des Auftrages. Unterschieden wird zwischen Tages- und Nachteinsätzen. Die Verantwortung liegt in den Händen eines Offiziers. Dieser wird unterstützt von einem *Pacer*, zu dessen Aufgabe das Zählen der Schritte zur Feststellung und Ermittlung des eigenen Standorts gehört – insbesondere bei Nacht und bei witterungsbedingt schlechten Sichtverhältnissen. Hinzu kommen Sicherungskräfte, ein Kartograph, sowie eine entsprechende Anzahl Kampfschwimmer zur Vermessung des fraglichen Strandabschnitts. Als Faustregel gilt dabei, daß für einen Abschnitt von 25 Metern ein Schwimmer eingeteilt wird. Das Herstellen von Karten und Skizzen erfordert größte Sorgfalt und umfassende Kenntnisse. So ist es verständlich, daß beim Nachwuchs nicht nur großer Wert auf gute körperliche und schwimmsportliche Leistungen gelegt wird, sondern auch die geistigen und technisch-praktischen Fertigkeiten einen hohen Stellenwert genießen. Daher handelt es sich bei den Aspiranten, die nach der Motivationswoche noch ausscheiden, fast ausschließlich um Männer, die an den besonderen intellektuellen Anforderungen scheitern. Gute phototechnische Kenntnisse sind ebenfalls gefragt; aktuelle Bilder sind wichtige Entscheidungshilfen für die mit Planung und Führung betrauten Stäbe. Natürlich herrschen bei amphibischen Unternehmen nicht immer Idealbedingungen. Oftmals ist Improvisation erforderlich. Aber kein Befehlshaber eines Landungsverbandes, dem Werte in Milliardenhöhe und zahlreiche Menschenleben anvertraut sind, wird auf eine sorgfältige Aufklärung vor Ort verzichten. Das Risiko eines Scheiterns aufgrund mangelhafter Vorbereitung ist nicht vertretbar.

So scheinen die gewaltigen Landungen an stark befestigten und verteidigten Küsten, wie im II. Weltkrieg geschehen, bereits der Geschichte anzugehören. Sie haben sich im letzten halben Jahrhundert nicht wiederholt. Jedoch sind kleinere Landungsunternehmen gegen lediglich schwachen Widerstand, vor allem aber verdeckte Unternehmen unter strikter Geheimhaltung, gegenwärtig und in Zukunft jederzeit denkbar.

Sicherung eines provisorischen Landekopfes

Die Dienstvorschriften der SEALs setzen sich eingehend mit den Abwehrmaßnahmen bei vorzeitiger Entdeckung und im Falle eines überraschenden Feindangriffs an Land auseinander. Dabei wird das Operationsgebiet in drei Abschnitte gegliedert: Linke Flanke, Mitte, und rechte Flanke.

Die personelle Mindeststärke beläuft sich auf elf Mann. Die linke Flanke wird von zwei Schützen mit automatischen Waffen und tragbaren Funkgeräten gesichert, davon befindet sich einer direkt am Wasser, der andere bezieht eine Stellung weiter landeinwärts, hält aber nach Möglichkeit Sichtverbindung. Im Falle eines Angriffes haben sie den Auftrag, mit dem Feuer aus ihren automatischen Waffen einen gegnerischen Einbruch aus dieser Richtung abzuwehren. Die Wirkungsbereiche ihrer Waffen sollen sich überschneiden und etwa ein Viertel des halbkreisförmigen Landungskopfes abdecken. Für die Verteidigung des mittleren Abschnitts sind ebenfalls zwei mit Maschinenwaffen und Sprechfunkgeräten ausgestattete SEALs vorgesehen. Dabei obliegt ihnen die schwierige Aufgabe der Überwachung des größten Abschnitts der Stellung. An der rechten Flanke befindet sich ein weiteres Paar und verteidigt diesen Sektor des Halbkreises. In der Mitte der Stellung stehen zwei Mann als Reserve bereit. Erforderlichenfalls decken sie den Rückzug und übernehmen die Nachsicherung. Der verantwortliche Offizier und sein Stellvertreter, meist ein erfahrener Maat, der in der Hauptverwendung Steuermann des Landungsbootes ist, befinden sich im Zentrum, etwa zwischen der Reserve und dem nach vorne sichernden Trupp. Weitere Schützen halten sich ebenfalls in der Nähe des befehlshabenden Offiziers bereit, und stehen als Melder oder bei Bedarf als Verstärkungen zur Verfügung.

Swimmer Delivery Vehicles

Es ist durchaus üblich, diese Unterwasser-Transportmittel als Kleinst-U-Boote, Mini-Boote, U-Boote für Froschmänner oder Mini-Tauchboote zu bezeichnen, was den Nagel aber nicht auf den Kopf trifft. Bei der US Navy führen sie die recht vage, nichtssagende Bezeichnung Schwimmer-Transportfahrzeuge, ein Verbringungsmittel für Kampfschwimmer. Man kann diese Meeres-Taxen aber nicht als echte Kleinst-U-Boote bezeichnen, da sie sich offen im Wasser bewegen und nur Schwimmer mit kompletter Tauchausrüstung aufnehmen können. Zwar können diese auf eine Vielzahl technischer Hilfs- und Versorgungssysteme an Bord zurückgreifen, sie selbst befinden sich dabei jedoch außerhalb des Fahrzeugs im Wasser.

Bereits 1954 stellte die *US Navy* aus derartigen Fahrzeugen die erste Flottille auf, deren Besatzung aus Froschmännern bestand. Die Boote waren schon damals für Angriffe, Sabotageakte, Durchbrechen von U-Boot-Sperren sowie Sabotageaktionen gegen größere Kriegsschiffe bestimmt. Sie hatten ein Gewicht von 28 Tonnen und eine Besatzung von vier Mann. Die Kampfschwimmer verfügten über das notwendige Gerät, um nach dem Anmarsch unterhalb der Wasseroberfläche nach dem Verlassen des *SDV* im freien Wasser in Aktion zu treten. Ein besonders gelagerter Elektromotor trieb die Schraube über eine Turbine an, um verdächtige Geräusche zu reduzieren und den feindlichen Unterwasserhorchgeräten das Aufspüren zu erschweren. Das Fahrzeug konnte sich so in getauchtem Zustand nahezu geräuschlos bewegen. Die Tauchtiefe betrug lediglich etwa achtzehn Meter, ein Hinweis darauf, daß vor allem an den Einsatz in geringen Tiefen, beispielsweise in Häfen und Flußmündungen gedacht war. Typisch ist die nahezu aufbaulose Form, die einer Fliegerbombe nicht unähnlich ist. Die Länge betrug etwa zwanzig Meter, der Durchmesser an der dicksten Stelle fast acht Meter. Ein Drittel des Innenraumes nahm die Maschinenanlage ein und ein weiteres Drittel der Kommando- und Aufenthaltsraum für die Besatzung. Im vorderen Bugdrittel befand sich die interessanteste Anlage, eine Schleusenkammer für die Froschmänner. Während sich das Boot still in der Nähe des Angriffsobjekts aufhielt, verließen es die Taucher durch die beiden Schleusentüren, um ihren Auftrag zu erfüllen; nach Erledigung wurden sie dort wieder eingeschleust. Da die Kampfschwimmer durch ihren Gummianzug und die Sauerstoffmaske nur ungenügend gegen den Druck geschützt waren, der beim Ausblasen der wassergefüllten Schleusenkammer mit Preßluft entsteht, drückte eine

Pumpe das Wasser langsam aus der Kammer. Gleichzeitig strömte durch ein Ventil Atemluft nach und füllte das entstehende Vakuum aus.

Schon im II. Weltkrieg waren bei verschiedenen Kriegsflotten kleine Unterwasserfahrzeuge entwickelt und verwendet worden, die unter dem Sammelbegriff Kleinstunterseeboote/Kleinkampfmittel bekannt wurden. Sie verbuchten beachtliche Erfolge und dienten hauptsächlich dazu, die Kampfschwimmer über große Strecken in die Nähe des Einsatzzieles und wieder zurückzubringen, da es unmöglich ist, allzugroße Distanzen ohne Hilfsmittel schwimmend zurückzulegen. Nach dem Krieg verschwanden diese Sonderentwicklungen sehr schnell. Damit ging auch ein beachtliches Maß an technischem Wissen und persönlicher Einsatzerfahrung verloren. In den 50er Jahren nahmen dann verschiedene Seemächte die Idee des verdeckten Unterwasserkampfes erneut auf und begannen, die Entwicklung der speziellen Geräte voranzutreiben. Besondere Beachtung wurde den Booten vor allem bei der Kriegsmarine der ehemaligen Sowjetunion entgegengebracht. Jahrelang operierte sie besonders in der Ostsee und verletzte dabei mehrfach die Hoheitsgewässer des bündnisfreien Schweden und weiterer Ostsee-Anrainer.

Jäger und Gejagte

Über einen langen Zeitraum führten die sowjetische U-Bootflotte mit ihren subversiv eingesetzten Kleinstunterseebooten die Küstenverteidigung des neutralen Staates Schweden regelrecht an der Nase herum und erlaubten sich ungestraft viele Provokationen. Auch die Gewässer vor Norwegen und Japan dienten als Spielwiese für ein politisch äußerst ungebührliches und gefährliches Katz und Maus Spiel. Bereits 1981 drang ein sowjetisches U-Boot der WHISKY Klasse in das Sperrgebiet bei Karlskrona ein und wurde nach einem Unfall zum Auftauchen gezwungen und so – mehr oder weniger zufällig – von den schwedischen Stellen entdeckt.

1984 trieben sich unbekannte Taucher, U-Boote und Kleinstunterseeboote erneut in der Nähe des Stützpunktes umher und wurden mehrere Wochen von schwedischen Sicherheitskräften gejagt. Es gelang zwar, eine nicht identifizierte Tauchergruppe unter Feuer zu nehmen, aber diese suchte ihr Heil in der Flucht in offene Gewässer, ohne das Feuer zu erwidern. Offensichtlich wurden die Kampfschwimmer dort von einem wartenden Boot aufgenommen. Eine Einheit infiltrierte unbemerkt in den Hafen von Stockholm, aber selbst der Einsatz von Wasserbomben und modernem Ortungsgerät vermochte dem Spuk kein Ende zu bereiten. Unerkannt gelang den Eindringlingen immer wieder die Flucht. Im Mai 1988 drangen in mindestens neun Fällen Kleinstunterseeboote in das strategisch bedeutsame Schärengebiet südlich von Stockholm ein. Mehrere Großeinsätze der Königlichen Marine und der Küstenjäger führten zu keinerlei greifbaren Erfolgen.

➢

➢ Hinsichtlich der Motive dieser Übergriffe liegt bis heute keine Klarheit vor. Die sowjetische Regierung dementierte offiziell jegliche Beteiligung, aber man konnte auf dem Meeresboden sogar Kettenspuren feststellen, die nur von ausschließlich in der sowjetischen Marine verwendeten Fahrzeugen stammen konnten. In einer Studie der schwedischen Marine wurde die Vermutung geäußert, daß es sich durchaus um die Vorbereitung eines Angriffes gegen den neutralen Staat gehandelt haben könne. Mit solchen Techniken kann man im Vorfeld einer möglichen Invasion leicht subversive Sabotage- und Aufklärungseinheiten unbemerkt an Land bringen. Es ging dem Angreifer offensichtlich darum, die Strukturen der schwedischen Küstenverteidigung auszukundschaften und Schwachstellen ausfindig zu machen. Es wurde auch vermutet, daß es sich um politische Einschüchterungsversuche handeln könnte, oder daß man einfach nur Personal und Material unter realistischen Einsatzbedingungen testen wollte. Seit dem Zusammenbruch der Sowjetunion herrscht nun jedenfalls Ruhe in den schwedischen Küstengewässern ...

Heute existieren bei einer Anzahl von Seestreitkräften unterschiedliche Modelle von Kleinstunterseebooten und Transportern. Manche Fahrzeuge ähneln Torpedos und können nur einen Froschmann liegend transportieren, andere nehmen ein Paar oder eine komplette Gruppe auf. Großbritannien und Schweden verfügen über interessante Entwicklungen, die in Einzelfällen an Staaten der Dritten Welt weiterverkauft worden sind. Besonders aufschlußreich ist aber die Entwicklung der russischen Spezialfahrzeuge. Neben Kleinstunterseebooten, angetrieben mit Diesel- und batteriegespeisten Elektromotoren und mit einer Besatzung bis zu acht Mann, gibt es ein Fahrzeug mit Kettenlaufwerken. Diese geländegängigen Fahrzeuge können auf dem Meeresboden fahren und sind in der Lage, Hindernissen auszuweichen. Da sie auch schwimmen, verfügen sie zum Antrieb im Wasser zusätzlich über eine Schiffsschraube. Der Kettenantrieb befähigt die Spezialfahrzeuge vor allem, in Küstengewässern zu operieren, wo oft starke Strömungen herrschen, die herkömmliche Boote schnell abtreiben lassen. Hat ein solches Fahrzeug den Meeresboden erreicht, bewegt es sich vollkommen getarnt in Richtung Zielobjekt und ist praktisch nicht zu orten.

Mit den beiden *SDV-Teams* an der Ost- beziehungsweise Westküste dürften die USA heute über die stärksten Unterwasserkräfte dieser Art verfügen, einer geheimen und gefährlichen Waffe. In den *SDVs* können die Kampfschwimmer weit entfernte Einsatzräume verhältnismäßig schnell und kräftesparend erreichen und zudem genügend Ausrüstung und Kampfmittel mitführen. Allerdings setzen die komplizierten Fahrzeuge, die von »Piloten geflogen« (Insiderausdruck) werden, einen hohen Ausbildungsstand der Besatzungen voraus und erfordern intensive Wartung und Pflege.

Derzeit findet hauptsächlich das Modell *Mark VIII* in einer Zahl von etwa fünfzehn Stück bei den *Teams* Verwendung. Es hat verschiedene Vorläufertypen ersetzt und besitzt einen hohen technischen Stand. Es handelt sich um keinen geschlossenen Schiffskörper, wie es bei einem klassischen Unterseeboot der Fall ist, sondern diese *SDVs* sind nach den Seiten offen und geflutet. So müssen die Kampfschwimmer ihre vollständige Unterwasserausrüstung tragen und sitzen keinesfalls im Trockenen.

Die Entscheidung der Kampfschwimmer für dieses relativ unkomfortable, »nasse« System fiel bereits sehr frühzeitig. Die Gründe hierfür sind etwas dubios. In den Gründerjahren befanden sich verschiedene Arten von Kleinstunterseebooten in der Entwicklung. Es wäre nun möglich gewesen, diese Boote zur Einsatzreife zu entwickeln und die Kampfschwimmer damit auszustatten. Aber die Verwendung von Unterseebooten jeglicher Art fiel unter die Zuständigkeit der U-Bootwaffe der *US Navy*. Die Schwimmer fürchteten, bei Übernahme der Boote in diese Waffengattung ihre Eigenständigkeit zu verlieren und als bedeutungsloses Anhängsel der U-Bootwaffe unterzugehen. Um dies zu vermeiden, entschlossen sie sich, ihren eigenen Weg zu gehen und die offenen Tauchfahrzeuge zu entwickeln. Mit diesen konnten sie ihre Ideen verwirklichen und ein Instrument schaffen, das geeignet war, Kampfschwimmereinsätze unmittelbar zu unterstützen. Aber es handelte sich eben nicht um Unterseeboote. Anfänglich ergaben sich Schwierigkeiten mit der Stabilität der *SDVs* im Wasser, die aber im Zuge der Weiterentwicklung gelöst wurden.

Das *Mark VIII* wird von einem Piloten und einem Navigator gesteuert, hinter denen vier Schwimmer sitzen. Der Pilot kontrolliert mit seinem Steuerknüppel das Ruder und die weiteren Ballast- und Trimm-Systeme, die das Fahrzeug horizontal und vertikal in der gewünschten Position halten. Der Antrieb erfolgt über einen Elektromotor, der von Batterien gespeist wird. Trimmtanks, seitlich angebrachte Stabilisatoren und ein Steuerruder gewährleisten die notwendige Beweglichkeit. Hindernis-Sonar- und modernste computergesteuerte Doppler-Radargeräte helfen dem Navigator bei seiner verantwortungsvollen Arbeit, zu der auch das rechtzeitige Erkennen von Unterwasserhindernissen gehört. Diese Instrumente und weiteres elektronisches Gerät sind in trockenen, wasserdichten Behältern verstaut. Ein integriertes Atemsystem und Vorrichtungen für die Zusammenarbeit mit dem Mutterschiff ergänzen die Ausstattung. Offiziell dienen diese Fahrzeuge der Herstellung von Unterwasser-Karten und der Erkundung des Meeresbodens, der Bergung verlorengegangener oder versunkener Objekte sowie der Aufklärung. Inoffiziell natürlich auch der subversiven Infiltration. Im Gegensatz zu den kleinen Zweimann-Fahrzeugen, in denen die Schwimmer teilweise liegen müssen, ist das Fahrzeug relativ komfortabel und geräumig. Bei einer Länge von 6,45 Meter und einer Höhe von 1,32 Meter ist es der Besatzung möglich, aufrecht im Fahrzeug zu sitzen.

Die Geschwindigkeit im Einsatz liegt bei sechs Knoten (etwa 11 km/h) und die Reichweite beträgt 36 Seemeilen (etwa 65 km). Bis heute haben sich die elementaren Grundlagen nicht wesentlich verändert. Antriebsarten- und Techniken, Beschaffenheit des Rumpfes, Meßapparaturen und Trimmtechniken sind weitgehend geblieben. Lebenswichtig sind einwandfrei funktionierende Tiefenmesser und Navigationsinstrumente sowie akustische Sende- und Empfangsgeräte, die vom Seewasser nicht geschützt sind. An Spezialgeräten stehen ein Hochfrequenz-Sonar zur Erkennung von Hindernissen und Minen sowie das mit einer Treibantenne versehene Satelliten-Navigationssystem *MUGR* zur Verfügung. Problematisch sind die langen Aufenthalte im Wasser, die sechs Stunden betragen können. Die dem Wasser ungeschützt ausgesetzten Schwimmer benutzen dabei ihre Unterwasser-Atemgeräte mit geschlossenem Kreislauf. Bekanntlich ist es in der Tiefe eiskalt, Dunkelheit und Einsamkeit wirken zusätzlich belastend. Ein langer Aufenthalt des Tauchers im Wasser, geschützt nur durch spezielle Taucherunterwäsche und Schutzanzug, wirkt sich negativ auf die gesundheitliche Verfassung aus. Der Verlust an Körperwärme und Energie ist außerordentlich groß. Der Körper entwickelt eine zunehmende Empfindlichkeit gegen die Kälte und oft laufen die Finger blau an. Es kommt zu starken Belastungen des Herzkreislaufsystems und des Blutdrucks. Aufgrund der zusätzlichen Arbeit des Herzens erhöht sich der Blutdruck leicht auf gefährliche Werte, außerdem wird die Blutzirkulation auf den Inneren Kreislauf reduziert. Ein längerer Aufenthalt im Salzwasser kann zu bestimmten Austrockungserscheinungen führen. Ferner neigen die Schwimmer infolge der langandauernden Auskühlung dazu, häufig zu urinieren. So ist eine ständige Beobachtung und Überprüfung des Gesundheitszustandes dringend erforderlich, um Gesundheitsschäden und Spätfolgen vorzubeugen.

Eine weitere Errungenschaft ist das *SDV* Modell *Mark IX*. Es besitzt einen Elektromotor, der die beiden Schiffsschrauben antreibt. Die nötige Energie liefern mehrere wiederaufladbare Batterien. Es soll auch über ein völlig neu entwickeltes, ungewöhnliches Steuersystem verfügen. Mit 5,90 Meter Länge, einer Höhe von 0,8 Metern und einer Breite von 1,90 Meter, weist es ungewöhnliche Maße auf. Der Rumpf ist nicht mehr stromlinienförmig, sondern eher kastenförmig ausgelegt. Zwei SEALs bilden die Besatzung des 2270 Kilogramm schweren Gefährts, das eine Geschwindigkeit von 10 Knoten (etwa 18 km/h) entwickelt. Was das *SDV Mark IX* aber besonders interessant macht ist die Tatsache, daß es über eine Torpedo-Waffenanlage verfügt. Die beiden verwendeten leichten Torpedos *Mk 31*, Kaliber 482 mm, verfügen über eine Reichweite von sechs Kilometern.

Ferner befindet sich ein besonders großes *SDV* mit der Bezeichnung *Advanced SEAL Delivery System* (kampfwertgesteigertes SEAL Transportsystem) in der Entwicklung, das einer Besatzung von acht Mann Platz bietet. Dieses *SDV Mark VIII, Modell 1*, ist im Gegensatz zu der Mehrzahl der übrigen *SDVs* ein »trockenes« Fahrzeug und wird in wasserdichten Außenbord-Schutzbehältern von U-Booten mitgeführt. Damit läßt es sich weltweit zum Einsatz bringen. Außerdem bietet es den Besatzungen wesentlich bessere Arbeitsbedingungen als die »nassen« Fahrzeugtypen. Die unabhängig operierenden Sonderfahrzeuge verfügen über eine Einsatz-Reichweite von etwa 200 Seemeilen (etwa 360 Kilometer), die sie in etwa zwanzig Stunden zurücklegen. Sie können bis zu 24 Stunden am Aufnahmepunkt auf die Rückkehr der Kampfschwimmer warten. Bis zu 900 Kilogramm Zuladung ist bei entsprechender Reduzierung der Schwimmerzahl möglich. Mit zwölf Metern Länge und einem Durchmesser von drei Metern sind diese Boote, von denen nur einige zur Verfügung stehen, vergleichsweise groß. Über eine Zweischott-Kammerschleuse werden die *SEALs* aus dem *ADS* aus- und wieder eingeschleust. Die Energie für den Antrieb kommt aus eigens entwickelten Silber-Zink-Akkumulatoren.

Der Dienst in den *SDVs* führt zu erheblichen Belastungen der Besatzungen und erfordert ein hohes Ausbildungs- und Leistungsniveau. Zum Ausgleich erhalten die besonders beanspruchten und gefährdeten Besatzungen hohe Zulagen und können so mit den weiteren Vergütungen für das Fallschirmspringen, den Umgang mit gefährlichen Spreng- und Zündmitteln sowie Zuschlägen für das Tauchen ihre Einkommen erheblich aufbessern.

Die *SDVs* sind vielseitig einsetzbar und wegen ihrer geringen Größe auf unterschiedlichsten Wegen zu transportieren. Sie können auf speziellen Tiefladern über weite Strecken auf dem Landweg verlegt oder an Bord von Überwasserschiffen transportiert werden. Der Lufttransport ist bislang allerdings noch mit erheblichen Schwierigkeiten verbunden. Mindestens drei mit Kränen und Zusatzgerät nachgerüstete Landungsschiffe stehen außerdem zur Verfügung.

Am häufigsten wird aber auf speziell ausgestattete U-Boote zurückgegriffen. Sie übernehmen die Rolle von »Mutterschiffen« und verbringen die *SDVs* in den Einsatzraum. Die umgerüsteten Unterseeboote führen in den Außenbord-Behältern eines oder zwei der *SDVs* mit. In wasserdicht abgeschotteten »Trockendocks« werden die *SDVs* transportiert und für den Einsatz klar gemacht. Die Kampfschwimmer erreichen durch eine Luke die Außenstation, begeben sich in die Tauchfahrzeuge und fluten langsam den Transportbehälter. Sobald das Unterseeboot abtaucht, lösen sich die Kampfschwimmer mit dem *SDV* vom Trägerschiff. Aus Sicherheits- und Geheimhaltungsgründen kann es erforderlich sein, das Aussetzen und Wiederaufnehmen der *SDVs* getaucht durchzuführen. Dementsprechend müssen die Transportbehälter leergepumpt oder geflutet werden. Das Anbringen der Trockendocks an einem U-Boot ist ohne großen Aufwand möglich. Umfangreiche und teure Umbaumaßnahmen sind hierfür nicht erforderlich. Etwa zehn entsprechend nachgerüstete Unterseeboote dürften derzeit – verteilt auf die Weltmeere – im Einsatz stehen.

Die Verwendungsmöglichkeiten der Mini-Boote sind außerordentlich vielseitig und werden nur eingegrenzt durch den Aktionsradius, die Wasserverhältnisse und die Besonderheiten des Auftrages. Aufklärung und Erkundung, verdecktes Einsickern und verdeckte Aufnahme, Unterwassersabotage und der verdeckte Transport von Einsatzkräften und Einsatzmitteln zählen zu den wichtigsten Aufgaben der *SDVs*. Wie bereits erwähnt unterliegt gerade die Verwendung dieser Unterwasserfahrzeuge strengsten Geheimhaltungsvorschriften. Dies läßt erkennen, welche Bedeutung diesen Sonderfahrzeugen beigemessen wird.

Über Kriegseinsätze liegen nur dürftige Informationen vor, jedoch sind Einsätze in Südostasien bekannt. Gegen Ende des Vietnam-Krieges geriet ein mißglücktes Unternehmen in die Schlagzeilen. Unter Einsatz von *SDVs* sollten vor der nordvietnamesischen Küste entflohene amerikanische Gefangene von Kampfschwimmern aufgenommen und gerettet werden. Das Unternehmen scheiterte aufgrund verschiedener widriger Umstände und wurde jahrelang geheimgehalten.

Zeitweilig verfügten die US-Streitkräfte über atomare Kleinstwaffen, die aber bereits Mitte der 80er Jahre ausgesondert wurden und heute keine Verwendung mehr finden. Wie die *Army*, die mit Atom-Minen und atomaren sogenannten »Rucksackbomben« ausgerüstet war, soll auch die Unterwasser-Sondertruppe der *Navy* über ähnliche Atomwaffen verfügt haben. Es wäre durchaus möglich, daß es sich dabei um geheimgehaltene atomar angetriebene Unterwasser-Transportmittel, Atom-Minen oder Torpedos mit atomaren Sprengköpfen gehandelt hat.

Subversive Aktion gegen Libyen

1986 erreichten die Spannungen zwischen den USA und dem unter der Herrschaft eines exzentrischen Staatsoberhauptes und Diktators stehenden nordafrikanischen Land einen Höhepunkt. Es kam zu ernsten Luftzwischenfällen und im Verlauf der Auseinandersetzungen bombardierten US-Kampfflugzeuge Ziele in Libyen.

Im Sommer des Jahres 1986 beteiligten sich auch SEALs an geheimen Aktionen gegen den Wüstenstaat. An Bord von Unterseebooten erreichten die Kampfschwimmer die libyschen Küstengewässer, wo sie mit SDVs verdeckt ausgesetzt wurden. Sie führten unter strengster Geheimhaltung militärische Aufträge im Landesinneren durch. Typisch für manche hochsensiblen Sonderoperationen der Amerikaner ist die Tatsache, daß, wie bei dieser Aktion geschehen, selbst der Oberkommandierende der 6. US-Flotte im Mittelmeer nicht über den Ablauf der Geheimoperation informiert war. Die SEALs drangen weit in das Landesinnere vor und verschafften sich ein genaues Bild über die militärische Lage, sammelten Daten und klärten militärische Einrichtungen auf. Bei günstiger Gelegenheit wurden Sabotageakte an der militärischen und zivilen Infrastruktur verübt. Im Gegensatz zu den üblichen Gepflogenheiten hinterließen die geheimnisvollen Raids bewußt unverkennbare Spuren. Offensichtlich wollte man bewußt ein Zeichen setzen und auf die Anwesenheit einer fremden militärischen Macht im Lande hinweisen, gegen die die Staatsgewalt praktisch wehrlos war.

Es gehört zu den taktischen Grundprinzipien von Sondereinsatztruppen, den Gegner zu verwirren und in die Irre zu führen. Sondereinsatzverbände sind in der Lage, mit ihrer besonderen Handschrift im Vorfeld eines schwelenden politischen Konfliktes deutliche Warnsignale zu setzen. So bemühten sich die in Libyen eingesetzten Teams bewußt, Spuren zu hinterlassen. Sie sollten der Verwirrung der libyschen Abwehr dienen und die politische Führung verunsichern. Zurück blieben dabei kleine Hinweise und absichtlich »verlorene« Ausrüstungsgegenstände, die aus der Sowjetunion und Syrien stammten. Dagegen wurde mit allen Mitteln vermieden, einen Hinweis auf eine Beteiligung der USA zu hinterlassen.

Die Unterwassersondereinsatzkräfte verfügen noch über eine Vielzahl weiterer geheimer Einsatztaktiken und Einsatzmittel. Unter Nutzung modernster Technologien bemüht man sich, das Leistungsvolumen noch zu erweitern, Produktion und Entwicklung von Unterwasserfahrzeugen und Tauchgeräten zu steigern und zu verbessern.

Operationen aus der Luft

In der Transportmaschine der Luftwaffe vom Typ MC-130 E »Combat Talon« hocken einige schwitzende Gestalten in Taucheranzügen, die eindeutig nicht der US Air Force angehören. Eine unangenehme Wärme staut sich in den enganliegenden Taucheranzügen, die eigentlich dazu bestimmt sind, den Körper selbst bei größter Kälte warmzuhalten. Die SEALs bereiten sich auf einen Fallschirmabsprung vor und haben gelernt, wesentlich Härteres zu ertragen, als die schwüle Hitze eines Sommerabends in der Karibik. Sie genießen den plötzlich einsetzenden erfrischenden Luftzug von außen und bereiten sich auf den Sprung vor. Dabei sitzen die SEALs wirklich nicht bequem, die Fallschirme und die übrige Ausrüstung behindern die Springer schon an Bord der Maschine. Endlich scheint der Motorenlärm

Wiederaufnahme von Kampfschwimmern aus dem Meer mit dem Hubschrauber. Über eine Jakobsleiter klettern SEALs an Bord eines HH-46 D »Sea Knight«.

Seilschaft. Das während des Vietnam-Krieges von Angehörigen der Army Special Forces entwickelte SPIE-Rig (Special Purpose Insertion – Extraction-Rig) ermöglicht das Einsetzen und die Wiederaufnahme eines sechsköpfigen Trupps an Stellen, wo selbst Hubschrauber nicht landen können. An dem als Bestandteil der Koppeltrageausstattung getragenen Gurtsystem sind in Schulterhöhe D-Ringe befestigt, die in das vom Hubschrauber herabhängende Seil eingehakt werden können. Der Hubschrauber nimmt die Männer auf, transportiert sie als »Außenlast« zu einem sicheren Landeplatz und setzt sie dort ab.

etwas abzuflauen und es ertönt die mit Spannung erwartete Ansage über den Bordlautsprecher: »Noch eine Minute!«

Nun dauert es nur noch kurze Zeit bis das Flugzeug sein Ziel erreicht hat, etwa 50 Kilometer entfernt von der Küste. Die Aufziehleinen werden eingehakt und die Springer werfen noch einmal einen letzten Blick auf den korrekten Sitz des Gurtzeugs und auf die Ausrüstung, der Absetzer führt seine Überprüfungen durch. Langsam öffnet sich die Rampe und das laute Geräusch der vier Flugzeugmotoren dröhnt schmerzhaft in den Ohren.

Während sich die SEALs an Bord des Transportflugzeuges zum Fallschirmabsprung fertig machen, erwartet sie bereits unten auf dem Meer ein Boot mit einer Rettungsmannschaft für den Notfall. Kurz vor dem Sprung werden Windgeschwindigkeit und Wellengang gemessen und per Funk an das Flugzeug übermittelt. Dort gibt der Funker die Informationen an die wartenden Springer weiter, die bestens darüber informiert sind, was sie unten erwartet. Eine Signalpatrone wird abgeschossen, um die Windrichtung um den Standort des Bootes bekanntzugeben.

In 500 Meter Höhe watscheln die SEALs auf den Fußballen zur Heckrampe, behindert von den Flossen und dem schweren Gepäck. Dies ist nicht einfach, da das Flugzeug gehörige Luftsprünge macht und die Springer im Transportraum recht unsanft herumwirbelt.

Jetzt leuchtet das erlösende grüne Signallicht auf, es ist so weit: *»Go!«* Zunächst fallen unter den geschulten Augen des Absetzers zwei Spezialboote aus dem Frachtraum, beladen mit dem Großteil der Ausrüstung, und purzeln in die Tiefe. Dann folgen in kurzen Abständen, damit sie nicht zu weit auseinander getrieben werden, die fallschirmspringenden Froschmänner. Sie genießen einige wenige Augenblicke das berauschende Gefühl des freien Falles, aber da folgt bereits der Entfaltungsstoß des sich öffnenden Schirmes. Sofort überzeugt sich jeder Springer, ob sich die Kappe seines Schirmes auch tatsächlich richtig entfaltet hat. Dies muß innerhalb von Sekunden geschehen, eine nicht rechtzeitig entdeckte Fehlöffnung kann zu schweren Unfällen oder zum Tod führen.

Auch nach der Überprüfung bleibt dem Springer wenig Zeit, die Luftfahrt zu genießen. Er muß sich bereits auf die Landung vorbereiten, und die ist im Wasser alles andere als einfach und durchaus kein reines Vergnügen. Ein Blick nach unten läßt bereits das wartende – von den SEALs als »Gummiente« bezeichnete – Schlauchboot erkennen. Das moderne Sprunggerät ermöglicht es den SEALs, das Boot anzusteuern und in dessen unmittelbarer Nähe aufzukommen. Jeder der SEALs informiert sich mit einem Blick in die Runde über die Positionen seiner Kameraden. Unter Beachtung der Windrichtung beginnen nun die Vorbereitungen zur Wasserlandung. Die mitgeführte Ausrüstung wird an einer Kontroll-Leine abge-

Der Fallschirmabsprung in ein Gewässer ist mit besonderen Gefahren verbunden. Ein Kampfschwimmer im Taucheranzug und mit angelegten Schwimmflossen demonstriert den »nassen« Sprung mit einem wegen der Form der Steueröffnungen als »LL-Schirm« bezeichneten steuerbaren Rundkappenschirm.

worfen, und mit Ausnahme der wichtigsten werden sämtliche Gurtverschlüsse vorsorglich geöffnet. Es ist wichtig, sich kurz vor dem Aufteffen auf der Wasseroberfläche aus dem Gurtzeug zu lösen, um nicht unter die Fallschirmkappe zu geraten, sich in die Fangleinen zu verheddern und zu ertrinken. Sehr viel Mut und Können gehören dazu, um bei Nacht mitten im Meer in aufgewühlte, manchmal meterhohe Wellen zu springen, auf die Aufnahme durch ein Boot zu warten oder über große Strecken tauchend und schwimmend das Einsatzziel zu erreichen.

An Bord der zuvor abgeworfenen Boote wird die Aktion Richtung Küste fortgesetzt. Mehrere Stunden Fahrt in der schweren See fordern den Kampfschwimmern und den Bootsbesatzungen viel Kraft und Energie ab. Die Navigationskenntnisse der Seeleute werden dabei gründlich auf die Probe gestellt.

Im Zwielicht der Morgendämmerung verlassen die Kampfschwimmer in Paaren die Boote und schwimmen durch die Brandung unauffällig zum Strand. Der Auftrag lautet, eine strategisch wichtige Fernmeldezentrale des Gegners anzugreifen und zu zerstören, die sich etwa 1500 Meter entfernt im Landesinneren befindet.

Als die Sonne aufgeht, haben alle Kampfschwimmer unbemerkt ihre Ausgangsstellungen in der Nähe der Fernmeldezentrale eingenommen und machen sich für den Sturmangriff fertig. Blitzartig brechen plötzlich aus allen Richtungen dunkle, gespensterhafte Gestalten hervor und dringen in die Räume ein. Sie bekämpfen mit kurzen Feuerstößen aus ihren Maschinenwaffen und mit Handgranaten den vereinzelt aufflackernden Widerstand der vollkommen überraschten Mannschaft. Systematisch wird Raum für Raum durchkämmt und hochwertiges elektronisches Gerät gezielt zerstört oder unbrauchbar gemacht.

Gleichzeitig stürmt eine weitere Gruppe die etwas abseits gelegene Mannschaftsunterkunft, in der sich die dienstfreien Soldaten und Wachen aufhalten. In wenigen Minuten sind die schlaftrunkenen Gegner, die keinen Widerstand leisten, überwältigt und gefangengenommen.

Der Kampflärm des kurzen, aber heftigen Feuergefechtes wurde im nahegelegenen Stützpunkt des Gegners gehört. Sofort hat dort der diensthabende Bereitschaftsoffizier die Alarmtruppe mobilisiert, und mit mehreren Fahrzeugen nähert sie sich dem Fernmeldezentrum. Wenige hundert Meter davor geraten die Geländefahrzeuge in genau gezieltes Kreuzfeuer. Die zur Absicherung des Unternehmens bereitstehenden SEALs haben mit mehreren Scharfschützen, die neben Präzisionsgewehren mit Zielfernrohr auch über Waffen mit Spezialmunition verfügen, das Umfeld abgeriegelt und die Fahrzeuge bleiben nach kurzem Schußwechsel bewegungsunfähig liegen.

In Minutenschnelle bringt das *Team* an den Sendemasten und an sensiblen Punkten des Gebäudes vorbereitete Sprengladungen an, dann ziehen sich die Männer unter wechselseitigem Feuerschutz schnell zu einem vorher vereinbarten Sammelpunkt am Strand zurück. Innerhalb weniger Minuten erscheinen tieffliegende Hubschrauber über der Wasseroberfläche und setzen kurz im nassen Sand des Strandes auf. In Sekundenschnelle gehen die SEALs an Bord und die Helikopter fliegen mit ihnen auf das offene Meer hinaus. Die Kampfschwimmer an Bord der Hubschrauber können gerade noch die gewaltige Explosion der von ihnen angebrachten Sprengladungen wahrnehmen, bevor sie ohne jegliche Verluste an Bord der Hubschrauber am Horizont verschwinden.

Innerhalb knapp einer Stunde war es den Kampfschwimmern möglich, einen Kommandoauftrag mit Erfolg auszuführen, der im Ernstfall erhebliche Auswirkungen auf den Gesamtverlauf einer militärischen Operation gehabt hätte und lediglich einen geringen Aufwand an eigenen Kräften erforderte.

Häufig kommen Flugzeuge und Hubschrauber als Transportmittel für die *SEAL-Teams* zum Einsatz. Lastenfallschirme dienen dem Abwurf von Material und Gerät sowie kleineren, auf Paletten verzurrten Booten. Die Kampfschwimmer sind im militärischen Fallschirmsprung mit automatisch öffnenden Schirmen ausgebildet, nutzen aber auch moderne Freifall- und Gleitschirmtechniken.

Ein Fallschirmsprung ins Wasser, insbesondere ins Meer, ist mit hohen Risiken verbunden und erfordert große Erfahrung. Besonders schwierig ist es für den Springer, seine Höhe kurz vor dem Auftreffen auf die Wasseroberfläche richtig einzuschätzen. Sollte er sich verschätzen und sich zu früh aus dem Gurtzeug befreien, kommt er mit hoher Geschwindigkeit auf der Wasseroberfläche auf und es besteht die Gefahr, daß er sich verletzt. Taucht der Springer mit angelegtem Gurtzeug ins Wasser ein und es gelingt ihm nicht, unter der über ihm zusammensackenden Fallschirmkappe wegzutauchen, besteht die Gefahr, daß er sich in den Fangleinen und in der Kappe verheddert. Zusätzliche Risiken birgt dabei ein Absprung bei Nacht. Ein wichtiges Hilfsmittel ist der am Gurtzeug des Springers befestigte Lastensack für Waffen und Ausrüstung. Der Aufschlag des vor der Landung abgeworfenen, an einer etwa sechs Meter langen Kontroll-Leine befestigten Behälters auf der Wasseroberfläche zeigt dem Springer an, daß die Wasserberührung unmittelbar bevorsteht.

Bei »nassen« Sprüngen liegt die Absprunghöhe zwischen 150 und 800 Metern, jedoch bei Verwendung bestimmter Sprunggeräte auch bei 100 Metern und darunter. Es ist wichtig, daß die Springer dicht beisammen auf kleinstem Raum landen. Die heutzutage verwendeten steuerbaren Schirme ermöglichen punktgenaue Landungen.

Eine aufwendige, heutzutage kaum noch angewandte Infiltrationstechnik besteht in der Verbindung von Fallschirmabsprung und Tauchen. Der Kampfschwimmer springt in diesem Fall mit dem Fallschirm ab, taucht dann sofort ab und erreicht unter Wasser unerkannt sein Einsatzziel an Land. Solche Verfahren sind außerordentlich aufwendig und setzen einen hohen Ausbildungsstand voraus. Gewöhnlich tragen die Springer Trockentauchanzüge und führen die Ausrüstung in wasserdichten Säcken mit. Erst wenn nach der Wasserlandung der Einsatzraum erreicht ist, werden Tauchgeräte und Schwimmflossen übernommen. Die meisten SEALs beherrschen die *HAHO*-Verfahren mit großer Absprung- und Öffnungshöhe. Mit den speziellen lenkbaren Gleitfallschirmen können dabei Entfernungen von etwa 40 Kilometer zurückgelegt werden. Beim *HALO*-Verfahren verläßt der Springer das Flugzeug in Höhen von bis zu 10 000 Meter und öffnet dann manuell den Schirm erst einige hundert Meter über dem Wasser. Beide Verfahren erleichtern ein unbemerktes Einsickern in das Operationsgebiet.

Neben den Sprüngen ins nasse Element sind die SEALs natürlich in der Lage, mit dem Fallschirm über Land abzuspringen, so wie sie es an der Luftlandeschule der *US Army* in Fort Benning während ihrer Grundausbildung gelernt haben. Hier entsprechen die Verfahren und Sprungtechniken denen des Heeres.

»Leap Frogs«

Öffentlichkeitsarbeit zur Nachwuchswerbung und zur Selbstdarstellung wird bei den US Streitkräften traditionell sehr ernst genommen und emsig betrieben. Sportliche Veranstaltungen, insbesondere Fallschirm- und Luftakrobatik nehmen hier einen bevorzugten Platz ein. Die US Army verfügt hierfür mit ihren »Golden Knights« über ein hervorragendes Instrument. Aber auch die Navy steuert ihren Anteil bei und hat ihre »Laubfrösche« hiermit betraut.

Die »Laubfrösche« unterstützen vor allem die Rekrutierungsbemühungen und die Öffentlichkeitsarbeit der *US Navy,* wobei die Nachwuchswerbung an erster Stelle steht.

Die »Leap Frogs« sind im Marinestützpunkt Coronado bei San Diego beheimatet und verstehen sich als das offizielle Fallschirm-Schauspringer-Team der US Navy. Alle Angehörigen sind SEALs und haben sich freiwillig von ihren Stamm-Einheiten zu dieser Schau-Truppe versetzen lassen.

Jährlich zwischen März und November sind sie ständig in vielen Regionen der Vereinigten Staaten unterwegs. Das *Team* führt seine Schau-Sprünge im Beiprogramm von mehr als 60 Ausstellungen und Flugschauen vor, die durchschnitt-

Die »Leap Frogs« während einer ihrer werbewirksamen artistischen Vorführungen mit dem lenkbaren rechteckigen Gleitfallschirm.

Der Hubschrauber ist nicht nur ein wichtiges Transport- und Einsatzmittel der SEALs, er hat auch die Taktik entscheidend geprägt. Angehörige des SEAL Team 6 üben das Abseilen von Bord eines Hubschraubers Bell UH-1 »Huey«. Bei dieser Technik wird das Seil durch eine als »Eight Descender« (»Abseil-Acht«) bezeichnete Seilbremse geführt. Mit der rechten Hand wird die Abseil-Geschwindigkeit gesteuert, die linke stabilisiert den Körper.

lich von vier Millionen Zuschauern besucht werden. Neben diesen öffentlichen Veranstaltungen sind einige der Fallschirmspringer als Laufbahnberater in der Nachwuchswerbung tätig.

Keiner der Angehörigen der *Public Relations*-Truppe hat weniger als 200 Fallschirmabsprünge im Sprungbuch verzeichnet, und einige Veteranen bringen es bereits auf 1000 und mehr. Der hohe Leistungsstandard kommt nicht von ungefähr. Jedes Mitglied ist bemüht, das sportliche und fachliche Leistungsniveau zu erhalten und noch zu steigern.

Die durchtrainierten Fallschirmspringer sind aber nicht nur zwischen Himmel und Erde anzutreffen. Wie alle SEALs sind sie hervorragende Taucher und Schwimmer. Angst vor extremen Höhe und Tiefen ist diesen Experten gleichermaßen unbekannt.

Mit ihren Vorführungen locken die durch das ganze Land reisenden Kunstspringer nicht nur Millionen Schaulustiger an, sie knüpfen vielmehr gleichzeitig ein enges Band zwischen Zivilbevölkerung und *US Navy,* was weit wichtiger ist als reine Nachwuchswerbung.

Bei ihrer Öffentlichkeitsarbeit vernachlässigen die Fallschirm-SEALs jedoch nicht ihre militärische Fort- und Weiterbildung. Nach einer Reihe von Jahren werden sie gewöhnlich zu ihrem Stamm-Truppenteil zurückversetzt und in einem der *SEAL-Teams* oder einer anderen Sondereinheit der *Navy* verwendet.

Jeder Angehörige des SEAL Team 6 muß das Abseilen aus dem Hubschrauber beherrschen – sei es auf das Dach eines Gebäudes, auf eine Bohrinsel, oder auf das Deck eines Schiffes. Voraussetzung hierfür ist ständiges Üben unter möglichst einsatznahen Bedingungen.

Die Epoche der großen Luftlandungen wie bei der Invasion oder bei Arnheim 1944 durch die alliierten Luftlande-Divisionen ist lange vorbei. Die Risiken derartiger strategischer Unternehmen will heute kein militärischer Führer tragen. Zu groß sind die Gefährdungen durch die fortentwickelten Waffensysteme, die im Raketen- und Elektronikzeitalter nicht mehr zu kalkulieren sind. So finden heutzutage Fallschirmabsprünge hauptsächlich im Rahmen verdeckter Operationen zur unerkannten Infiltration statt. Fallschirmlandungen ganzer Brigaden oder noch größerer Verbände bilden die Ausnahme. Für Luftlandeoperationen dieser Größenordnung stehen Hubschrauber oder Transportflugzeuge zur Verfügung. Großraumflugzeuge sind in der Lage, Truppen über große Entfernungen zu transportieren und auf einem zivilen Flugplatz oder einem Luftwaffenstützpunkt außerhalb der Kampfzone zu landen. Das kann auf dem Hoheitsgebiet eines verbündeten, befreundeten oder neutralen Staates geschehen. Zudem besteht die Möglichkeit der Landung auf einem zuvor – beispielsweise von Sondereinsatzkräften – eingenommenen gegnerischen Flugplatz. Stehen keine Flugplätze zur Verfügung, eignen sich behelfsmäßige, in geeignetem Gelände angelegte Flugfelder zur Landung von Truppen und Gerät. Für Spezialeinheiten besteht jedoch nach wie vor die Möglichkeit einer Landung mit dem Fallschirm.

Eine weitere Alternative stellen Hubschrauber aller Größenordnungen dar. Die schweren Transporthubschrauber sind heute in der Lage, eine verhältnismäßig große Zahl von Soldaten aufzunehmen und aus der Luft abzusetzen. Ihr Einsatz wird allerdings eingeschränkt aufgrund ihrer begrenzten Reichweite, ihrer Verwundbarkeit, Abhängigkeit von der Witterung und einen hohen Wartungsaufwand. Gerade für Infiltration und Exfiltration eignen sich aber die Helikopter wegen ihrer Vielseitigkeit und Flexibilität besonders gut. Sie sind nicht an Flugplätze mit umfangreichen technischen Anlagen gebunden, sondern können ohne großen Aufwand fast überall landen und auch wieder starten. Hubschrauber fliegen sehr tief und schnell, nutzen im Geländekonturenflug jede Deckung aus, bleiben nur wenige Meter über der Wasseroberfläche dem gegnerischen Radar verborgen. Die verschiedenen Hubschraubertypen eignen sich für Aufklärung, Führung und Verbindung, Transporte jeglicher Art, Ein- und Ausschleusung, Rettung und Versorgung Verwundeter sowie als Kampfhubschrauber oder Waffenträger. Mit Raketen und Schnellfeuerkanonen bestückt können sie nur wenige Meter über dem Boden fliegend an Brennpunkten in ein Gefecht eingreifen und den Gegner niederhalten, oder kleinen Trupps durch Feuerunterstützung das Lösen vom Feind ermöglichen. Zwei Staffeln mit 25 *HH-60H* Hubschraubern der Reservestreitkräfte stehen für Sondereinsätze bereit, an deren Weiterentwicklung und Kampfwertsteigerung laufend gearbeitet wird.

Wie alle Sondereinheiten der US-Streitkräfte arbeiten die SEALs eng mit den zu ihrer Unterstützung abgestellten Hubschraubereinheiten zusammen. Diese kommen sowohl von den *Special Operations Forces* der *Army*, als auch von den Sondereinsatzstaffeln der Luftwaffe. Die Zusammenarbeit mit den Helikoptern der *US Navy*, die sich auf nahezu sämtlichen großen Kriegsschiffen und besonders auf den Flugzeugträgern befinden, ist selbstverständlich.

Bereits frühzeitig haben die Kampfschwimmer den Nutzen von Hubschraubern erkannt, die für einige Zeit in der Luft stehenbleiben können. So gab es schon in den 50er Jahren erste Kontakte zischen den *UDT*-Schwimmern und den Hubschrauber-Staffeln des *Marine Corps* und der *Army*, die damals gerade im Aufbau begriffen waren. Im Vietnam-Krieg vertiefte sich die Zusammenarbeit weiter, und mehr als einmal retteten mutige und selbstlose Hubschrauber-Piloten mit ihren *Crew Chiefs* das Leben bedrängter SEALs. Viele Einsätze verliefen nur aufgrund dieser engen Zusammenarbeit erfolgreich. In späteren bewaffneten Konflikten wurde diese Teamarbeit erfolgreich fortgesetzt.

Verbieten Lage oder örtliche Verhältnisse die Landung eines Hubschraubers, erlauben verschiedene Techniken dennoch das Absetzen eines Trupps. Seit einigen Jahren kommt hierbei hauptsächlich das *fast roping* – das schnelle Abgleiten an einem Seil – zur Anwendung. Hierzu sind am Hubschrauber beidseitig starke Taue befestigt, an denen jeweils ein Mann in Sekundenschnelle abgleiten kann. Eine gut eingespielte Gruppe ist dabei innerhalb kürzester Zeit am Boden oder im Wasser. Dabei schwebt der Hubschrauber gewöhnlich in einer Höhe von etwa 20 Metern. Zum Absetzen eines Trupps aus größeren Höhen eignet sich das Abseil-Verfahren, während zum Absetzen aus geringeren Höhen Strickleitern oder Jakobsleitern verwendet werden. Vor allem zur Aufnahme eines Trupps kommen das *McGuire*-Verfahren oder das *SPIE-Rig* zum Einsatz.

Über die Heckrampe der großen Transport-Hubschrauber *CH-47 »Chinook«* können selbst im Flug Schwimmer und kleine Schlauchboote direkt in das Wasser eingesetzt, aber auch aufgenommen werden. Nicht ungefährlich sind die Flachwasser-Sprünge aus dem Hubschraubern ohne Fallschirm aus Höhen bis zu zehn Meter.

Einsatz an Land

Die SEALs sind nicht nur hochqualifizierte Kampfschwimmer und Fallschirmspringer, sondern stellen auch im infanteristisch geprägten Landeinsatz bei Stroßtrupp-Unternehmen ihren Mann. Die Ziele an Land erreichen sie vom Wasser aus und durch Lufttransport, in Ausnahmefällen auch auf dem Landweg. Hier verwandeln sich die Wasserratten zu Commandos mit infanteristischen Aufgaben, tragen statt der Tauchanzüge die üblichen Kampfanzüge, und verfügen über eine leichte infanteristische Bewaffnung. Der größte Teil der hierfür erforderlichen Ausbildung erfolgt in eigener Zuständigkeit. Bei Bedarf werden auch Lehrgänge an Schulen der US Army oder verbündeter Streitkräfte besucht. Die Ausbildung ist umfassend und erfolgt unter realistischen Bedingungen an unterschiedlichen Orten. So bewegen sich sorgfältig getarnte SEALs im Dschungel, überqueren reißende

Führen durch Zeichen. Während der MG-Schütze sichert, bereitet sich ein SEAL-Trupp auf die Wiederaufnahme durch ein Boot vor. Die Männer haben einen Rauchkörper gezündet – der grüne Rauch soll die Bootsbesatzung auf den Trupp aufmerksam und dessen Standort kenntlich machen.

SEALs üben das Überwinden einer Drahtsperre in tiefster Gangart.

Flüsse, oder waten durch tückische Sümpfe. Sie erlernen die verschiedenen Spähtrupp-Taktiken, legen Hinterhalte, oder planen Überraschungsangriffe auf feindliche Stellungen. Im Monatsrhythmus verlegt jeweils ein Platoon (Zug) aus der feuchtheißen Schwüle des tropischen Regenwaldes in die klirrende Kälte und den tiefen Schnee eines abgelegenen Landstrichs in Alaska. Bekleidet mit weißen Schneetarnanzügen liegen die Froschmänner dann bei Temperaturen weit unter dem Gefrierpunkt stundenlang beispielsweise in einer Scharfschützenstellung auf der Lauer. Die Nächte verbringen die Soldaten im Schlafsack in selbstgebauten Iglus oder Schutzhütten. Aber es kann sie auch in die Einsamkeit einer brütend heißen Wüstenregion verschlagen. In Wüstentarnanzügen schlagen sich die schwitzenden und durstigen Männer durch die von Klapperschlangen bevölkerten Sand- und Gesteinswüsten, lernen in der menschenfeindlichen Umgebung auch unter härtesten Bedingungen zu überleben und ihren Auftrag zu erfüllen.

Die eben geschilderten Szenarien vermitteln nur einige oberflächliche Eindrücke von der umfassenden Gefechtsausbildung, die sich nicht vom Training der *Rangers, »Green Berets«* oder der Leichten Infanterie der Krisenreaktionskräfte unterscheidet.

Ihre Ausbildung befähigt die SEALs zur Abdeckung eines breiten Einsatzspektrums. Als Froschmänner und Kampftaucher bringen sie bei ihren Unterwasser-Einsätzen Minen an feindlichen Schiffen an, zerstören Hafen- und Werftanlagen, oder erkunden und sichern als Vorhut der Marineinfanterie einen Strand und räumen dabei künstliche und natürliche Hindernisse aus dem Weg. Sie erreichen ihr Operationsgebiet gewöhnlich an Bord von Über- und Unterwasserschiffen, springen im Flachwassersprung aus Hubschraubern, oder landen mit dem Fallschirm.

Kriegsbemalung. Tarnen gehört zum Kleinen Einmaleins der SEALs.

Alle diese Aufgaben haben zweifelsohne einen hohen Stellenwert, finden aber ihre Ergänzung durch Landeinsätze. Dort wo sich Wasser und Land berühren endet also der Einsatzbereich der maritimen Sondereinsatztruppe keineswegs, sondern findet auf dem Festland seine Fortsetzung.

Im Vietnam-Krieg kämpften die SEALs hauptsächlich in den Uferregionen entlang der Wasserläufe, wobei sie von Booten unterstützt und in den Einsatzraum verbracht wurden. Die eigentlichen Aufklärungseinsätze und die Kampfeinsätze gegen die kommunistischen Untergrundkämpfer fanden dabei überwiegend an Land statt. Auch bei anderen Kampfaufträgen stand nach einem Einsickern aus dem Wasser oder aus der Luft der infanteristische Kampf im Mittelpunkt. Bei den amphibischen Einsätzen bildet zwar das Wasser den Ausgangspunkt, das Angriffsziel befindet sich jedoch an Land. Somit müssen die SEALs über eine entsprechende Ausbildung sowie über die zum Führen des infanteristischen Gefechts erforderliche Ausrüstung und Bewaffnung verfügen.

Die Vorbereitung amphibischer Operationen am Strand und dessen näherer Umgebung erfordert eine schwimmende Annäherung. Die SEALs können aber auch rein infanteristische Gefechtsaufträge an Land durchführen, wobei sie ihre Angriffsziele, die durchaus weit im Hinterland liegen können, gewöhnlich nach einem Absprung mit dem Fallschirm oder an Bord von Hubschraubern erreichen. Es kann sich dabei um eine Aufklärung in der Tiefe des Raumes oder um offensive Stoßtrupp-Unternehmen handeln, die jedoch die Ausnahme darstellen. Nicht zu vergessen sind Aktionen im Zusammenhang mit einer Gefangenen-Befreiung oder einer Evakuierung, die sich ebenfalls meist auf dem Festland abspielen, und aus der Luft oder von See her unterstützt werden.

Um dieser Aufgabenfülle gewachsen zu sein, genügt es nicht, einige wenige infanteristische Grundbegriffe zu beherrschen, wie sie in jeder allgemeinen militärischen Ausbildung mehr oder weniger gründlich vermittelt werden. An Land verwandeln sich die »Wasserratten« in »Landratten« und müssen sich im Kampf Mann gegen Mann bewähren. Hierzu werden die Schwimmer nicht nur in waffenloser Selbstverteidigung ausgebildet, sondern auch im offensiven militärischen Nahkampf geschult. Wie allgemein bei Sondereinsatzformationen üblich, operieren auch die SEALs meist in kleinen *Teams*. Die achtköpfige Gruppe *(Squad)* oder der doppelt so starke Zug *(Platoon)* bilden gewöhnlich eine taktische Einheit. Sie verfügen über die Fähigkeit, überraschend zuzuschlagen und ermöglichen eine auftragsbezogene Gliederung. Im Vordergrund der Ausbildung steht der infanteristische Kleinkampf unter schwierigen Witterungs- und Geländeverhältnissen. Die hierfür erforderlichen Kenntnisse erstrecken sich auf Kartenkunde sowie Geländebeurteilung und -ausnutzung. Die Wirkung von Waffen und Kampfmitteln und die Möglichkeiten des Schutzes bilden einen weiteren Ausbildungsschwerpunkt. Tarnen und Täuschen, Stellungsbau, Bewegen im Gelände und das Überwinden von Hindernissen müssen ebenso beherrscht werden wie Beobachten und Melden, Zurechtfinden im Gelände und die Grundregeln des infanteristischen Feuerkampfes beim Angriff und in der Verteidigung. Formen der geöffneten Ordnung, Gefechtsaufklärung und Sicherung müssen die Marinesoldaten im Schlaf beherr-

Während der Schütze im Vordergrund mit dem Sturmgewehr M-16 A1 bewaffnet ist, führt der Funker dessen verkürzte, als Colt »Commando« bezeichnete Version. Der auf die Laufmündung augesteckte Mündungsschoner aus Kunststoff, der das Eindringen von Fremdkörpern in den Lauf verhindert, kann notfalls durchschossen werden. Beide SEALs tragen die leichte Tropenuniform, die in einem als »Leaf Pattern« (Laubmuster) bezeichneten Tarnmuster bedruckt ist. Über der Uniformjacke trägt der Schütze im Vordergrund eine an Piloten ausgegebene leichte Überlebensweste, in deren zahlreichen Taschen sich kleinere Ausrüstungsgegenstände griffbereit verstauen lassen.

Übungen in den Wäldern North Carolinas sollen Angehörige des SEAL Team 2 1969 auf ihren Einsatz in Vietnam vorbereiten. Die Aufnahme zeigt deutlich, daß zu einer wirkungsvollen Tarnung das Abdecken heller Hautpartien gehört.

schen. Auch das Leben im Felde, die Grundregeln der Verteidigung, Fernmelde- und Pioniertechniken sowie die Vorbereitung und Markierung von Landezonen für Hubschrauber gehören zum erforderlichen Grundwissen.

Besonders wichtig ist die Vermittlung von Spähtrupp-Taktiken. Deren Beherrschung ist für die Erlangung von Aufklärungsergebnissen unabdingbar. Die SEALs lernen dabei, möglichst geräuschlos zu pirschen, ständig nach allen Seiten zu beobachten und zu sichern, und dem Feind auszuweichen. Erfordert es der Auftrag, verbleiben sie als Fernspäher oftmals über mehrere Tage in einem »Nest« und beobachten oder überwachen den Gegner.

Bei offensiven Gefechtsaufträgen ist eine der Stärken der Elitesoldaten die geschickte Nutzung des Überraschungsmoments. Überfälle auf gegnerische Schlüsselstellungen müssen sorgfältig geplant und dann blitzartig ausgeführt werden. Jedes Zaudern und Zögern kann den Erfolg einer solchen Aktion ernsthaft in Frage stellen. Eine weitere Taktik verkörpert der Hinterhalt. Er erfordert gründlich ausgebildete Soldaten und eine sorgfältige Vorbereitung und Abstimmung. Natürlich vervollkommnen die Einsatzkräfte ständig ihre Kenntnisse und Fähigkeiten im Nahkampf und in der Handhabung ihrer Waffen und Einsatzmittel.

Im Verlauf ihrer Ausbildung durchlaufen die SEALs weiterführende Lehrgänge und Ausbildungsabschnitte verschiedenster Art in den unterschiedlichsten Regionen. SEALs müssen jederzeit weltweit ihre Aufgaben erfüllen können, weshalb sie im Verlauf ihrer Dienstzeit immer wieder in Gegenden mit gegensätzlichen klimatischen und geographischen Verhältnissen versetzt werden. Da jeder Einheit ein regionaler Einsatzschwerpunkt zugewiesen ist, bemüht man sich, genaue Kenntnisse über das jeweilige Gebiet zu erlangen. Zur Vermeidung einer einseitigen Spezialisierung werden länger dienende SEALs von Zeit zu Zeit in andere *Teams* versetzt. Selbst erfahrene Veteranen bekommen so die Möglichkeit, neues Wissen zu erlangen und ihren Horizont zu erweitern.

Die erste Einweisung in die Gefechtsführung an Land erhält der Nachwuchs bereits während der Grundausbildung, wobei der Schwerpunkt allerdings auf der Vermittlung von Kenntnissen im Sprengen liegt. In Coronado bekommen die angehenden SEALs einen Vorgeschmack auf die infanteristische Ausbildung, die aber erst nach der Versetzung zu einem der *Teams* intensiviert und vervollkommnet wird.

Am Anfang steht eine umfassende Waffen- und Schießausbildung, ohne die ein Infanterist nicht auskommt. In der Einzelausbildung hämmern die Ausbilder den jungen Soldaten die wichtigsten Grundregeln ein und achten vor allem auf die Einhaltung der Sicherheitsbestimmungen. Dies ist erforderlich, da in vielen Ausbildungsabschnitten scharf geladene Waffen mitgeführt werden. Bereits nach wenigen Trockenübungen und Platzpatronengefechten erfolgen Übungen mit Gefechtsmunition.

Die Infanteriegefechtsausbildung wird im Unterricht zuerst gründlich vorbereitet. Dann erfolgen praktische Übungen und später Manöver unter wirklichkeitsnahen Bedingungen. Dabei wird den Kampfschwimmern an Land nichts geschenkt. Sie schwitzen, frieren, laufen sich die Füße wund und üben wichtige Verhaltensweisen im Gefecht drillmäßig bis zur Erschöpfung. Trotz aller Härten und Erschwernisse empfinden dennoch viele der SEALs die Belastungen an Land als weitaus weniger hart als die eigentlichen Schwimm- und Taucheinsätze.

In früheren Jahren übten gelegentlich Angehörige der *Army* harsche Kritik an den infanteristischen Fähigkeiten ihrer Waffenbrüder von der *Navy*. Sie bemängelten Ausbildungsdefizite im Umgang mit Waffen und Gerät, kritisierten die fehlende Verbundenheit mit dem Gelände und mangelnde Kenntnisse in der Geländeausnutzung. Diese Kritik mag in den Anfangsjahren durchaus berechtigt gewesen sein, als sich die junge Sondertruppe erst langsam entwickelte und sich die zusätzlichen Kenntnisse erst Zug um Zug aneignen mußte. Während des Vietnam-Krieges hatten die SEALs dann häufig Gelegenheit, entsprechende Erfahrungen zu sammeln. Eine ihrer Schwächen ist sicherlich der Mangel an schweren Unterstützungswaffen, die manchmal auch zur Durchführung kleinerer Kampfeinsätze an Land erforderlich sind. Zur Bekämpfung mechanisierter und gepanzerter Feindkräfte stehen nur leichte Panzerabwehrwaffen zur Verfügung. Allerdings ist die Bedrohung der Kampfschwimmer durch Panzer eher selten und gering. Zudem wird der Mangel an schweren Panzerabwehrwaffen teilweise ausgeglichen durch die enge Zusammenarbeit mit Schiffsartillerie, Luftstreitkräften und Kampfhubschraubern.

SERE – Die durch die Hölle gehen

In sämtlichen Teilstreitkräften der USA wird spätestens seit dem Korea-Krieg eine Überlebensausbildung unter harten und realistischen Bedingungen durchgeführt. Bei der Luftwaffe sind vor allem die Piloten einem intensiven Härtetraining unterworfen, für den Fall, daß sie abgeschossen werden oder notlanden müssen. Die Army bildet vor allem die Angehörigen ihrer Sondereinheiten und die Feindnachrichtenleute in den verschiedenen Techniken des Ausweichens, des Widerstandes und der Flucht aus. »Green Berets«, Rangers und die Besatzungen von Spezialhubschraubern absolvieren im Rahmen ihrer Gesamtausbildung entsprechende Lehrgänge in Fort Bragg und einer Reihe anderer Schulen. Auch die Navy und die Marines schicken ihr fliegendes Personal an diese Schulen.

Survival, Evasion, Resistance and Escape (SERE) bedeutet Überleben, Ausweichen, Widerstand und Flucht. Das hierzu erforderliche Wissen und die notwendigen Techniken werden in Lehrgängen und Seminaren vermittelt. Die Lehrgangsteilnehmer lernen, sich im feindbesetzten Gebiet zu den eigenen Linien durchzuschlagen. Die Fähigkeiten, abseits der Zivilisation in der Wildnis zu überleben oder im Falle einer Gefangennahme Verhöre – auch unter Folter – zu überstehen, setzen ein intensives Härtetraining voraus. Heute ist sowohl die theoretische als auch die praktische Spezialausbildung den neuesten Erkenntnissen angepaßt und weniger brutal als in der Vergangenheit.

In der Zeit des Vietnam-Krieges prägten die auf dem dortigen Kriegsschauplatz gemachten schmerzhaften Erfahrungen die Ausbildung. Den Teilnehmern wurde damals wahrlich nichts geschenkt und sie erhielten einen Vorgeschmack darauf, was sie bei einer Gefangennahme zu erwarten hätten. In mehreren Ausbildungslagern

Unter den strengen Augen eines Ausbilders (links im Bild, mit blauem T-Shirt) üben SEALs 1987 die Bergung und Erstversorgung eines verwundeten Kameraden und treffen Vorbereitungen für seine Evakuierung mit dem Hubschrauber.

Vor breitem Publikum demonstrieren SEALs die Fesselung eines Gefangenen. Sie tragen noch das LAR V Schwimmtauchgerät über ihren nassen Uniformen, sind demnach also erst kurz zuvor dem Wasser entstiegen. Alle drei SEALs sind mit der Heckler & Koch Maschinenpistole MP 5 in einer eigens für die US Navy gefertigten Ausführung bewaffnet.

der *US Navy* wurden die Lehrgangsteilnehmer, zu denen auch viele SEALs gehörten, sowohl auf die Schrecken einer Gefangenschaft vorbereitet, als auch in den Techniken des Ausweichens ausgebildet, um ihr zu entgehen. Während der Ausbildungsabschnitte in unwegsamem Gelände lernten die Teilnehmer, sich aus der kärglichen Natur zu ernähren. Pflanzen und ekelerregendes Kleingetier bildeten die tägliche Nahrung. Regelmäßig kam es nach mehreren Tagen zu einer Gefangennahme unter durchaus realistischen Bedingungen. Schläge und wüste Beschimpfungen waren dabei ebenso an der Tagesordnung, wie Schikanen und Erniedrigungen. Gefürchtet war der Schlafentzug, und die ungewohnte Verpflegung brachte manchen ansonsten recht tapferen Teilnehmer zum Erbrechen. Die größte Belastung bildete aber zweifelsohne der sogenannte »Tigerkäfig«, ein kleiner Lattenverschlag, in dem weder ein Stehen noch ein Liegen möglich war, sondern nur ein Kauern, das auf die Dauer überaus schmerzhaft wurde.

Berüchtigt war auch die »Wasserschaukel«, ein schräg gelagertes Brett, auf dem das Opfer mit dem Kopf nach unten festgebunden und mit einskaltem Wasser übergossen wurde.

Nachdem es mehrfach zu Übergriffen seitens der Ausbilder gekommen war, wurde die harte Gangart derartiger Lehrgänge etwas gemildert. Man kann hinsichtlich Sinn und Zweck solch brutaler Ausbildungsmethoden geteilter Meinung sein, zumal es heute viel subtilere und einfachere Möglichkeiten gibt, von einem Gefangenen Informationen zu erhalten.

Soldaten können bei der Ausübung ihres Dienstes jederzeit in eine lebensbedrohende Situation kommen, und das nicht nur im Verlauf von Kampfhandlungen. Man denke nur an einen Flugzeugabsturz in einem der abgelegenen Winkel dieser Erde. Mit den entsprechenden Kenntnissen, der Fähigkeit zur Improvisation und mit der richtigen inneren Einstellung lassen sich die meisten dieser Situationen meistern. So gehört eine umfassende Unterweisung in der Kunst des Überlebens in Krisensitationen zum Pflichtprogramm aller Angehörigen militärischer Sondereinheiten. Natürlich kommen auch die SEALs in den Genuß eines solchen Trainings.

Forschung und Entwicklung während der letzten Jahrzehnte haben neuartige Bekleidung, Ausrüstung und Verpflegung für den Notfall hervorgebracht. Diese können durchaus nützlich und hilfreich sein, wichtiger aber ist, daß der Betroffene über das notwendige und praktische Wissen verfügt und einige wichtige Regeln beachtet.

Entscheidend ist stets die richtige innere Einstellung und die Fähigkeit, Ruhe zu bewahren, Angst zu beherrschen und Panik zu vermeiden. Wer in der Lage ist, sich mit der plötzlich völlig veränderten Wirklichkeit nach dem Eintreten eines Notfalles abzufinden, hat die besten Aussichten zu überleben.

Wer auf sich allein gestellt ist, muß nicht nur die Angst, sondern auch noch die Einsamkeit bekämpfen. Probleme ergeben sich aber auch innerhalb einer kleinen Gruppe. Hier kommt es darauf an, eine geeignete Person zum Führer zu bestimmen, die in der Lage sein muß, sich durchzusetzen und auch in extremen Krisensituationen die Disziplin aufrecht zu erhalten.

Jeder SEAL beherrscht die Kunst des Tarnens und der lautlosen Annäherung.

Die SEALs sind so ausgebildet, daß sie auch in arktischer Kälte operieren können. Ein Zweimann-Aufklärungstrupp in Nordnorwegen.

Von der eigenen Truppe abgeschnittene einzelne Soldaten oder Gruppen sehen sich einer Fülle von Gefahren und schwierigen Situationen ausgesetzt. Sie müssen stets mit einer Gefangennahme oder einem tödlichen Hinterhalt rechnen. Die größten Gefahren sind jedoch im eigenen Verhalten begründet, vor allem in Situationen, in denen der Mensch der Natur nahezu hilflos ausgeliefert ist und wo es darauf ankommt, sich den Gegebenheiten anzupassen.

Die folgende Aufzählung nennt einige der größten Gefahren:

Angst ist eine ganz natürliche Reaktion des Menschen auf Gefahr. Gelingt es jedoch nicht, sie zu beherrschen, mindern sich die Überlebenschancen. Es ist jedoch sinnlos und gefährlich, die Angst zu unterdrücken und Gefahren zu ignorieren, vielmehr gilt es, einen vernünftigen Mittelweg zu finden.

Schmerzen sind ein Alarmzeichen des Körpers an das Gehirn. Mit Willenskraft gelingt es jedoch, selbst stärkste Schmerzen zu ertragen. Unter großer Anspannung nehmen viele Menschen Schmerzen und Verletzungen kaum wahr. Sie sind durch ihre hektischen Aktivitäten weitgehend abgelenkt. In extremen Krisensituationen können Schmerzen helfen, Energie- und Kraftreserven zu mobilisieren.

Kälte ist weitaus gefährlicher als allgemein angenommen wird. Sie lähmt rasch die Widerstandskraft. Bei extremer Kälte konzentrieren sich viele Menschen ausschließlich darauf, sich vor dem Frost zu schützen. Das klare Denken und die Fähigkeit, sich zu orientieren, werden stark eingeschränkt und es besteht die Gefahr der Selbstaufgabe.

Durst stellt eine erhebliche Gefahr dar. Bereits nach kurzer Zeit führt Flüssigkeitsverlust zu Übelkeit und Schwäche. Deshalb muß alles getan werden, um unnötigen Wasserverlust zu vermeiden. Wasservorräte müssen sorgfältig eingeteilt und so frühzeitig als möglich ergänzt werden.

Weniger gefährlich als der Durst ist der Hunger. Ohne Nahrung kann ein Mensch ungefähr drei Wochen überleben. Wird verlorenes Wasser allerdings nicht innerhalb von fünf Tagen ersetzt, führt dies zum Tod. Aber auch der Hunger schwächt die Widerstandskräfte schnell.

Phasen der Erschöpfung und Ermüdung begleiten jeden Kampf um das Überleben. Sie müssen als gegeben hingenommen und dürfen nicht überbewertet werden. Einsamkeit, Langeweile und Stumpfsinn bedrohen hauptsächlich Einzelpersonen bei längeren Überlebenssituationen. Sie münden oftmals in ein Gefühl der Hoffnungslosigkeit, das schwer zu überwinden ist und den Überlebenswillen schwächt.

Die zum Überleben erforderliche Nahrung muß meist selbst beschafft und zubereitet werden. Hierzu sind einige Grundkenntnisse erforderlich und einige Regeln zu beachten.

Oft hängt das Überleben von der Fähigkeit ab, ein Wärme- oder ein Kochfeuer zu entfachen und dieses einige Zeit zu unterhalten. Die Feuerstelle muß sorgfältig ausgewählt werden. Örtliche Gegebenheiten und taktische Lage sind dabei zu berücksichtigen und entscheiden über die Feuerart. Ist es extrem windig oder soll das Feuer unbemerkt bleiben, empfiehlt es sich beispielsweise, ein Grubenfeuer anzulegen.

Ohne ausreichendes Trinkwasser ist ein Überleben nicht möglich. Ein Mensch muß täglich mindestens zwei Liter Wasser trinken. Eine stete Versorgung mit trinkbarem Wasser ist daher unbedingt erforderlich. Während Wasser in manchen Gegenden überreichlich vorhanden ist, fehlt es in bestimmten Regionen fast gänzlich. Es gibt jedoch viele Möglichkeiten, auch in trockenen Regionen Wasser zu finden oder zu gewinnen.

Unerläßlich für das Überleben ist der Schutz vor Wind, Regen und Sonnenhitze. Um Erholung und Schlaf zu finden ist es daher erforderlich, einen Unterschlupf zu bauen. Am einfachsten herzustellen ist ein Wetterschirm in Form eines Schrägdaches, der sich nahezu für jedes Terrain eignet.

Die SEALs bekommen im Verlauf der verschiedenen Ausbildungsabschnitte ihres Überlebenstrainings all das hierzu erforderliche Wissen und die verschiedensten praktischen Fähigkeiten vermittelt. Bei Übungen in sämtlichen Regionen und Klimazonen der Welt werden alle erdenkbaren Möglichkeiten durchgespielt, was die SEALs in die Lage versetzt, ihr Wissen im Ernstfall richtig einzusetzen.

Sprengen

Die Beherrschung spezieller Verfahren beim Sprengen an Land und unter Wasser sowie der Umgang mit Sprengstoffen und Zündmitteln gehören zu den Schwerpunkten in der Ausbildung der SEALs. Hochbrisante Sprengstoffe und gefährliche Kampfmittel sind zur Durchführung einer Vielzahl ihrer Einsätze unbedingt erforderlich. Meist kommen sie bei der Räumung von Unterwasserhindernissen oder bei

Sprengung eines Unterwasser-Hindernisses zur Vorbereitung einer amphibischen Landung – wichtigstes Betätigungsfeld der UDTs.

Sabotageunternehmen zum Einsatz. Dabei ist bei Sprengungen unter Wasser zu berücksichtigen, daß Wasser gut dämmt, was beispielsweise die Verwendung schwächerer, frei angelegter Ladungen ermöglicht.

Im Rahmen ihrer Vollausbildung bei einem der *Teams* oder an bestimmten Schulen verfestigen und erweitern die SEALs ihre während der Grundausbildung erworbenen Kenntnisse im Sprengen.

Zum Grundwissen gehört das Herstellen verschiedener Ladungsformen und Ladungsarten (z. B. Schnelladungen, Bohrlochladungen, Schneidladungen, frei angelegte Ladungen) sowie deren Anwendung und Zündung. Dies setzt ein umfangreiches Wissen voraus über die verschiedenartigen Sprengstoffe (z. B. TNT, formbare Sprengmasse *C-4)*, Sprengmittel (z. B. Sprengkörper, Sprengrohr) und Zündmittel (z. B. Zündschnur, Sprengschnur, Sprengkapsel) sowie das Legen und Anschließen von Zündleitungen (Leitfeuerzündung). Im Anschluß daran erfolgt eine weiterführende Ausbildung, die das erforderliche Wissen zum Sprengen von Brücken und anderen Kunstbauten vermittelt, wozu auch die exakte Berechnung der Ladungen nach spezifischen Formeln gehört. Der weltweite Einsatz der SEALs verlangt dabei zudem die Berücksichtigung besonderer örtlicher Gegebenheiten und klimatischer Besonderheiten. So unterliegen beispielsweise Eis-Sprengungen in arktischen Breiten anderen Bedingungen als Unterwasser-Sprengungen in den warmen Gewässern des Pazifik.

Gewöhnungssprengung. Aus sicherer Deckung zündet ein SEAL mit dem »Clacker«, der elektrischen Auslösevorrichtung, eine »Claymore« Richtsplittermine M-18. Der Ausbilder (Bildmitte, mit schwarzer Mütze) trägt den zur Zeit des Golfkriegs eingeführten Kampfanzug im Wüsten-Tarnmuster (Desert Camouflage).

Bei ihren Einsätzen in Frieden und Krieg hatten die Kampfschwimmer ausreichend Gelegenheit, praktische Erfahrungen zu sammeln; so beispielsweise beim Sprengen von Korallenriffen. Diese bilden gefährliche Unterwasserhindernisse für Schiffe und Boote aller Größenordnungen. Oft liegen sie nur wenige Zentimeter unter der Wasseroberfläche und umschließen ganze Inseln. In solch einem Fall kann es erforderlich werden, mit Sprengungen Durchlässe und Kanäle zu schaffen, um eine amphibische Landung zu ermöglichen. Hierzu sind bestimmte Ladungsformen und Ladungsarten erforderlich und es kommen Sprengstoffe mit einer besonderen chemischen Zusammensetzung zum Einsatz. Zum Sprengen von Gassen in Drahtsperren stehen Sprengrohre – sogenannte *»Bangalore Torpedos«* – zur Verfügung. Sie lassen sich zu gestreckten Ladungen beliebiger Länge zusammenstecken und aus der Deckung unter eine Drahtsperre schieben.

Die Rolle eines Feuerwerkers oder Sprengmeisters bei den Kampfschwimmern erfordert ein hohes Maß an Verantwortungsbewußtsein, Fachwissen und praktischer Erfahrung. Oftmals hängt der Erfolg eines Einsatzes von ihrem Können ab.

Waffen und *Ausrüstung*

Zur Durchführung von Kampfaufträgen an Land können die SEALs auf eine Vielzahl an unterschiedlichen Handfeuerwaffen, leichten Unterstützungswaffen und Kampfmitteln zurückgreifen.

Die ersten Kampfschwimmer waren weder bewaffnet, noch hatten sie eine Schießausbildung absolviert. Kampfeinsätze gehörten nicht zu ihrem Auftrag, weshalb an diese Froschmänner lediglich Messer ausgegeben wurden. Dies bewahrte einige der während des II. Weltkriegs auf dem Kriegsschauplatz im Pazifik eingesetzten Trupps davor, nach Erfüllung ihres Aufklärungsauftrags infanteristisch eingesetzt und als Kanonenfutter verheizt zu werden. Mehrfach wehrten sich die hoch spezialisierten Schwimmer mit Erfolg gegen derartige Pläne übergeordneter Stäbe.

Einige Jahre später, im Korea-Krieg, beteiligten sich die *UDTs* an Sabotageunternehmen im Rücken der gegnerischen Front. Auch dabei sollten Feindberührung und Feuergefechte möglichst vermieden werden, und die mitgeführten Waffen dienten in erster Linie der Selbstverteidigung. Verwendung fanden damals die bei den Streitkräften der USA eingeführten Ordonnanzwaffen, Sonderwaffen standen nicht zur Verfügung.

Maschinengewehr M-60 E3 – die bei den SEALs eingeführte verkürzte und gewichtsreduzierte Version der aus dem Grundmodell M-60 entwickelten Baureihe. Der vordere Pistolengriff ermöglicht die Abgabe von Feuerstößen im Schulteranschlag und erleichtert das Schießen aus der Bewegung.

SEAL-Funker, bewaffnet mit Colt-Karabiner M4/Granatgerät M-203.

Eine grundlegende Veränderung brachte der Aufbau der ersten *SEAL Teams mit sich.* Diese sollten auch offensiv kämpfen und wurden mit den entsprechenden Waffen ausgestattet. Im Vietnam-Krieg vergrößerte sich ihr Arsenal weiter. Die SEALs erhielten eine umfassende Ausbildung an einer ganzen Reihe teilweise veralteter, ungebräuchlicher, häufig auch von der jeweiligen Gegenseite eingesetzter Waffen. Gelegentlich führten die in Vietnam eingesetzten SEALs die als *»swedish K«* bezeichnete schwedische Maschinenpistole *Carl Gustaf Modell 45* im Kaliber 9 mm x 19, die amerikanische, als *»Grease Gun«* (Fettpresse) bezeichnete Maschinenpistole M-3 A1 im Kaliber .45 ACP (11,43 mm x 23), sowie bei verdeckten Einsätzen auch verschiedene Ausführungen des Kalaschnikow-Sturmgewehrs AK-47 im Kaliber 7,62 mm x 39.

Zu den Unterstützungswaffen zählte das Kipplauf-Granatgewehr M-79, im Verlauf des Krieges ersetzt durch das Granatgerät M-203, beide im Kaliber 40 mm x 46, das Vielzweck-Maschinengewehr M-60 im Kaliber 7,62 mm x 51, das Schwere Maschinengewehr Browning M-2 HB im Kaliber .50 BMG (12,7 mm x 99), die

Leichte Panzerfaust (*Light Antitank Weapon) LAW* M-72, die Granatmaschinenwaffe Mk 18 im Kaliber 40 mm x 46 sowie leichte Mörser im Kaliber 60 mm.

In jedem Trupp war mindestens einer der SEALs mit einer mehrschüssigen Schrotflinte bewaffnet. Neben einer Reihe weiterer Fabrikate und Modelle wurde insbesondere die Vorderschaft-Repetierflinte Ithaca M-37 verwendet, deren Röhrenmagazin acht Patronen im Kaliber 12/70 faßt. Aber auch die als *Colt »Commando«* bezeichnete verkürzte Version des Sturmgewehrs M-16 A1 und das Leichte Maschinengewehr aus der Waffenfamilie *Stoner 63* im Kaliber 5,56 mm x 45 zählten zu den bevorzugten Waffen der SEALs. Insbesondere die handlichen und führigen Stoner-Maschinengewehre verhalfen den kleinen Trupps der SEALs zu einer hohen Feuerkraft und verschafften ihnen die Feuerüberlegenheit wenn es darum ging, sich rasch von zahlenmäßig überlegenen Feindkräften zu lösen. Mehrere Typen von Offensiv- und Defensiv-Handgranaten, Rauch-, Tränengas- und Nebel-Wurfkörpern und eine Vielzahl verschiedener weiterer Blend- und Brandmittel vervollständigten die Bewaffnung der SEALs.

Selbstverständlich ist das Waffenarsenal der SEALs seitdem ständig erweitert, ergänzt und dem derzeitigen Stand der Technik und den taktischen Erfordernissen angepaßt worden.

Blick in die Waffenkammer

Die SEALs sind offiziell mit folgenden Waffenmustern ausgestattet:

Kurzwaffen:
- Pistole M-1911 A1, Kaliber .45 ACP (11,43 mm x 23)
- Pistole Heckler & Koch USP, Kaliber .45 ACP
- Pistole Heckler & Koch P 9S, Kaliber 9 mm x 19
- Pistole SIG-Sauer P 226, Kaliber 9 mm x 19
- Pistole M-9, Kaliber 9 mm x 19 (Beretta Mod. 92 F)
- Pistole Walther PPK/S, Kaliber .380 (9 mm x 17)
- Pistole Ruger 512 N, Kaliber .22 l.f.B.
- Revolver Smith & Wesson Mod. 686, Kaliber .357 Magnum (9 mm x 32)

Langwaffen:
- Sturmgewehr M-16 A2, Kaliber 5,56 mm x 45
- Sturmgewehr M-727, Kaliber 5,56 mm x 45
- Selbstladegewehr M-14, Kaliber 7,62 mm x 51
- Maschinenpistole Heckler & Koch MP 5, Kaliber 9 mm x 19 – verschiedene Ausführungen
- Selbstladeflinten und Vorderschaft-Repetierflinten, Kaliber 12/70 und 12/76 – verschiedene Hersteller und Modelle

➢

Unterstützungswaffen:

- Maschinengewehr M-249, Kaliber 5,56 mm x 45 – SAW (Squad Automatic Weapon)
- Maschinengewehr M-60, Kaliber 7,62 mm x 51 – verschiedene Ausführungen
- Maschinengewehr Browning M-2 HB, Kaliber .50 BMG (12,7 mm x 99)
- Granatmaschinenwaffe Mk 19-3, Kaliber 40 mm x 46
- Granatgewehr M-79, Kaliber 40 mm x 46
- Granatgerät M-203, Kaliber 40 mm x 46
- Mörser M-224, Kaliber 60 mm
- Mörser Mk 2-1, Kaliber 81 mm
- Leichte Panzerfaust M-72 – LAW (Light Antitank Weapon)
- Panzerabwehr-Waffensystem M-136 (AT 4)
- Fliegerfaust »Stinger«

Scharfschützengewehre:

- Selbstladegewehr McMillan M-82, Kaliber .50 BMG (12,7 mm x 99) – SASR (Special Application Scoped Rifle)
- McMillan M-86, Kaliber .300 Winchester Magnum (7,62 mm x 66)
- Remington Mod. 700, Kaliber 7,62 mm x 51
- Selbstladegewehr M-21, Kaliber 7,62 mm x 51 – M-14 Scharfschützen-Version).

Nicht aufgeführt sind die Sonderwaffen, mit denen das SEAL Team 6 für Antiterror-Einsätze ausgestattet ist.

Entgegen allgemein herrschender Auffassung sind die amerikanischen Spezialeinheiten überwiegend mit den bei sämtlichen Teilstreitkräften eingeführten Ordonnanzwaffen ausgerüstet. Ausgesprochen exotische Waffen bilden die Ausnahme. Verwendung finden jedoch Schalldämpfer, Zieloptiken für Scharfschützenwaffen sowie elektronische Bildverstärker- und Wärmebildgeräte. Zur Verfügung stehen auch nicht letale Waffen und Einsatzmittel, darunter Elektroschock-Geräte (»stun guns«), Gummi-Wuchtgeschosse und Reizstoffe.

Modernste Fernmeldemittel, die laufend dem neuesten Stand der Technik angepaßt werden, ermöglichen eine schnelle und weltweite Kommunikation über Satelliten-Relais.

In der Einführung oder im Truppenversuch befinden sich Titanhelme mit integrierter Hör-/Sprechgarnitur sowie ballistische Schutzwesten. Hinzu kommen die

Die aus dem Wasser kamen: Der SEAL im Vordergrund ist mit einem M-16 Sturmgewehr mit angesetztem Granatgerät M-203 bewaffnet. Mit diesem können Sprenggranaten und Leuchtmunition verschossen werden. Ein weiterer trägt eine Heckler & Koch Maschinenpistole MP 5.

zahlreichen persönlichen Ausrüstungsgegenstände und Spezialgeräte, die besonders im Zusammenhang mit den Taucheinsätzen benötigt werden.

Bei Einsätzen auf dem Festland tragen die SEALs Kampfanzüge, die je nach dem geographischen Großraum mit entsprechenden Tarnmustern bedruckt sind. Häufig werden Goretex-Stiefel getragen. Zum Transport der Ausrüstung dienen Rucksäcke aus einem leichten Material. Leichte Feldhüte, Wollmützen, beim SEAL Team 6 auch Sturmhauben, werden als Kopfbedeckung getragen. Bei Tauchereinsätzen im kalten Wasser sind Taucheranzüge erforderlich, die den Körper wärmen und das Eindringen von kaltem Wasser verhindern. Zusätzlich wird lange, wärmende Thermo-Unterwäsche getragen, denn auch in südlichen Breiten ist das Wasser ab einer gewissen Tiefe und bei längeren Aufenthalten unangenehm kalt.

Sogenannte *»coral shoes«* (Korallenschuhe) schützen die Füße und die Knöchelgegend des Tauchers im seichten Wasser vor Verletzungen und ermöglichen ihm die kriechende Annäherung an einen Strand mit unbekannten Untergrund. Die aus Segeltuch hergestellten Schuhe, die zusätzlich zu den Schwimmflossen getragen werden können, weisen eine feste Gummisohle auf, die vor Verletzungen an scharfkantigen Korallenbänken schützt.

Als *»Buddy Line«* wird ein wenige Meter langes Tau zur Herstellung einer Seilverbindung zwischen zwei Tauchern bezeichnet. Als Schwimmflossen dienen handelsübliche Sportmodelle, meist schützen normale Taucherbrillen Augen und Nase.

Wichtig ist ein einwandfrei funktionierender Unterwasser-Kompaß; er wird gewöhnlich am Arm getragen und ermöglicht die Orientierung unter Wasser. Der gewöhnlich am Handgelenk getragene Tiefenmesser zeigt bis etwa 100 Meter die exakte Wassertiefe an.

Die am Bein befestigten Tauchermesser unterschiedlicher Fabrikate sind unersetzlich. Sie können sowohl als Universalwerkzeug als auch als Waffe benutzt werden, wobei die Verwendung als Werkzeug dominiert. Damit ist es beispielsweise möglich, Leinen zu kappen oder kleinere Reparaturen auszuführen. Für besondere Vorhaben dient ein schwach magnetisiertes Kampfmesser aus sprödem und leicht zerbrechlichem Material.

In unmittelbarer Nähe des Messers ist gewöhnlich ein Notsignalgerät befestigt. Es läßt sich mit nur einer Hand auslösen und entwickelt farbigen Rauch, der bei Tag auf große Entfernungen zu erkennen ist. Im Deckel ist zusätzlich eine kleine Blinkleuchte mit hoher Leuchtkraft untergebracht. Kleine Bojen, hergestellt aus Kunststoff oder Glas, sollen die Ortung eines Tauchers erleichtern.

Verschiedene Unterwasserlampen, eine Signalpfeife für Notfälle, Bojen, Druckluft- und Hydraulik-Werkzeuge sowie Unterwasser-Brennschneider sind weitere Beispiele für die umfangreiche Spezialausrüstung, für deren Wartung und Instandhaltung eigens geschultes Personal verantwortlich ist.

Desert Patrol Vehicle – ein flotter Flitzer

Während des Golfkrieges zeigte das Fernsehen auch außergewöhnliche Fahrzeuge, deren militärische Verwendbarkeit für den Laien auf den ersten Blick kaum erkennbar war. Mit diesen fahrbaren Untersätzen beteiligten sich neben weiteren Spezialeinheiten auch die SEALs an mobilen Spezialeinsätzen. Mit den besonders für den Wüsteneinsatz entwickelten geländegängigen Fahrzeugen übernahmen die SEALs bei der Befreiung der US-Botschaft in Kuwait die Spitze. Die Fahrzeuge eigneten sich wegen ihrer Schnelligkeit, Vielseitigkeit und Beweglichkeit im Wüstensand vorzüglich als Transportmittel für die Kampfschwimmer im Landeinsatz.

Dieses Modell befindet sich, teilweise abgewandelt, auch bei anderen amerikanischen Sondereinheiten, darunter die *»Green Berets«*, im Einsatz. Die offizielle Bezeichnung lautet *Desert Patrol/Light Strike Vehicle,* (leichtes Aufklärungs- und Gefechtsfahrzeug für den Wüsteneinsatz). Dabei handelt es sich um ein für militärische Zwecke modifiziertes, schnelles und geländegängiges Fahrzeug auf der Grundlage eines Zivilfahrzeugs, eines sogenannten *»Buggy«*. Es kann praktisch in jedem Gelände operieren und zeichnet sich besonders durch die relativ hohe Geschwindigkeit und seine Beweglichkeit aus.

Eine Nutzung als Führungs- und Stabsfahrzeug, Waffenträger, sowie als Aufklärungsfahrzeug und Transportmittel für Artilleriebeobachter ist möglich.

Zur Bordbewaffnung zählen bei der Standardausführung die Granatmaschinenwaffe *Mk 19*, Kaliber 40 mm x 46, ein Schweres Maschinengewehr M-2 HB, Kaliber .50 BMG sowie ein Maschinengewehr M-60, Kaliber 7,62 mm x 51. Zur

Das für Einsätze in der Wüste entwickelte und während des Golfkrieges bereits erfolgreich eingesetzte Desert Patrol Vehicle (DPV) mit Vierradantrieb ist außergewöhnlich geländegängig und erreicht auch abseits befestigter Straßen Geschwindigkeiten bis zu 110 Km/h. Die dreiköpfige Besatzung kann auf mehrere überaus wirksame Bordwaffen zurückgreifen, darunter eine Granatmaschinenwaffe Mk-19 im Kaliber 40 mm x 46, ein Schweres Maschinengewehr M-2 HB im Kaliber .50 BMG (12,7 mm x 99) sowie verschiedene Panzerabwehr-Waffensysteme.

Panzerabwehr ist das Fahrzeug mit dem Panzerabwehr-Lenkwaffensystem *TOW (Tube-launched, optically tracked, wire-guided* – Rohr-gestarter, drahtgelenkter Flugkörper mit optischer Zielverfolgung), einer rückstoßfreien Kanone sowie dem Panzerabwehr-Waffensystem *M-139 (AT 4)* bestückt.

Hinter Fahrer und Beifahrer sitzt in der Mitte des Fahrzeugs der Schütze, der die Bedienung der Waffensysteme übernimmt. Genügend Raum für Munition, Verpflegung, Betriebsstoff und vor allem das in heißen Regionen lebenswichtige Wasser sind vorhanden. Die Höchstgeschwindigkeit im Gelände liegt bei über 100 km/h, in vier Sekunden beschleunigt das Fahrzeug von Null auf 50 km/h, und der Einsatzradius beträgt mehr als 300 Kilometer.

Aber auch zahlreiche weitere, eher unbedeutend erscheinende Ausrüstungsgegenstände und Materialien werden im täglichen Dienstbetrieb und im Einsatz benötigt. Schwimmflossen erhöhen die Effizienz des Schwimmers und ermöglichen es ihm, schneller und weiter zu schwimmen, ohne zuviel Energie zu verbrauchen. Die Größe und Anschmiegsamkeit des Blattes sowie seine Gestaltung bestimmen die von den Flossen ausgehende Kraft. Ein großes Blatt überträgt von den Beinen mehr Kraft in das Wasser – Voraussetzung sind aber entsprechend starke Beine und eine ausgeprägte Muskulatur. Es finden hauptsächlich zwei Modelle Verwendung, die Fuß und Knöchelgegend unterschiedlich belasten. Vorsicht ist bei einer übermäßigen Belastung geboten, da sonst die Gefahr von Wadenkrämpfen zunimmt. Mit einer Sicherungsschnur sind die Schwimmflossen an den Knöcheln befestigt. Hiermit ist sichergestellt, daß die Flossen bei kleineren Materialschäden oder Pannen nicht verloren gehen. Grundsätzlich verlangt der richtige Einsatz dieses wichtigen Hilfsmittels viel Übung und Eigeninitative; der Schwimmer bestimmt letztendlich, welches Modell er verwendet und welcher Techniken er sich bedient.

Viele Schwimmer haben ein zu geringes Körpergewicht und benötigen zusätzlichen Ballast, um eine richtige stabile Körperlage im Wasser zu erreichen. Beim Schwimmen an der Wasseroberfläche soll möglichst wenig vom Schwimmer zu sehen sein, und nur der Kopf darf etwas aus dem Wasser ragen. Um dies bei Leichtgewichtigen zu erreichen, werden Gewichtsgürtel mitgeführt, die meist aus Nylonplatten bestehen, wobei im Bedarfsfall ein Schnellverschluß ein rasches Ablegen ermöglicht.

Einige wichtige Punkte sind bei der Vorbereitung auf einen Einsatz zu beachten. Das Gewicht der Ausrüstung, einschließlich Waffen und Verpflegung, soll möglichst niedrig gehalten werden. Waffen, Funkgeräte und andere wichtige Ausrüstungsteile müssen sorgfältig in wasserdichte Behälter verpackt und möglichst erschütterungsfrei transportiert werden. Werden funktionswichtige Teile von Waffen und Geräten auf unterschiedliche Packstücke oder Traglasten verteilt, besteht die Gefahr, daß sie in Verlust geraten oder bei Bedarf nicht greifbar sind. Das gilt insbesondere für Funkgeräte und die zugehörigen Batterien, wenn diese erst unmittelbar vor Inbetriebnahme des Geräts eingebaut werden sollen. Aus Sicherheitsgründen ist natürlich zu vermeiden, Zündmittel und Sprengkörper zusammen in einem Lastenbündel zu verstauen. Um zu vermeiden, daß die empfindliche Hülle eines Schlauchboots beschädigt wird, müssen scharfe Kanten und Ecken an Gepäckstücken und Ausrüstungsteilen gepolstert und abgeklebt werden. Zweckmäßig ist es, Waffen und besonders wichtiges Gerät zusätzlich mit einer Leine zu sichern.

Vor allem bei einem Schwimmereinsatz muß die mitgeführte Ausrüstung wasserdicht verstaut sein. Ferngläser, Kameras, Funkgeräte und die modernen elektronischen Hilfsmittel sind sehr empfindlich und müssen insbesondere vor Salzwasser geschützt werden. Trotz zahlreicher Versuche ist es noch nicht gelungen, einen absolut wasserdichten Behälter herzustellen, der sich für den Transport von Material unter Einsatzbedingungen eignet. Meist wird auf imprägnierte, gewöhnliche Rucksäcke zurückgegriffen, in denen die wasserdicht verpackten Geräte und Waffen mitgeführt werden. Relativ problemlos ist dabei die Behandlung des Standardgewehres M-16. Ein leichter Ölfilm schützt diese Waffe ausreichend, so daß sie bei Verlassen des Wassers sofort einsatzbereit ist.

Derzeit sind trotz aller Sparprogramme einige Nachbesserungen und Kampfwertsteigerungen im Gange. An erster Stelle steht die Weiterentwicklung der *SDV* Unterwassertransporter zum *Advanced SEAL Delivery System,* einem echten Kleinunterseeboot. Im Gegensatz zu den bisher verwendeten offenen Modellen ist dieses nun in sich geschlossen, und Besatzungen und Mitfahrer sind nicht mehr ununterbrochen dem Wasser und der Kälte ausgesetzt. Das Fahrzeug kann eine komplette Gruppe an ihr Ziel in feindlich kontrollierten Gewässern heranbringen. Reichweite, Belastbarkeit, Transportkapazität und die Arbeitsbedingungen der SEALs

Ein Taucher unmittelbar nach dem Ausschleusen aus einem U-Boot. Deutlich zu erkennen sind die Luftblasen, die aus seinem Preßluft-Schwimmtauchgerät aufsteigen, während der Taucher im Hintergrund offensichtlich ein blasenlos arbeitendes Gerät mit geschlossenem Sauerstoff-Kreislauf verwendet. Zwischen den beiden Tauchern ist die Nase eines SDV (Swimmer Delivery Vehicle) zu erkennen.

sind wesentlich verbessert. Erhöht hat sich auch die Antriebskraft, und die Rettungseinrichtungen für den Notfall sind nun optimal. Damit wird die *US Navy* in den kommenden Jahren erstmals über ein echtes Kleinstunterseeboot verfügen.

Die von Seeminen drohende Gefahr ist in seichten Gewässern besonders hoch. Ein neuentwickeltes Schutzsystem wird künftig dazu beitragen, Minen zu orten und unschädlich zu machen. Geschützt werden nicht nur die Schwimmer, sondern auch Boote und *SDVs,* die in verminten Gewässern operieren.

Neue Technologien haben zur Entwicklung kleinerer Batterien mit größerer Leistung und längerer Lebensdauer geführt, die in den unterschiedlichsten Geräten verwendet werden.

Ein Kapitel für sich sind aber die wirklich schweren Brocken für Sabotageeinsätze und Angriffe gegen Schiffe und Kunstbauten. Die Magnet-Haftmine *Mk 1* mit einer Ladung von etwa zwei Kilogramm Sprengstoff durchschlägt mühelos die Hülle kleinerer Schiffe und Unterseeboote. Die *LAM Mk-5* besteht aus einem Sprengkörper von einem Meter Länge und einem Gewicht von 100 Kilogramm. Diese läßt sich durch Ankoppeln von weiteren Teilladungen auf drei Meter verlängern, bis zu einer Sprengladung von maximal 275 Kilogramm. Die *Limpet Mk 4*

Hohlladungs-Haftmine wird mit einem Spezialklebstoff am Objekt angebracht, wobei eine spezielle Sicherung verhindert, daß sie entfernt wird. Der Unterwassersprengkörper *UDC* kann nicht nur gegen Hafenanlagen und Brücken eingesetzt werden, auch eine Verwendung als kabelgezündete Landmine ist möglich. Mit den weitreichenden *Mk 37* Torpedos können in Küstennähe lauernde *SDVs* lohnende Ziele angreifen. Die technische Entwicklung schreitet weiter fort, und in Fachkreisen spricht man bereits über die Verwendung von Robotersystemen. Möglicherweise kommen künftig mit Torpedos bestückte oder mit Sprengstoff gefüllte Unterwasserdrohnen zur Abwehr feindlicher Unterseeboote und *SDVs* zum Einsatz. Für Aufklärung, Minenabwehr und Kampfeinsätze eignet sich das *Advanced Concept Combat Remote Operated Vehicle,* versehen mit Raupenketten für den Einsatz auf dem Meeresgrund. Mit einem integrierten Sonarsystem und modernsten Navigationsmitteln sowie Fernsehkameras ortet das System Hindernisse oder Kampfmittel und gibt diese Daten an die Zentrale des Mutterschiffes weiter. Mit Zusatzausrüstung ist selbst eine mechanische Strandaufklärung bis hin zur Entnahme von Sand- und Bodenproben möglich. Die Minenabwehr, das Sprengen von Hindernissen, oder das Räumen von Korridoren für Landungstruppen wären weitere vorstellbare Verwendungen. Zweifelsohne hilft die moderne Technik künftig den Kampfschwimmern dabei, ihre schwere und gefährliche Arbeit besser zu meistern, jedoch ganz ersetzen kann selbst die ausgefeilteste Hochtechnologie den Menschen – auch in der Unterwasserkampfführung – nicht.

Boote

Militärische Spezialeinsätze mit dem Ziel einer unbemerkten Infiltration zur Durchführunge von Gefechtsaufträgen, die vom Wasser ausgehen, erfordern eine sorgfältige Einweisung des Personals auf der Grundlage realistischer Planungen. Vor allem müssen die erforderlichen Einsatz- und Transportmittel rechtzeitig und betriebsbereit zur Verfügung stehen.

Die SEALs erreichen zwar auch auf Luft- und Landwegen ihre Einsatzziele, aber in den allermeisten Fällen sind der Ozean oder andere Gewässer die Ausgangsbasis maritimer Sonderoperationen. Kampfschwimmer begleiten in kleinen Teileinheiten ständig die weltweit operierenden US-Flottenverbände an Bord von Kreuzern und Flugzeugträgern. Sie stehen als Krisenfeuerwehr rund um die Uhr bereit und leiten als Vorhut die militärischen Operationen von See ein. Bevor die ersten SEALs Küstenabschnitte erkunden, Evakuierungen organisieren oder Land/Seeziele angreifen, haben sie an Bord von Schiffen meist schon große Entfernungen zurückgelegt.

Zur Verbringung der SEALs in den Einsatzraum stehen unterschiedliche Bootstypen zur Verfügung. Meist übernehmen Schlauchboote, oft mit Außenbordmotor, diese Aufgabe.

Mittlere und größere Schnellboote und Patrouillenfahrzeuge dienen dem Transport, der Versorgung und der Feuerunterstützung.

Die dreiköpfige Besatzung eines »Seafox« Rigid Inflatable Boat (RIB) einer der beiden Special Boat Squadrons, zu deren Aufgaben es gehört, SEALs in ihre Einsatzräume zu verbringen und anzulanden. Das Boot kann bis zu vier SEALs (eine halbe Gruppe) samt deren Gefechtsausstattung aufnehmen und ist aufgrund seiner Bauweise vom gegnerischen Radar kaum zu erfassen.

In den Gründerjahren benutzten die Froschmänner hauptsächlich Schlauchboote, gelegentlich auch Landungsboote. Erst im Vietnam-Krieg kam es zur Modernisierung der Standardausrüstung. Fiberglasboote folgten, spezielle Neukonstruktionen mit Panzerschutz und schweren Waffen fanden ebenso Verwendung wie Luftkissenboote. Das Arbeitspferd im Vietnam-Krieg war der *Boston Whaler*. Das Boot eignete sich aufgrund seiner Größe und Geschwindigkeit besonders gut für den Einsatz auf Flüssen und Kanälen und diente der Infiltration und der Exfiltration. Ebenso konnte es bei Bedarf Feuerunterstützung leisten. Die Verwendung verschiedener Außenbordmotoren war möglich. Danach richtete sich auch die Geschwindigkeit des etwa fünf Meter langen Bootes, in dem eine Gruppe Platz fand. Fast doppelt so groß war das *STAB*-Modell mit größerer Reichweite und Nutzlast, ebenfalls geeignet für Aktionen auf Binnengewässern. Für größere Unternehmen stand das *Medium SEAL Support Craft* bereit. Angetrieben von zwei starken Dieselmotoren und über zehn Meter lang konnte es einen kompletten Zug aufnehmen, und wegen seines geringen Tiefgangs auch in flachen Gewässern operieren. Schwer bewaffnet waren die über 30 Meter langen und bis zu 90 Tonnen schweren Feuerunterstützungs-Boote der OSPREY- und TRUMPY-Klasse, die sich lediglich geringfügig in den Abmessungen unterschieden. Sie hatten eine Reichweite von 1200 Kilometern und brachten es auf eine Geschwindigkeit von 45 Knoten (etwa 80 km/h). Zwei Offiziere und 12 Matrosen bildeten die Stammbesatzung dieses Patrouillenbootes, das einen SEAL-Zug aufnahm und mit seinen zahlreichen schweren Waffen für eine wirkungsvolle Feuerunterstützung sorgte.

Heute verwendet die Truppe eine Vielzahl unterschiedlicher Boots-Typen, und die älteren Boote werden zunehmend durch moderne Konstruktionen ersetzt.

Das Küstenwachboot PC-5 TYPHOON ist eines der dreizehn Boote dieser Klasse, die den Special Boat Squadrons der Naval Special Warfare Groups unterstellt sind. Mit einem Aktionsradius von 2000 Seemeilen (etwa 3600 Km) sind diese Boote hervorragend geeignet, SEALs in entfernt gelegene Einsatzräume zu verbringen.

Das Schlauchboot *Combat Rubber Raiding Craft (CRRC)* ist an die Stelle des lange verwendeten *Inflatable Boat, Small (IBS)* getreten. Es kann sieben Mann und eine erhebliche Zusatzbeladung transportieren und verfügt über einen robusten, starken Außenbordmotor. Das moderne *CRRC* findet auch Verwendung im *Marine Corps* und eignet sich für die Landung und Rückführung leicht bewaffneter amphibischer Kräfte. Es ist auch bei starkem Wellengang noch seetüchtig und gestattet die Durchquerung selbst hoher Brandungswellen. Das *CRRC* kann an Bord von Überwasserschiffen und Unterseebooten, Flugzeugen und Hubschraubern verlastet werden. Wegen seiner geringen Maße und des niedrigen Profils ist es kaum zu entdecken, und es läßt sich an Land ohne großen Arbeitsaufwand verstecken. Die Höchstgeschwindigkeit des fünf Meter langen und zwei Meter breiten Bootes beträgt 18 Knoten (etwa 32 km/h), abhängig von der Leistung des verwendeten Außenbordmotors. Bei Aktionen im Küstennahbereich entspricht die Reichweite von etwa 100 Kilometer völlig den Anforderungen.

Leicht gepanzert ist das Mannschaftstransport- und Landungsboot *Mini-Armored Troop Carrier (MATC)* mit Aluminium-Rumpf. Das Hochgeschwindigkeits-Patrouillenboot findet Verwendung bei Sperr- und Überwachungsaufträgen sowie bei Gefechtseinsätzen auf Flüssen, im Bereich von Hafenanlagen und an befestigten Küstenabschnitten. Es bietet genügend Raum für sechzehn voll ausgerüstete Soldaten und deren Verpflegung und schweres Gerät. Das flache Boot verfügt über eine Bugrampe für das Be- und Entladen von Soldaten und Material. Die beiden Dieselmotoren arbeiten ungewöhnlich leise. Das Boot ist mit modernsten Radar- und Kommunikationseinrichtungen ausgestattet. Ein abnehmbares Schutzdach erweist sich insbesondere in tropischen Gewässern von Vorteil. Die Besatzung setzt sich aus drei bis vier Mann zusammen, transportiert wird gewöhnlich ein SEAL-Zug. Das Boot ist elf Meter lang, hat ein Gewicht von 12,5 Tonnen und entwickelt eine Geschwindigkeit von 30 Knoten (etwa 54 km/h) bei einer Reichweite von 200 Seemeilen (etwa 360 Km). Mehrere Sockellafetten nehmen Schwere und Leichte Maschinengewehre, Maschinenkanonen und Granatmaschinenwaffen auf.

Das *Patrol Boat, Light (PBL)* ist ungepanzert und nur leicht bewaffnet und setzt die Baureihe der *Boston Whalers* früherer Jahre fort. Es ist aus Fiberglas hergestellt und hat verstärkte Waffenplätze. Der Antrieb erfolgt über zwei Außenbordmotoren. Das hochbewegliche Boot eignet sich besonders für Aktionen gegen schwächere Feindkräfte, nicht aber zur Bekämpfung größerer Schiffseinheiten. Zu seinen Hauptaufgaben zählen Polizeiaktionen, Hafenkontrollen, Überwachung von Sperren auf Binnengewässern sowie die Unterstützung von Tauchern und Schwimmern. Wegen des geringen Tiefganges kann es in seichten Gewässern operieren. Überlandtransporte sind möglich mit Spezialanhängern, als Hubschrauber-Außenlast und and Bord des Transportflugzeugs *Lockheed C-130 »Hercules«*. Das acht Meter lange Boot erreicht eine Höchstgeschwindigkeit von etwa 30 Knoten (etwa 55 km/h) bei einer Reichweite von 150 Seemeilen (etwa 270 Kilometer).

Das *Patrol Boat, River (PBR)* ist maßgeschneidert für Patrouilleneinsätze auf Flüssen und dient der Infiltration und Exfiltration einer SEAL-Gruppe. Es kam bereits 1966 auf dem Kriegsschauplatz in Vietnam zum Einsatz. Von den 500 gebauten Booten stehen heute nur noch 24 im Dienst der *US Navy*. Das Boot ist

Von einem gepanzerten Küstenwachboot Mk IV »Sea Spectre« einer Special Boat Unit (SBU) gegen Sicht und Waffenwirkung von Land her gedeckt, gewinnen SEALs an Bord eines Schlauchboots offenes Wasser.

Küstenwachboot PC-7 SQUALL der Patrol Craft (PC) Klasse. Die umfangreiche Bewaffnung und die Ausstattung dieser Boote mit modernster Elektronik erfordern eine 28köpfige Besatzung, weshalb sie trotz ihrer Länge von 51 Meter unter Deck lediglich Platz für neun voll ausgerüstete SEALs bieten.

schwer gepanzert, wobei besonders empfindliche Teile zusätzlich durch eine Keramikpanzerung geschützt werden. Die Leichtbauweise unter Verwendung von Kunststoff- und Fiberglas-Bauteilen ermöglicht dennoch einen Lufttransport an Bord des Großraumflugzeugs *Lockheed C-5 »Galaxy«*. Zur Standardbewaffnung gehören zwei Schwere Maschinengewehre auf Zwillings-Sockellafette, Lafetten zur Aufnahme weiterer Schwerer und Leichter Maschinengewehre, einer Granatmaschinenwaffe sowie eines Mörsers. Das Boot ist leise, kann im flachen Wasser operieren, verfügt über ein Bordradarsystem und eignet sich für den Allwettereinsatz. Es hat eine Länge von etwa zehn Metern, verfügt über eine Reichweite von 200 Seemeilen (etwa 360 Kilometer), und zwei Motoren verleihen ihm eine Geschwindigkeit von mehr als 30 Knoten (etwa 54 Km/h).

Das *Patrol Boat Mk IV* ist eine Weiterentwicklung des altgedienten Modells *Mk III*. Das hochseetüchtige Boot der *SEA SPECTRE*-Klasse ist aufgrund seines geringen Tiefgangs in der Lage, selbst bei erheblicher Zuladung auch in Binnengewässern und Hafenanlagen zu operieren. Es findet Verwendung im Küstenschutz, eignet sich zur Bekämpfung von Land- und Seezielen und dient dem Einsetzen und der Aufnahme von Sondereinsatzkräften. Das Boot ist mit modernsten Radar- und Fernmeldeanlagen ausgestattet, ist aber selbst vom gegnerischen Radar nur schwer zu erfassen. Trotz einer beachtlichen Länge von 32 Metern liegt das Gewicht bei nur 49,5 Tonnen. Drei Dieselmotoren sorgen für eine Höchstgeschwindigkeit von mehr als 30 Knoten (etwa 54 Km/h) und das Schiff kann rund um die Uhr, bei schwerer See und ungünstigen Witterungs- und Sichtverhältnissen operieren. Die Stammbesatzung zählt elf Mann. Zur Bordbewaffnung gehören mehrere Maschinenkanonen, Maschinengewehre sowie leichte und schwere Mörser.

Weiter im Dienst ist noch für einige Zeit das *Patrol Boat Mk III*. Es dient in erster Linie als Waffenträger mit hoher Geschwindigkeit und großer Beweglichkeit. Die Aufbauten sind teilweise gepanzert; die Bordbewaffnung umfaßt mehrere Maschinengewehre und Mörser sowie eine Granatmaschinenwaffe. Auch dieses Boot eignet sich zu Infiltration und Exfiltration von SEALs und ist in der Lage, fünf Tage unabhängig zu operieren – auch bei schlechter Witterung mit geringen Sichtweiten und starkem Seegang. Die Länge beträgt 31 Meter, das Gewicht 41,5 Tonnen und die Höchstgeschwindigkeit 30 Knoten (etwa 54 Km/h).

Anfangs 1993 übernahm die *Navy* das erste von insgesamt dreizehn Booten der neuen *Patrol Coastal*-Klasse *(PC-1)*. Vorrangig kommen diese Boote im Küstenschutz zum Einsatz, stehen aber auch zur Unterstützung maritimer Sondereinsätze zur Verfügung. Organisatorisch gehören sie zu den beiden *Special Boat Squadrons* in Norfolk und San Diego.

Angetrieben von vier Dieselmotoren mit einer Leistung von jeweils 3350 PS erreichen die 51 Meter langen Boote mit einer Wasserverdrängung von 328 ts *(short tons; 1 t = 1016 kg. Zum Vergleich: Patrol Boat Mk III = 41,5 ts)* eine Geschwindigkeit von mehr als 30 Knoten. Die Reichweite von 2000 Seemeilen (etwa 3600 Km) ermöglicht Einsätze im strategischen Bereich. Das Boot bietet neun Angehörigen eines Sondereinsatz-Trupps Platz und hat eine Stammbesatzung von vier Offizieren und 24 Matrosen. Es ist bestückt mit einer modernen *Mk 38* Schnellfeuerkanone im Kaliber 25 mm und verfügt über eine Waffenanlage für *»Stinger«*-Fliegerfäuste. Vier Lafetten für Maschinengewehre und eine *Mk 19* Granatmaschinenwaffe ergänzen die Bordbewaffnung. Für die nächste Zukunft ist geplant, die Boote mit *Mk 52*-Werfern für Infrarot-Täuschkörper auszurüsten.

Zur Special Boat Unit 11 in Vallejo, Kalifornien und zur Special Boat Unit 12 gehören:

PC-3 HURRICANE
PC-4 MONSOON
PC-7 SQUALL
PC-8 ZEPHYR

Den Bootseinheiten an der Ostküste unterstehen folgende Boote:

PC-1 CYCLONE
PC-2 TEMPEST
PC-5 TYPHOON
PC-6 SIROCCO
PC-9 CHINOOK
PC-10 FIREBOLT
PC-11 WHIRLWIND
PC-12 THUNDERBOLT
PC-13 SHAMAL

Anhang

Deutsche Kampfschwimmer

»Lerne leiden ohne zu klagen«, so lautet das Motto der Kampfschwimmer der deutschen Bundesmarine, die mit den geringsten Mitteln im Einsatz größtmögliche Erfolge erzielen möchten. Auch in Deutschland traten während des II. Weltkrieges erstmals Froschmänner in Erscheinung, die den Marine-Einsatz-Kommandos (MEK) der Kriegsmarine angehörten, die wiederum den Kommandos der Kleinkampfmittel der Kriegsmarine (K-Verband) des Admiral Heye unterstellt waren. Sie machten sich besonders gegen Kriegsende einen Namen als Kampftaucher, Sprengbootfahrer und Torpedoreiter.*

Als 1955 die Bundeswehr aufgestellt wurde, war für offensive Spezialeinheiten und militärische Leistungseliten zunächst kein Platz. Erst 1959 begannen einige Veteranen zaghaft mit dem Aufbau einer kleinen Kampfschwimmer-Einheit in List auf Sylt. Der erste Kampfschwimmerzug besuchte verschiedene Ausbildungseinrichtungen im verbündeten Ausland, vor allem in Frankreich, und schulte den jungen Nachwuchs – ein Prozeß der sich über mehrere Jahre hinzog. Am 1. April 1964 erfolgte dann die Gründung einer selbständigen Kompanie in Eckernförde an der Ostsee. Dort ergab sich eine enge Zusammenarbeit mit Minen- und Waffentauchern. Ähnlich wie bei der US Navy beschränkten sich die Kampfschwimmer nicht auf den militärischen Unterwassereinsatz, sondern qualifizierten sich als Commandos, geschult als Fallschirmspringer, Einzelkämpfer und Sprengexperten mit infanteristischer Ausbildung.

In den 70er Jahren erreichten sie nach Einführung zahlreicher Verbesserungen bei der Ausbildung eine Einsatzstärke von drei Zügen und verfügten zusätzlich über einen Ausbildungszug. 1991 folgte nach Gründung der gemeinsamen Waffentauchergruppe ein neues Ausbildungsprogramm mit einem verkürzten Taucherlehrgang. Mit dieser Zusammenlegung verschwand aber auch die eigenständige Kampfschwimmer-Einheit.

Im April 1991 feierten die Schwimmer den 30. Jahrestag der Gründung ihrer Einheit. Neben vielen Ehemaligen und Zuschauern waren unter dem Kommando eines Kaptänleutnants weniger als 60 aktive Angehörige der Kampfschwimmertruppe vertreten. Marine-Experten hoffen, daß innerhalb dieser Teileinheit künftig wenigstens eine Zelle dieser wertvollen Experten erhalten bleibt, die doch gerade bei der Schaffung weltweit einsetzbarer Reaktionskräfte unabkömmlich ist.

Nur sehr wenige Bewerber, die sich für mindestens vier Jahre freiwillig verpflichten müssen, schaffen die zahlreichen gesundheitlichen, persönlichkeitsbezogenen und leistungsmäßigen Hürden. In mehr als 30 Jahren wurden knapp 500 qualifizierte Kampfschwimmer herangezogen. Die meisten Bewerber scheiden bereits nach einer taucherspezifischen Untersuchung im Kieler Schiffahrtsmedizinischen Institut aus. Nach der Grundausbildung bleiben weniger als fünf Prozent übrig.

* Mehr über die Einsätze deutscher Kampfschwimmer steht in dem Werk KAMPFSCHWIMMER von Michael Welham, erschienen beim Motorbuch Verlag Stuttgart 1996.

Kampfschwimmer der KSK (Kampfschwimmer-Kompanie) der deutschen Bundesmarine.

Während der Ausbildung stehen Wassergewöhnungsübungen, Sport, Kampfschwimmer-spezifisches taktisches Schwimmen und Tauchen im Mittelpunkt, selbstverständlich bei Tag und Nacht und bei jeder Witterung. Daneben lernen die Schwimmer viel über den Umgang mit Booten, Kajaks und Waffen und nehmen am Einzelkämpfer- und am Fallschirmspringerlehrgang teil. Kenntnisse im Umgang mit Spreng- und Zündmitteln erwerben die Soldaten beim Sprenghelferlehrgang. Daneben besuchen sie die Fahrschule und den Unterführerlehrgang in Plön.

Nach fast 18 Monaten Vorbereitungszeit erhalten sie das begehrte Tätigkeitsabzeichen, den Schwertfisch, und dürfen sich über einige Leistungszulagen freuen. Bedenkenswert ist aber, daß sie einen großen Teil des Geldes aufwenden, um sich auf dem freien Markt mit Gerät zu versorgen, das auf dem Dienstweg nicht erhältlich ist.

Die weitere Dienstgestaltung ist vielseitig und abwechslungsreich, stellt aber immer hohe Anforderungen an die Motivation und das körperliche Leistungsvermögen. Im Rahmen von Auslands- und Austauschprogrammen und bilateralen Manövern werden die Kenntnisse erweitert und der Leistungsstandard erhöht. Zahlreiche Speziallehrgänge tragen dazu bei, das hohe Leistungsniveau professioneller Sondereinsatzverbände zu erreichen und zu halten. Dabei handelt es sich auch um landgebundene Speziallehrgänge, darunter eine intensive Schießausbildung, Winterkampf, Bergsteigen, Freifall, Absetzer, Nahkampf und Fernspähtechniken. Ein reger Personalaustausch findet mit dem SEAL Team 2 in Norfolk, Virginia, statt.

Im Einsatzfall übernehmen die Kampfschwimmer die üblichen Aufträge einer maritimen Sondertruppe, die denen der SEALs ähneln. Aufklärung im Strandbereich und das Erkunden des Hinterlandes gehören zu den Aufträgen im amphibischen Bereich. Allerdings verfügt die Bundesmarine derzeit weder über genügend derartiger Verbände, noch über einsatztaktische Konzepte.

Ferner beteiligen sich die deutschen Froschmänner am Schutz von Kriegsschiffen und militärischen Anlagen vor Sabotage. Als Prisenkommandos begeben sie sich an Bord verdächtiger Schiffe und nehmen verschiedene Überwachungsaufgaben wahr.

Die klassische Aufgabenstellung ist aber offensiver Art und gegen gegnerische Schiffe, Anlagen und Schlüsselobjekte gerichtet. Ebenso sind Kommandounternehmen – auch mit Sprungeinsatz – gegen Festlandsziele vorgesehen.

Die Einsatzmöglichkeiten der deutschen Kampfschwimmer entsprechen weitgehend denen der SEALs. Sie sehen auch die Zusammenarbeit mit Unterseebooten, Hubschraubern und verschiedenen Schiffen vor. Eine Verwendung von Spezialfahrzeugen und Kleinstunterseebooten für den Unterwassereinsatz ist nicht bekannt, jedoch dürfte es in der Vergangenheit zu Versuchen und Schulungen im Zuge von Abkommandierungen zu ausländischen Formationen gekommen sein.

Die geringe Zahl der zur Verfügung stehenden Kampfschwimmer schränkt natürlich ihre Verwendungsmöglichkeiten stark ein. So übernahmen die wenigen Schwimmer bei NATO-Einsätzen im Mittelmeer wichtige Sicherungsaufgaben. Eine Enttäuschung blieb allerdings den nunmehr gesamtdeutschen Froschmännern nicht erspart: Als mit Auflösung der NVA der ehemaligen DDR auch die Marine in die Bundesmarine überführt wurde, hoffte man auf Zuwachs durch eine größere Zahl hochqualifizierter Kampfschwimmer. Das Ergebnis war allerdings ernüchternd. Nur ein Froschmann konnte übernommen werden und sich für Eckernförde qualifizieren.

Naval Investigative Service (NIS)

Wenig ist bekannt über die verschiedenen nachrichtendienstlichen und sicherheitsrelevanten Einrichtungen der US-Streitkräfte. Neben den staatlichen Geheimdiensten und Sicherheitsorganen verfügt das Militär über eine Anzahl eigener Formationen. Jede Teilstreitkraft hat ihren eigenen Nachrichtendienst und weitere geheime Dienste. Obwohl es sich hier um keine eigentlichen Spezialeinheiten handelt, ergeben sich viele Gemeinsamkeiten mit dem Gesamtkomplex der Special Operations Forces.

Den Kern der *US Navy* bilden zweifelslos die sündhaft teuren Kriegschiffe, die sehr schutzbedürftig sind. Aber nicht nur der Schutz gegen Einwirkungen von außen, sondern auch die Aufrechterhaltung von Disziplin und Ordnung im innerdienstlichen Bereich sind wichtig.

Schon seit mehr als 100 Jahren wird die *US Navy* in der Abwehr krimineller Handlungen und gegnerischer Spionage von speziellen Diensten unterstützt. Offiziell entstand der heutige Abwehrdienst 1966. Er hat den Auftrag, weltweit für den Schutz der Marineangehörigen, der Einrichtungen an Land sowie der Schiffe auf See zu sorgen. Der Dienst untersteht dem *Navy Security and Investigative Command* und stützt sich überwiegend auf ziviles Personal.

Zu den vielen Aufgaben gehört die Bekämpfung von Straftaten. Der *NIS* ist also eine Art militärische Kriminalpolizei. Ganz realistisch geht die *Navy* davon aus, daß in allen Teilen der Gesellschaft Straftäter auftreten; also auch in den Streitkräften. Vorbeugende Maßnahmen und Ermittlungen gehören zu den wichtigsten Aufgaben des *NIS*. Einen Schwerpunkt bildet dabei die Bekämpfung des Drogenmißbrauchs. In allen größeren Marineeinrichtungen befinden sich Experten für den Kampf gegen die Drogenkriminalität. Die Agenten tauchen im entsprechenden Umfeld ausländischer Häfen auf, die von US Flottenverbänden angelaufen werden, und überwachen in Zusammenarbeit mit der einheimischen Polizei bereits im Vorfeld die *Dealer*, die unter den Schiffsbesatzungen nach Kunden Ausschau halten. Auch die Mitarbeit bei der Abwehr von Wirtschaftskriminalität, Korruption und Bestechungsversuchen zählt zum Aufgabenbereich.

In einer Zeit der Globalisierung gewinnt der Schutz und die Geheimhaltung wichtiger Daten immer mehr an Bedeutung. Genauso wichtig sind Maßnahmen gegen eine Beschädigung oder Zerstörung von Material und Gerät durch Sabotageakte. Ebenso muß das manchmal noch junge und unerfahrene, im Ausland besonders gefährdete Personal vor Ausspähungsversuchen geschützt werden. Hierzu dienen Schulungen und Seminare. Vor dem Besuch eines fremden Hafens erfolgen regelmäßig eingehende Belehrungen und Informationen hinsichtlich der jeweiligen örtlichen Besonderheiten. Die *NIS*-Agenten verfolgen alle Versuche gegnerischer Nachrichtendienste, an heiße Informationen heranzukommen, und arbeiten hierbei eng mit eigenen und ausländischen Nachrichtendiensten zusammen.

Die praktische Arbeit leistet der *Special Agent* (Sonderbeauftragter), ein Zivilangestellter der *US Navy*. Geeignete Bewerber stammen aus verschiedenen Bereichen, häufig jedoch sind es ehemalige Polizeiangehörige, Justizpersonal, Techniker und Ingenieure. Vorgeschrieben ist ein *College*-Abschluß und der erfolgreiche Abschluß einer 11wöchigen Spezialausbildung.

Am *Federal Law Enforcement Training Center* (Fachschule für den Polizeivollzugsdienst) in Glynco, Georgia, erfolgt die Ausbildung in den drei Hauptsparten Vollzugsdienst, praktische Einsatzübungen sowie Körperschulung und Schießausbildung. Dabei lernen die künftigen Agenten viel über Methoden zur Bekämpfung von Verbrechen, verdeckte Ermittlungen, Überwachung, Zugriff und Festnahme, waffenlose Selbstverteidigung, Handhabung von Waffen und das richtige Verhalten in Ausnahmesituationen.

Im weiteren Verlauf der Dienstzeit erfolgt eine gezielte Weiterbildung im Hinblick auf verdeckte Ermittlungen, *Computer*-Kriminalität, technische Schutzmaßnahmen zur Abschirmung, Gegenspionage, Handhabung von Spezialkameras und den Umgang mit Lügendetektoren.

In den größeren Stützpunkten befinden sich Dienststellen, die sich schwerpunktmäßig mit der Verhinderung von Diebstählen und Sachbeschädigungen befassen, so beispielsweise in San Diego, Norfolk, Pearl Harbor, Neapel, Yokosuka, Charleston und weiteren Hafenstädten. Das Personal arbeitet auf allen Flugzeugträgern und auf weiteren Kriegsschiffen der *US Navy*. Der Dienst auf einem Kriegsschiff dauert in der Regel ein Jahr und entspricht so der Dienstzeit der Schiffsbesatzungen. Dabei sind die Agenten verantwortlich für Sicherheit und Ordnung an Bord und in den angelaufenen Häfen.

Insgesamt verfügt der *NIS* über rund 170 Einrichtungen auf der ganzen Erde. Im Laufe ihrer durchschnittlich 20jährigen Dienstzeit werden die Agenten rund sechsmal im Ausland stationiert. Etwa 30 Prozent von ihnen befinden sich regelmäßig weltweit im Einsatz. Gewöhnlich dauern die Auslandsverwendungen drei Jahre. Die Angehörigen von Mitgliedern der amerikanischen Streitkräfte sind in einigen Ländern einer erhöhten Gefahr ausgesetzt, Opfer von Mordanschlägen, Geiselnahmen oder Entführungen zu werden. Dies vorbeugend zu verhindern ist Auftrag der Agenten. Sie werden zudem zum Schutze hochgestellter Persönlichkeiten herangezogen und sind bei Besuchen ausländischer Staatsoberhäupter und öffentlichen Auftritten des Präsidenten im Einsatz.

In manchen Regionen ist der Kauf von Drogen relativ einfach, so in afrikanischen, indischen und fernöstlichen Hafenstädten. Es fehlen oft die gesetzlichen Grundlagen, um den Erwerb von Rauschmitteln unterbinden zu können. Um die jungen und unerfahrenen Mannschaften beim Landgang vor dieser Bedrohung besser schützen zu können, bedienen sich die Agenten recht unkonventioneller Mittel. Es ist ihnen erlaubt, Drogen zu erwerben und an Bord aufzubewahren, obwohl dies an sich einen groben Verstoß gegen die Vorschriften bedeutet und ernste Folgen nach sich zieht. So ist es aber möglich, in das Netz der *Dealer* einzusickern und mögliche Kunden vom Kauf abzuhalten, beispielsweise durch das Verbot, bestimmte Lokale oder Gegenden aufzusuchen. Mit anderen Staaten bestehen wiederum gute Beziehungen und eine enge Zusammenarbeit mit den einheimischen Polizeikräften, die oft bereits Wochen vor dem Einlaufen eines Flottenverbandes beginnt. Im Vordergrund steht die Vorbeugung und nicht die strafrechtliche Verfolgung schwarzer Schafe. Die Erfolge können sich durchaus sehen lassen. Im Gegensatz zu früheren Jahren ist heute der Drogenmißbrauch in den amerikanischen Seestreitkräften kein wesentliches Problem mehr.

Größere Hafenanlagen sind bedeutende Zentren des internationalen Handels und logistische Drehscheiben der Rohstoffversorgung. Der Schutz gegen Spionage und Ausspähung jeglicher Art, Lähmung und Sabotage liegt als weiterer Auftrag in den Händen der Spezialagenten.

Die außerordentlich schwierige Arbeit der Vorbeugung und Bekämpfung von vielerlei Ordnungsstörungen und Gesetzwidrigkeiten erfordert eine optimale technische Unterstützung. Hierfür stehen eine Vielzahl moderner Waffen, elektronisches Gerät und kriminaltechnische Werkzeuge und Laboratorien mit wissenschaftlich ausgebildeten Fachkräften zur Verfügung. Eng ist die Zusammenarbeit mit den übrigen Sicherheitsorganen und Nachrichtendiensten, der Behörde zur Bekämpfung des Drogenhandels, dem *FBI*, der *CIA*, den staatlichen und regionalen Polizeibehörden, und natürlich den entsprechenden Formationen der anderen Teilstreitkräfte. Ein weltweites eigenständiges Nachrichtennetz ermöglicht die ständige Verbindung mit den rund 170 im Ausland eingesetzten Agenten und dient der Übermittlung wichtiger Nachrichten und Informationen.

Der Dienst eines Agenten ist gefährlich und anstrengend. Es bleibt wenig Zeit für Familie und persönliche Interessen. Entsprechend sorgfältig erfolgt die Personalauswahl und man ist bemüht, nur die besten Leute zu übernehmen. Dienstreisen in alle Regionen der Erde und Überstunden sind die Regel; die Bereitschaft zur Teilnahme an schwierigen Lehrgängen wird vorausgesetzt. Dafür ist die Laufbahn recht attraktiv. Die Aufstiegsmöglichkeiten sind gut und die Bezahlung der Überstunden ist großzügig geregelt. Bereits im Alter von 50 Jahren oder nach 20 Dienstjahren kann der Agent in das Pensionärsdasein wechseln – oder sich einer weiteren Herausforderung stellen.

SCUBA-Teams der »Green Berets«

Während des »Kalten Krieges« unterhielten die USA umfangreiche Streitkräfte und es kam dabei zu einer gewissen Verselbständigung und Eigendynamik bei einzelnen Projekten. Bis weit in den II. Weltkrieg hinein bildeten die US Army und die US Navy mit ihren streng getrennten Zuständigkeitsbereichen die beiden tragenden Säulen. Den GI der Army trennten aber ganze Welten vom Sailor der Navy. Mit der Umwandlung der Army Air Forces (Heeres-Luftflotten) zur eigenständigen Teilstreitkraft Air Force (Luftwaffe) begannen weitere Rivalitäten und Auseinandersetzungen um Zuständigkeiten und Einfluß. Der Konkurrenzkampf offenbarte sich besonders deutlich bei der Entwicklung von Flugzeugen und Fernlenkwaffen. Hier versuchte jede Teilstreitkraft zu dominieren und es kam zu einer Reihe von Mehrfachentwicklungen mit enormen Folgekosten. Obwohl es nun eine Luftwaffe als Teilstreitkraft gab, behielt die Navy Marineflieger in erheblicher Stärke. Die Army verstärkte ihre Heeresflieger(Army Aviation) noch und verfügte neben Hubschraubern auch über mittlere Transportflugzeuge. Ähnlich verhielt es sich bei den Lenkwaffen. Diesem Wettlauf hat spätestens die Entwicklung nach dem »Kalten Krieg« ein Ende gemacht. Nach gewaltigen Truppenreduzierungen und drastisch gekürzten Haushaltsmitteln bleibt für Doppelentwicklungen kein Raum mehr.

Konkurrenzdenken ergab sich ebenfalls bei den verschiedenen Sondereinsatztruppen. Als 1952 unter den Fittichen der *Army* die ersten *Special Forces* entstanden, mußten vorher verschiedene Mitbewerber aus dem Feld geschlagen werden. Dann bildeten die *»Green Berets«* ein Jahrzehnt lang die alleinige unkonventionelle Streitmacht, unbedeutend und kaum wahrgenommen. Die wenigen Froschmänner der damaligen *Navy* waren ausschließlich zur Unterstützung der amphibischen Flotte vorgesehen und standen als nennenswerte Sondereinsatztruppe nicht zur Verfügung. Auch die *Air Force* beteiligte sich lediglich unterstützend und verfügte selbst über keine Spezialeinheiten.

Die *»Green Berets«* stellten jedoch bald fest, daß zur Ausführung gewisser Sonderaufträge und zur heimlichen Infiltration Kampfschwimmer und Kampftaucher erforderlich waren. Die in der *Army* wenig geliebte Sondertruppe lernte sehr schnell die hohe Kunst der Improvisation und schaffte es, fehlende Unterstützung und Mittel durch besondere Kreativität und hohe Motivation auszugleichen. So ging man an die Aufgabe eine Anzahl von *A-Teams* zusätzlich im Unterwasserkampf auszubilden und die *SCUBA*-Technik zu erlernen. Dabei handelte es sich keinesfalls lediglich um den Erwerb einiger allgemeiner Grundlagen, sondern um eine qualifizierte Ausbildung für den Unterwasserkampf. Die *»Green Berets«* im Gummianzug tauchten bald bei Lehrgängen der *Navy* auf und besuchten zahlreiche Kampfschwimmerkurse im befreundeten Ausland, natürlich auch die deutschen Kampfschwimmer in Eckernförde. So war über Jahre hinweg ein Verbindungsoffizier der *10th Special Forces Group (Airborne)* bzw. des *Detachment A* in Berlin für die Zusammenarbeit mit den deutschen Kollegen verantwortlich. Der zwischenzeitlich pensionierte *Special Forces*-Major Rolf Kreuscher erinnert sich noch heute gerne an die schönen Stunden, die er dabei an der Ostsee mit Kameraden der deutschen Bundesmarine verbringen durfte.

Wie die Profis von der *Navy* übten auch die *Special Forces* die Zusammenarbeit mit Unterseebooten, lernten Strandaufklärung und Sprengen unter Wasser. Am oberbayerischen Chiemsee konnten geübte Augen gelegentlich beobachten, wie aus tieffliegenden Hubschraubern plötzlich merkwürdige Gestalten purzelten und gleich darauf wie ein Spuk unter der Wasseroberfläche verschwanden. Stunden später tauchten dann an abgelegenen Stellen der Herreninsel im schützenden Schilf geheimnisvolle Froschmänner auf und setzten ihre Übungen an Land fort. Ein Taucherteam stand lange Zeit für Notfälle und Katastropheneinsätze bereit und betei-

Kampfschwimmer der belgischen Para-Commandos weilen im Juli 1988 im Rahmen eines Austauschprogramms in den USA beim 2. Bataillon der 10th Special Forces Group (Airborne).

ligte sich an einer Anzahl von Rettungseinsätzen. Besonders waghalsig und anstrengend war die Überquerung des Ärmelkanals, die zwei Schwimmern eines *A Teams* trotz widriger Umstände gelang.

Die Ausbildung und das spezielle Training für die Schwimmer der *»Green Berets«* liegt in den Händen des *Special Warfare Center and School,* der zentralen Ausbildungsstätte der Sondertruppen in Fort Bragg. Träger ist die *Waterborne Division in Key West, Florida.* Sie verfügt über moderne Ausbildungsstätten, einen Tauchturm (der gelegentlich nicht funktioniert), Bootswerften und weitere technische Anlagen. In einer eigenen Dienstvorschrift mit der Bezeichnung *»Waterborne Operations«* sind die verschiedenen Infiltrationswege vom Wasser aus festgelegt. Die Grundlagen entsprechen größtenteils den Techniken und Verfahren bei der *Navy*. Sie konzentrieren sich auf die Bereiche Tauchen, Schwimmen, Infiltrationstechniken sowie den Umgang mit Schlauchbooten, geschlossenen und offenen Kreislaufgeräten, Schiffen, Hubschraubern und nicht zuletzt Kajaks.

Die Zusammenarbeit mit den SEALs ist eng und wird durch den Austausch von Ausbildern noch gefördert. Gewöhnlich befinden sich jeweils ein Offizier und zwei Unteroffiziere der *Special Forces* für die Dauer von zwölf Wochen in Coronado und schleifen dort den Nachwuchs der Kampfschwimmer. Umgekehrt schickt die *Navy* drei Ausbilder zu den verschiedenen Lehrgängen nach Key West. Sie stehen dort für die Lehrgänge Kampftauchergrundkurs, Kampftaucher-Leiter und Tauchmedizin zur Verfügung und bringen so ihr umfangreiches Fachwissen ein.

Es gibt keine strenge Aufgabenteilung zwischen SEALs und *»Green Berets«*,. beide Formationen beherrschen die Taktik und Technik des Unterwasserkampfes gleichermaßen. Allerdings sind nicht alle Angehörigen der *Special Forces,* sondern nur einzelne *A-Teams* entsprechend ausgebildet. Ihr Auftrag ist neben der Aufklärung primär die unbemerkte Infiltration mit anschließenden Einsätzen im Landesinneren. Während die Ozeane überwiegend die Operationsbasis der SEALs bilden, agieren die *»Green Berets«* eher im Binnenland entlang von Flüssen, Strömen und Seen. Da dabei oftmals auch größere Strecken zurückzulegen sind, stehen reine Taucheinsätze nicht so sehr im Mittelpunkt. Diese beschränken sich selbst unter optimalen Umständen und bei Vorhandensein von modernsten Geräten in der Praxis auf Strecken von höchstens vier bis fünf Kilometer. Im Vordergrund stehen daher die Verwendung von Booten und das sogenannte *Scout-Schwimmen,* eine Art Langstreckenschwimmen.

Um eine Entdeckung durch den Gegner zu vermeiden erfolgt die Annäherung weiträumig. So kann es erforderlich sein, die seegebundenen Transportmittel oder Luftfahrzeuge bereits bis zu 120 Kilometer vor der feindlichen Küste zu verlassen und die restliche Strecke in eigener Regie zurückzulegen.

Das notwendige Rüstzeug erhalten die Soldaten im *Waterborne Infiltration Course* vermittelt. Er findet ebenfalls am Ausbildungszentrum in Key West statt und erstreckt sich über fünf Ausbildungswochen sowie eine Woche praktische Übungen an verschiedenen Abschnitten der amerikanischen Ostküste. Die Ausbildungsziele sind sehr hoch gesteckt:

- 10 000 Meter Langstreckenschwimmen
- Zurücklegen einer Strecke von 50 Seemeilen (ca. 90 Km) mit dem Schlauchboot
- Zurücklegen einer Strecke von 30 Seemeilen (ca. 60 Km) mit dem Kajak
- Tauglichkeitsprüfung bei extremen klimatischen und witterungsbedingten Situationen
- Zusammenarbeit mit Schiffen, Unterseebooten, Flugzeugen und Hubschraubern
- Tauglichkeitsprüfung für Tages- und Nachteinsatz
- Tauglichkeitsprüfung zur genauen Navigation und Standortbestimmung über große Entfernungen
- Planung und Vorbereitung
- Handhabung und Wartung des Geräts

Der Lehrstoff ist auf drei Ausbildungsabschnitte verteilt und schließt theoretische und praktische Übungen ein.

Während der *Phase 1,* die sich über sechs Ausbildungstage mit 70 Ausbildungsstunden erstreckt, lernen die Lehrgangsteilnehmer die sachgerechte Planung von Operationen auf dem Meer. Dies ist unbedingt erforderlich, da die wenigsten Soldaten über entsprechende Vorkenntnisse verfügen und erst einmal über die Gefah-

Angehörige der 10th Special Forces Group bei der Kajak-Ausbildung in den Gewässern vor der Küste Virginias.

ren und Eigenheiten der Ozeane aufgeklärt werden müssen. Weiter werden die Grundlagen der Navigation und die entsprechenden Techniken, wie die Verwendung von Koordinaten, Zeitkalkulation und Bestimmung von Entfernungen vermittelt. Ebenso stehen die Besonderheiten des Meeres wie Ebbe und Flut, die Gefahren hoher Brandungswellen und Unterwasserströmungen auf dem Lehrprogramm. Ausführlich werden Sofort- und Kameradenhilfe in Krisensituationen behandelt und geübt. Dann lernen die Männer die notwendigen Techniken und Verfahren in der Zusammenarbeit mit den Transportmitteln. So wird beispielsweise ein Schlauchboot mit einer Plattform aus Holz verbunden und von einem Transportflugzeug per Lastenfallschirm über dem Wasser abgeworfen. Dabei sind der Bootsmotor und die gesamte Ausrüstung des *Teams* im Boot verpackt. Nachdem das Boot abgeworfen worden ist, springen die Soldaten mit dem Fallschirm ab, machen das Boot einsatzbereit und setzen mit diesem die Fahrt fort. Einfacher läuft die Aktion mit Hubschraubern ab. Sie nähern sich der Wasseroberfläche bis auf drei Meter und das Schlauchboot wird einfach ins Wasser geworfen.

Im zweiten Abschnitt wird intensiv der Umgang mit den verschiedenen Schlauchbooten und Kajaks sowie das Schwimmen an der Wasseroberfläche geübt.

Beim Umgang mit Kajaks und Booten stehen das richtige Verhalten in Notfällen, seemännische Kenntnisse, das Verbergen und der Landtransport der Boote über längere Strecken im Mittelpunkt. In den ersten sechs Tagen der insgesamt 20 Ausbildungstage lernen die Teilnehmer den richtigen Umgang mit dem Zodiac F 470 Marine Commando, dem Schlauchboot der Sondereinsatztruppen. Das Boot wird von einem 35 PS-Motor angetrieben, der besonders leise läuft. Für größere Fahrten auf dem offenen Meer mit Beladung steht ein stärkerer 55 PS-Motor zur Verfügung. Anstrengender sind die Übungen mit den Kajaks über große Distanzen. Die Fortbewegung mit dem Paddel erfordert eine gute Kondition und erhebliche Muskelkraft in den Armen und im Oberkörper.

Schwimmübungen über Strecken zwischen 500 und 10 000 Meter folgen. Dabei werden Schwimmtechniken gelehrt und das Formationsschwimmen wird geübt. Ferner lernen die Kursteilnehmer den richtigen Umgang mit der Schwimmausrüstung und den verschiedenen Schutzanzügen sowie den Umgang mit Knoten und Bunden sowie Verpackungs- und Stautechniken. Zusätzlich werden noch praktische Kenntnisse über das zweckgerechte Abdichten von Material vermittelt.

In der Schlußphase, welche die restlichen zwei Wochen des Lehrganges umfaßt, stehen verschiedene praktische taktische Übungen auf dem Ausbildungsprogramm. Die Schüler müssen Übungen planen und dabei die Techniken des Langstreckenschwimmens, der Infiltration mit dem Kajak und dem Schlauchboot in der Praxis erproben. Nachtabsprünge mit dem Fallschirm im Wasser gehören dazu sowie die Zusammenarbeit mit Hubschraubern und weitere Infiltrations- und Exfiltrationstechniken.

In der letzten Woche packen die Schwimmer ihre Sachen und verlegen zu einer Abschlußübung. Da in Key West eine Ausbildung unter den gefährlichen Bedingungen der schweren Brandung nicht möglich ist, wird sie an einem anderen Ort durchgeführt.

Während der dreitägigen Abschlußübung, die unter Einsatzbedingungen abläuft und höchste Anforderungen an alle Beteiligten stellt, wird der gelernte Ausbildungsstoff in der Praxis angewendet.

Larry W. Bailey

Viele SEALs sind aus den früheren UDTs hervorgegangen. Zu ihnen zählt auch der inzwischen pensionierte Captain Bailey. Er absolvierte in Little Creek, Virginia, das Demolition Team Replacement Training. Anschließend folgte eine knapp einjährige Dienstzeit beim UDT 22 in der Funktion des verantwortlichen Offiziers für den in der Karibik eingesetzten und zur Unterstützung der Gemini- und Apollo-Raumfahrtprogramme in Cap Canaveral, Florida, abgestellten Zug.

Im Dezember 1964 kam die Versetzung zum SEAL Team 2 in Little Creek. Auch bei der neuen Einheit war Bailey hauptsächlich mit Aufgaben zur Unterstützung der nationalen Weltraumunternehmungen und der Bergung von Weltraumkapseln betraut. Zwischendurch nahm der junge Offizier 1965 an der Invasion in der Dominikanischen Republik teil, weilte 1967 als Führer des 3. Zuges im Kriegseinsatz in Vietnam und war ein Vierteljahr verantwortlicher Offizier eines mobilen Berater-Teams in Kolumbien. Die US-Berater trainierten dort die Comandos Anfibios, eine Sonder- ➢

einheit des kolumbianischen Marineinfanterie-Korps. Weiterhin absolvierte der Kampfschwimmeroffizier die Dschungelschule in Panama, brachte den HALO-Lehrgang am Schulungszentrum der »Green Berets« in Fort Bragg mit Erfolg hinter sich und besuchte den Lehrgang für »Durchschlagen und Entkommen« in Brunswick, Maine. Zahlreiche Manöver in den USA, Puerto Rico, Panama und den Jungfern-Inseln lagen dazwischen.

Nach einer Unterbrechung kehrte Bailey 1969 wieder zum SEAL Team 2 zurück und wurde im April 1970 zum stellvertretenden Kommandeur des UDT 12 in Coronado, Kalifornien ernannt. Dort folgte eine sechsmonatige Abkommandierung in den Stützpunkt Subic Bay auf den Philippinen. Der früher bei den Marines und Matrosen sehr beliebte Stützpunkt wurde vor einigen Jahren aufgegeben. Von dort aus kam der Offizier zweimal zu kurzfristigen Verwendungen zum UDT 112 in Vietnam.

1971 folgten für den zwischenzeitlich zum Stabsoffizier beförderten Kampfschwimmer entsprechend qualifiziertere Aufgaben in Führungs- und Stabsverwendungen. Am US-Kommando Süd in Panama konnte er sich als verantwortlicher Offizier für Planung und Einsatz bewähren. Es folgte die Übernahme der Chefstelle der Abteilung Marine bei der US Militärhilfegruppe in LaPaz, Bolivien. Am Armed Forces Staff College, Norfolk, erwarb sich Bailey die höheren Weihen für Führungsverwendungen. Dem schloß sich die interessante Verwendung als Marine-Einsatzoffizier bei der vereinten Kampfgruppe für unkonventionelle Einsätze, Bereich Atlantik, in Fort Bragg an. Als Verbindungsoffizier der SEALs zu den Special Forces der Army konnte er an der Ausbildung der »Green Berets« teilnehmen und vieles hinzulernen.

Die sehr begehrte Versetzung nach Machrihanish in Schottland als Kommandeur der Naval Special Warfare Unit 2 bildete zweifelsohne einen Höhepunkt in seiner Karriere. Dies wurde noch übertroffen von der Ernennung zum Kommandeur des Naval Special Warfare Center, der Ausbildungsstätte der SEALs in Coronado.

Am Ende seiner Dienstzeit bekleidete Larry Bailey den Posten des Chefs der Operationsabteilung am Vereinigten Oberkommando aller US-Sondereinsatztruppen in Tampa, Florida. Nach fast dreißigjähriger Dienstzeit verabschiedete sich dort der Veteran vieler Einsätze in den wohlverdienten Ruhestand.

Noch heute erinnert er sich gerne an die gemeinsame Ausbildung mit der Kampfschwimmerkompanie der deutschen Bundesmarine in Eckernförde, die damals von Korvettenkapitän Robert Schrump geführt wurde. Von Schottland aus übten die US-Kampfschwimmer im Rahmen der »Flintlock«-Übungen für Sonderverbände gemeinsam mit deutschen, dänischen, britischen und niederländischen Schwimmern.

United States Special Operations Forces

Die noch vor nicht allzu langer Zeit kaum bekannten Special Operations Forces bilden heute neben den schweren und leichten Kampfverbänden die dritte Säule der US-Streitkräfte und gewinnen weiter an Bedeutung. Jede der Teilstreitkräfte stellt erhebliche Verbände für Sondereinsätze bereit und die weltweiten Einsätze häufen sich. Als eines der bedeutensten Teilstreitkräfte-überschreitenden Oberkommandos führt das Special Operations Command auf der MacDill Luftwaffenbasis in Tampa, Florida, den Oberbefehl über sämtliche Spezialeinheiten der US-Streitkräfte.

Heute befinden sich tagtäglich tausende von Angehörigen der US Sonderstreitkräfte im weltweiten Einsatz. Das besonders geschulte und ausgebildete Personal ist in der Lage, selbst in den entlegensten Regionen und unter schwierigsten Bedingungen sowohl in friedlichen Einsätzen, als auch unter Kampfbedingungen Aufträge zu übernehmen. Ständige Einsatzbereitschaft, perfekte Ausbildung und modernes Gerät sind die unabdinglichen Voraussetzungen. Die insgesamt rund 47 000 Soldaten aller Teilstreitkräfte werden in der Regel zu gemeinsamen Einsatzgruppen zusammengeführt und arbeiten auch mit konventionellen Truppenverbänden und militärischen Formationen im Ausland zusammen.

Dem gemischten Stab in Tampa untersteht das *Army Special Operations Command,* Fort Bragg. Mit rund 30 000 Angehörigen bildet es den Kern der Sondereinsatzverbände. Das *Army Special Forces Command* führt fünf aktive *Special Forces Groups* in Regimentsgröße und zwei entsprechende Verbände in den Reservestreitkräften. *Army Special Forces,* besser bekannt als *»Green Berets«,* sind Experten in der unkonventionellen subversiven Kampfführung, Kommandounternehmen, strategischer Fernaufklärung, Terrorismusbekämpfung und der weltweiten Militärberatung. *Jeder Special Forces*-Verband hat eine Stärke von rund 1400 Soldaten und ist untergliedert in mehrere Bataillone und Kompanien, die besonders spezialisierte *Teams* bereitstellen. Drei Bataillone werden von einer Stabskompanie und einer Unterstützungskompanie geführt. Die Einsatzmöglichkeiten sind praktisch unbegrenzt und das Fachpersonal ist auf regionale Schwerpunkte ausgerichtet, beherrscht die jeweilige Sprache und ist mit der Region vertraut. Im *Special Operations Integration Command* sind das *75th Ranger*-Regiment und das Heeresflieger-Regiment der Sondereinsatztruppen vereinigt. Die nach Grundsätzen der leichten Infanterie gegliederten *Rangers* eignen sich für Kommandounternehmen und Überraschungsschläge. Sie bilden die eigentliche Kampftruppe der Sondereinsatzkräfte und sind gewöhnlich in eine Stabskompanie und drei leichte *Ranger*-Bataillone gegliedert. Die rund 1600 bestens ausgebildeten *Rangers* können eigenständig, gemeinsam mit weiteren Sondereinsatzkräften oder auch mit konventionellen Verbänden operieren. Wie alle Sondereinheiten sind die *Ranger*-Bataillone für Luftlandungen und Sprungeinsätze ausgebildet und ausgerüstet.

Die unterstützenden Heeresflieger sind in einem selbständigen Regiment zusammengefaßt und verfügen über kleinere Einheiten im Ausland. Sie werden von einem Bataillon der Nationalgarde unterstützt. Ihr Auftrag ist es, Sondereinsatztruppen zu infiltrieren, sie zu evakuieren, zu versorgen, Bodenziele mit Bordwaffen anzugreifen, Verwundete auszufliegen, elektronische Kampfführung zu praktizieren, Minen zu räumen und allgemeine Führungs- und Unterstützungsaufgaben wahrzunehmen.

Zur Fluggeräteausstattung zählen Hubschrauber der Typen *Sikorsky MH-60 A/L »Black Hawk«, Boeing Vertol MH-47E »Chinook«,* und *Sikorsky MH-53 H »Pave Low«.*

Die Kräfte für die psychologische Kampfführung sind in eine aktive und drei Reservegruppen eingebunden. Sie verfügen insgesamt über fünfzehn Bataillone. Ihre Aufgabe ist es, strategische, operative und taktische Maßnahmen zur Beeinflussung eines Gegners, Zerstörung seiner Moral und seiner Wertvorstellungen durch geschickte Propaganda, Medien, Lautsprechereinsätze und dem Massenabwurf von Flugblättern vorzunehmen.

Acht Verbände haben sich den *Civil Affairs,* der Zusammenarbeit mit ausländischen Regierungen und der Bevölkerung verschrieben. Sie unterstützen Kriegsflüchtlinge, leisten Wiederaufbau, sorgen für die Errichtung von Verwaltungs- und Versorgungsstrukturen und unterstützen weitere Aktivitäten seitens der USA. Aktiven Dienst leistet lediglich ein Bataillon in Fort Bragg, 97 Prozent des Personals gehören den Reservestreitkräften an.

Das *John F. Kennedy Special Warfare Center and School* ist die zentrale Ausbildungsstätte für die *Special Operations Forces* des Heeres. Seit 1952 befindet sich das zwischenzeitlich erheblich erweiterte und modernisierte Ausbildungszentrum in Fort Bragg und ist für Ausbildung und Schulung des gesamten Personals sowie für die Entwicklung neuer Führungsgrundsätze und die Erprobung von Material und Ausrüstung zuständig.

Jeweils ein Fernmeldebataillon und ein Versorgungsbataillon leisten die erforderliche Unterstützung und Versorgung für die weltweit eingesetzten Verbände, Teams und Einzelpersonen der Sondereinsatzverbände. Das *112th Signal Bataillon (SpecOps)* ist in der Hauptsache für die Sicherstellung und den Betrieb der weltweiten Fernmeldeverbindungen verantwortlich. Es verfügt hierfür über spezialisiertes Personal und hochmodernes Gerät.

Das *528th Support Bataillon (SpecOps)* gewährleistet die logistische Versorgung und Instandhaltung des umfangreichen Geräts. Eine Menge Material ist zu beschaffen, zu lagern und umzuschlagen. Oftmals wird es nicht über die dienstlichen Versorgungskanäle bezogen, sondern bei Privatfirmen oder von ausländischen Herstellern beschafft.

Air Force Special Operations Command

Den zweitgrößten Anteil mit etwa 9500 Mann stellen die Luftstreitkräfte. Die Sondereinsatzkräfte der Air Force verfügen über eine große Anzahl besonderer Flugzeuge und Hubschrauber, die von bestens ausgebildeten Besatzungen geflogen und betreut werden. Zu ihren Aufgaben zählen Infiltration und Exfiltration, Feuerunterstützung aus der Luft, Versorgung abgeschnittener oder separat kämpfender Sondereinheiten am Boden, Luftbetankung und Einsätze zur Unterstützung der psychologischen Kampfführung, beispielsweise durch das Abwerfen von Flugblättern oder Lautsprechereinsätze zur Beeinflussung eines Gegners.

Neben aktiven Verbänden sind auch entsprechende Formationen der Luftwaffenreserve und der Nationalgarde vorhanden und in kurzer Zeit einsatzbereit.

Die Geschwader und Staffeln befinden sich auf den Flugplätzen Hurlburt Field und Eglin in Florida, kleinere Einheiten und Detachments sind weltweit verstreut.

Den Kern bildet das Geschwader für *Special Operations* der *US Air Force.* Es ist in Hurlburt Field stationiert und verfügt über die 8. Staffel für Sonderoperationen (Flugzeug MC-130), die 9. Staffel für Sonderoperationen (HC-130), die 15. Staffel für Sondereinsaätze (MC-130), die 16. Staffel für Sondereinsätze (AC-130), die 20. Staffel für Sondereinsätze (Hubschrauber MH-53J) und die 55. Staffel für Sonderoperationen (MH-60 G).

Das 919. Geschwader für Sondereinsätze ist auf Duke Field, Florida, zu finden und gehört der Nationalgarde an. Auf dem Luftwaffenstützpunkt Davis Monthan in Arizona ist die 71. Sondereinsatzstaffel der Reserve stationiert. Sie verfügt über Hubschrauber des Typs MH-60 G.

Die *Special Operations Group* in Alconbury, England, führt die 7. Staffel für Sondereinsätze (MC-130), die 21. Staffel für Sondereinsätze (MH-53J), die 67. Staffel für Sondereinsätze (HC-130) und die 321. *Special Tactics*-Staffel. Ihre Einsatzgebiete grenzen an den Atlantik und schließen Europa, Teile Afrikas und Asiens ein.

Die 353. *Special Operations Group* in Kadena, Japan, betreut die 1. Staffel für Sondereinsätze (MC-130), die 17. Staffel für Sondereinsätze (HC-130), die 31. Staffel für Sondereinsätze in Osan, Korea (MH-53 J), und die 320. *Special Tactics*-Staffel. Diese Verbände stehen für den Fernen Osten und den Pazifikraum bereit.

Mit Spezialfluggerät, zugerüsteteten Transportflugzeugen der C-130 Baureihe und verschiedenen Hubschraubern werden die weiteren Spezialverbände der US-Streitkräfte transportiert, unterstützt und versorgt. Dabei handelt es sich im wesentlichen um aktive Einheiten:

Drei Staffeln mit der *Lockheed HC-130 »Combat Shadow«;* dieses Flugzeug tankt Helikopter in der Luft auf und kann für Infiltration, Exfiltration und Versorgungsflüge verwendet werden.

Vier Staffeln *Lockheed MC-130 »Combat Talon«;* sie eignen sich für Einsätze über feindlichem Gelände und für Langstrecken-Infiltration/Exfiltration sowie für Versorgungsflüge unter schwierigen Bedingungen. Die Flugzeuge unterstützen auch die Verbände für psychologische Kampfführung beim Abwurf von Flugblättern.

Drei Staffeln mit Hubschraubern *Sikorsky MH-J »Pave Low III«* stehen für mittlere und große Entfernungen bereit und dienen der Infiltration, Exfiltration sowie Versorgung im feindbesetzten Gebiet.

Zwei weitere Staffeln sind mit dem kleineren Hubschrauber *MH-60G »Pave Hawk«* ausgestattet, der bei kürzeren Entfernungen zum Einsatz kommt.

Für die Feuerunterstützung aus der Luft stehen zwei Staffeln *Lockheed AC-130 »Spectre«* zur Verfügung. Diese Spezialflugzeuge sind mit einer Fülle schwerer automatischer Waffen ausgerüstet und können als Waffenplattformen in Bodenkämpfe eingreifen, am Boden in Not geratene *Teams* weiterer Sondereinsatzkräfte bei Absetzbewegungen und beim Lösen vom Feind unterstützen.

Zur Nationalgarde gehören die Spezialflugzeuge *Lockheed EC-130E.* Sie sind mit Radio- und Fernsehsendern ausgestattet und arbeiten in der psychologischen Kampfführung.

In den *Special Tactics Group* sind hochqualifizierte Experten zu finden, die mit schwierigen und gefährlichen Aufgaben betraut sind. Es sind dies in erster Linie die Angehörigen der *Combat Control Teams.* Diese Fluglotsen mit besonderem Auftrag sind für die Lande-, Absprung- und Aufnahmezonen zuständig und erkunden, markieren und sichern sie bereits im Vorfeld. Sie leiten das Feuer schwerer Waffen aus der Luft oder geben elektronische Navigationshilfen. Zu ihrer Ausbildung zählen neben der Flugsicherung auch ein Fallschirmspringer- und ein Freifaller-Lehrgang, Einzelkämpferausbildung sowie militärisches Tauchen.

Bestens ausgebildete Flugretter bergen und retten Flugzeugbesatzungen in Notfällen und leisten medizinische Hilfe.

An der *Air Force Special Operations*-Schule findet ein Dutzend Speziallehrgänge teil, die sich mit den unterschiedlichsten Aspekten der unkonventionellen Kampfführung befassen und von Lehrgangsteilnehmern aus vielen militärischen und zivilen Bereichen besucht werden.

Das *Marine Corps* verfügt außer den *Force Recon Companies* (Fernspäh-Kompanien) und den *Recon Battalions* (Aufklärungs-Bataillone) über keine größeren Sondereinsatzverbände. Es stellt jedoch Personal für gemeinsame Stäbe, Ausbildungsvorhaben und gemeinsame Unternehmen bereit.

Literaturnachweis

Bücher

- Boger, Jan: Elite- und Spezialeinheiten international. Stuttgart 1992.
- Croizat, Victor: The Brown Water Navy. Poole-Dorset, UK 1984.
- Kelly, Orr: Brave men, dark water – the untold history of Navy SEAls. Novato 1992.
- Micheletti, Eric: SEALs, The US Navy Commandos. Poole-Dorset, UK 1996.
- Ryan, Cornelius: Der längste Tag. New York 1959.
- Tucker, Louise (Hrsg.): Bewaffnung und Ausrüstung von Spezialeinheiten – ein Bildlexikon. Stuttgart 1994.
- Welham, Michael: Kampfschwimmer – Geschichte, Ausrüstung, Einsätze. Stuttgart 1996.
- White, Terry: Eliteverbände der Welt. Stuttgart 1995.
- Young, Darryl: The Element of surprise – Navy Seals in Vietnam. New York 1990.

Zeitschriften und Studien

- All Hands (Magazin der US Navy) – verschiedene Ausgaben
- Behind the Lines – Journal for Special Operations - verschiedene Ausgaben
- Fire in the Hole – Informationschrift des UDT/SEAL-Museums
- Full Mission Profile – The Professional Bulletin of Naval Special Warfare
- Naval Institute Proceedings/Naval Review – verschiedene Ausgaben
- Gung-Ho – verschiedene Ausgaben
- Naval Special Warfare Fact File, 1st Edition. Coronado-San Diego
- Outside – Januar 1990
- Soldat und Technik – verschiedene Ausgaben
- RAIDS-Magazine – verschiedene Ausgaben
- Soldier of Fortune – The Journal of Professional Adventures
- Special War Operations. April 1979
- Special Warfare – The Professional Bulletin of the John F. Kennedy Special Warfare Center and School
- Truppenpraxis – verschiedene Ausgaben
- US and Soviet Special Operations – A Study by the Congressional Research Service. 1987
- US Navy Seal Combat Manual – verschiedene Ausgaben
- US News & World Report – US-Nachrichtenmagazin
- Visier – Das internationale Waffenmagazin – verschiedene Ausgaben
- Wehrausbildung in Wort und Bild – verschiedene Ausgaben